Jeg gjorde det "Hans måde"

Personligt vidnesbyrd skrevet af

Elizabeth Das

Danish

© Copyright Elizabeth Das 2024

Rettighederne til **Jeg gjorde det "Hans måde"** lydbøger, e-bøger og paperback er alle forbeholdt. Enhver gengivelse af denne bog er strengt forbudt uden skriftlig tilladelse, bortset fra korte citater i kritiske artikler og anmeldelser. Da internettet konstant udvikler sig, kan de webadresser eller links, der er nævnt i denne bog, have ændret sig siden udgivelsen og være ugyldige nu. Alle personer, der vises i stockbilleder fra Think-stock, er modeller, og disse billeder bruges kun til illustrationsformål. Visse stockbilleder er © Think stock.

Uddrag fra Elizabeth DAS. Jeg gjorde det "Hans måde"

Paperback ISBN: 978-1-961625-45-7….Jeg gjorde det "Hans måde" Danish

Ebook:ISBN: 978-1-961625-46-4. Jeg gjorde det Hans måde" Danish

:Kongresbibliotekets kontrolnummer

»DENNE BOG er vurderet til »A« i den kristne og religiøse verden«

Contact:nimmidas@gmail.com; nimmidas1952@gmail.com

YouTube-kanal »Daglig spirituel kost Elizabeth Das https://waytoheavenministry.org

youtube.com/@dailyspiritualdietelizabet7777/videos .1

youtube.com/@newtestamentkjv9666/videos .2

https://waytoheavenministry.org

Ud over andre formater er Jeg gjorde det

Ud over andre formater er Jeg gjorde det

"Jeg gjorde det "Hans måde" Bøgerne er tilgængelige som lydbog, paperback og e-bogsplatforme. Bøgerne findes på over 30 forskellige sprog Den årlige læsning, Daily Spiritual Diet af Elizabeth Das, er tilgængelig på mange sprog. Den fås både som e-bog og paperback.

TILSYN

"For mine tanker er ikke jeres tanker, og jeres veje er ikke mine veje, sagde Herren. For ligesom himlen er højere end jorden, således er mine veje højere end jeres veje, og mine tanker er højere end jeres tanker." (Esajas 55:8-9)

Denne bog er en samling af erindringer og korte vidnesbyrd af Elizabeth Das, som har dedikeret sig selv til at evangelisere og undervise i Herrens ord. Hun søger "Hans vej" gennem beslutsomhed og bønnens kraft, og hun vil tage dig med på en personlig rejse gennem sine egne livsforandrende oplevelser. Ms. Das er født og opvokset i Indien og tilbad regelmæssigt ved familiens alter. Hun var ikke tilfreds med religionen, da hendes hjerte fortalte hende, at der måtte være mere ved Gud. Hun besøgte ofte kirker og meldte sig ind i religiøse organisationer, men var aldrig helt tilfreds.

En dag satte hun sig for at finde sandheden i et fjernt land langt fra sit hjemland, Indien. Hendes rejse begynder i Ahmadabad i Indien, hvor hun havde et dybt ønske om at finde den eneste sande Gud. På grund af frihedsrettighederne i Amerika på det tidspunkt og væk fra de religiøse kulturer og traditioner i hendes hjemland, rejste Das til Amerika med det formål at finde sandheden om denne levende Gud. Ikke at man ikke kan finde Gud alle andre steder end i Amerika, for Gud er allestedsnærværende og almægtig. Men det var her, Herren førte Das hen, og denne bog vil forklare vejen til hendes frelse og hendes dybe kærlighed til sin sjæls elsker.

"Bed, så skal der gives jer; søg, så skal I finde; bank på, så skal der lukkes op for jer. For enhver, der beder, får, og den, der søger, finder, og for den, der banker på, skal der lukkes op."
(Matthæus 7:7-8)

Jeg har personligt kendt fru Das i næsten 30 år, da hun første gang kom ind i en lille kirke, som jeg besøgte i det sydlige Californien. Kærligheden til hendes hjemland og det indiske folk er en presserende tjeneste for Das, der har et dybt ønske om at vinde sjæle fra alle kulturer og baggrunde til Herren.

"Den retfærdiges frugt er et livets træ, og den, der vinder sjæle, er vis. (Ordsprogene 11:30)

Ms. Das arbejder aktivt med at sprede Guds ord fra sit hjemmekontor i Wylie, Texas. Du kan besøge hendes hjemmeside på waytoheavenministry.org, hvor du kan få bibelstudier oversat fra engelsk til gujarati. Du kan også finde adresser på kirker i Indien. Pastorerne i disse kirker deler den samme kærlighed til sandheden som fru Das. Hun netværker med apostoliske præster i USA og i udlandet med det formål at skaffe gæstetalere til de årlige konferencer, der afholdes i Indien. Ms. Das' tjeneste og arbejde i Indien er velkendt. De omfatter oprettelsen af et pastoralt apostolisk bibelkollegium i Indien, et børnehjem og daginstitutioner. Fra Amerika har fru Das hjulpet med at etablere kirker i Indien, hvor mange har lært Herren Jesus Kristus at kende. Hun er en kvinde med stor tro, stabil og ufejlbarlig i bøn. Disse resultater er opnået, mens hun har været helt afhængig af Gud for alt, og mens hun har levet som handicappet. Hendes beskedne økonomiske støtte er et vidnesbyrd om hendes stærke vilje og beslutsomhed, der er større end hendes midler. Das vil med sikkerhed sige: "Gud sørger altid for mig og tager sig af mig." Ja, på en eller anden måde gør han det og overgår hendes behov rigeligt!

Ms Das har travlt med at udføre Herrens arbejde fra morgen til aften og er altid klar til at bede med mig eller andre, der har brug for hjælp. Gud er altid svaret. Hun står i mellemrummet, øjeblikkeligt i dyb bøn, med autoritet og forbøn. Gud tager sig af fru Das, fordi hun har en kærlighed til at evangelisere. Hun lytter til Hans stemme og vil ikke gå imod "Hans veje". Lydighed er større end offer, lydighed med en passion for at behage Gud.

Dette er den rette tid til at skrive denne bog. Gud er den "store strateg". Hans veje er perfekte og omhyggelige. Ting og situationer sker ikke før deres fastsatte tid. Bed om vejledning i at høre Guds tanker og føle hans hjerte gennem Helligånden. Denne bog vil fortsætte med at blive skrevet i hjertet på de mænd og kvinder, som hun har påvirket gennem Hans veje.

Rose Reyes,

Det engelske navn er I did it His Way.

Det franske navn på bogen er: Je l'ai fait à "sa manière"

Det spanske bognavn er "Lo hice a "a Su manera"".

Gujarati navn er me te temni rite karyu.... મેં તે તેમની રીતે કર્યું

Hindi navn er Maine uske tarike se kiya...मैंने उसके तरीके से किया

Disse bøger er også tilgængelige som lyd- og e-bøger.

Daily Spiritual Diet er en årlig læsning af Elizabeth Das Fås på engelsk, gujarati og hindi. E-bog og papirbog.

TAK FOR HJÆLPEN

Jeg udtrykker min dybeste taknemmelighed: til min familie og mine venner, især min mor Esther Das. Hun er det bedste eksempel på en kristen kvinde, der har hjulpet mig med at fremme min tjeneste og altid støtter mig i enhver retning.

Jeg takker min veninde Rose for at støtte mig og hjælpe med at sætte dele af denne bog sammen.

Jeg vil også gerne takke min bønnepartner, søster Veneda Ing, for at stille sig til rådighed for mig hele tiden; men mest af alt takker jeg hende for hendes inderlige bønner.

Jeg takker Gud for alle, der har været til så stor hjælp med at oversætte og redigere. Jeg takker Gud for de mange andre, der har givet deres tid for at hjælpe mig med at lave denne bog.

Indholdsfortegnelse

KAPITEL 1 2

BEGYNDELSEN: PÅ JAGT *EFTER* SANDHEDENS ÅND 2

KAPITEL 2 19

DEN MÆGTIGE LÆGE 19

KAPITEL 3 31

GUDS KRAFTFULDE VÅBEN "BØN OG FASTE" 31

KAPITEL 4 34

GUD, DEN STORE STRATEG 34

KAPITEL 5 43

TAL UD OM DIN TRO 43

KAPITEL 6 45

GUDS OG HANS TJENERS HELBREDENDE KRAFT 45

KAPITEL 7 50

IKKE AT GIVE EFTER FOR DJÆVELEN ELLER DJÆVELENS TING 50

KAPITEL 8 55

DREAM AND VISION - "ADVARSLEN" 55

KAPITEL 9 58

BØNNEMØDE HELE NATTEN 58

KAPITEL 10. 61

DET PROFETISKE BUDSKAB 61

KAPITEL 11 65

EN BEVÆGELSE AFTRO 65

KAPITEL 12 73

DÆMONISK UDFRIELSE OG GUDS HELBREDENDE KRAFT 73

KAPITEL 13 75

BEKENDELSE OG EN REN SAMVITTIGHED 75

KAPITEL 14. 77

PÅ KANTEN AF DØDEN 77

KAPITEL 15 81

FRED I GUDS NÆRVÆR 81

KAPITEL 16. 83

EN OPOFRENDE LIVSSTIL I LIVET 83

KAPITEL 17 100

REJSEMINISTERIET: KALDET TIL AT UNDERVISE OG SPREDE
EVANGELIET 100

KAPITEL 18 113

MINISTERIUM I MUMBAI, INDIEN "EN MAND AF STOR TRO" 113

KAPITEL 19 119

MINISTERIUM I GUJARAT! 119

KAPITEL 20 127

VOR SJÆLS HYRDE: LYDEN AF TROMPETEN 127

KAPITEL 21 131

MINISTERIUM PÅ ARBEJDE 131

KAPITEL 22 136

AT LÆRE HANS VEJE VED AT ADLYDE HANS STEMME 136

KAPITEL 23 141

MEDIER I BEVÆGELSE 141

KAPITEL 24 144

UNDERSØGELSE, DER UDFORSKER 144

KAPITEL 25 151

LIVSÆNDRENDE PERSONLIGE VIDNESBYRD 151

VIDNESBYRD FRA FOLKET 153

TERRY BAUGHMAN, PRÆST GILBERT, ARIZONA, U.S.A. 154

VENEDA ING MILAN, TENNESEE, USA. 155

DIANA GUEVARA CALIFORNIEN EL MONTE 156

JAIRO PINA MIT VIDNESBYRD 158

MADALYN ASCENCIO EL MONTE, CALIFORNIEN, U.S.A 162

MARTIN RAZO SANTA ANA, CALIFORNIEN, U.S.A. 165

TAMMY ALFORD MOUNT. HERMAN, LOUISIANA, U.S.A. 167

RHONDA CALLAHAN FORT WORTH, TEXAS 169

VICKY FRANZEN JOSEPHINE TEXAS 172

AFSNIT II 177

A. 179

DE SPROG, GUD BRUGTE 179

B. 182

HVORDAN GUD BEVAREDE SIT ORD? 182

C. 190

BIBELOVERSÆTTELSER AF VORES TID: 190

D. 206

KJV MOD MODERNE BIBEL: ÆNDRINGER, DER ER BLEVET
TILFØJET ELLER FJERNET 206

Jeg gjorde det på "hans måde"

HERRENS VEJE

• *Guds vej er fuldkommen, Herrens ord er prøvet, han er et skjold for alle dem, der stoler på ham. (Salmernes Bog 18:30)*

• *Men han kender den vej, jeg går; når han har prøvet mig, skal jeg fremstå som guld. Min fod har holdt hans trin, hans vej har jeg holdt og ikke afveget. Jeg er heller ikke vendt tilbage fra hans læbers bud; jeg har anset hans munds ord for mere end min nødvendige føde. (Job 23:10-12)*

• *Vent på Herren, og hold hans vej, så skal han ophøje dig til at arve landet; når de ugudelige udryddes, skal du se det. (Salmernes Bog 37:34)*

• *Herren er retfærdig på alle sine veje og hellig i alle sine gerninger. (Salmernes Bog 145:17)*

• *Herren skal gøre dig til et helligt folk for sig selv, som han har svoret dig, hvis du holder Herrens, din Guds, bud og vandrer på hans veje. (Femte Mosebog 28:9)*

• *Og mange folk skal gå hen og sige: Kom, lad os gå op til Herrens bjerg, til Jakobs Guds hus; og han vil lær os om hans veje, og vi vil gå på hans stier; for fra Zion skal loven udgå og Herrens ord fra Jerusalem. (Esajas' Bog 2:3)*

• *De sagtmodige vil han vejlede i dom, og de sagtmodige vil han lære sin vej. (Salmernes Bog 25:9)*

Bogreference: DEN HELLIGE BIBEL, King James Version

Kapitel 1

Begyndelsen: På jagt efter sandhedens ånd.

In juni 1980 kom jeg til USA med et stærkt ønske om at finde sandheden om Gud, skaberen af alting. Det var ikke sådan, at jeg ikke kunne finde Gud i Indien, for Gud er overalt og fylder universet med sit nærvær og sin herlighed, men det var ikke nok for mig. Jeg ønskede at kende ham personligt, hvis det var muligt.

> *"Og jeg hørte som en stor skares røst og som røsten fra mange vande og som røsten fra mægtige tordenskrald, der sagde: Halleluja, for Herren, den almægtige Gud, regerer." (Johannes' Åbenbaring 19:6)*

Jeg var på en ekstraordinær rejse, da Gud ledte mig til USA. Jeg troede, at det var der, jeg havde valgt at tage hen, men tiden viste, at jeg tog fejl. Jeg kom til at forstå, at Gud havde mere at gøre med denne beslutning, end jeg var klar over. Det var "hans måde" at ændre mine tanker og mit liv på.

Amerika er et land, der tilbyder religionsfrihed, en sammensmeltning af multikulturelle mennesker, med friheder og beskyttelse til dem, der ønsker at udøve religiøse rettigheder uden frygt for forfølgelse. Jeg begyndte at tage spring over urolige vande i dette land, da Gud begyndte at lede mig. Det var, som om Han lagde trædesten ud for at guide mig. Disse "sten" lagde grunden til en lang og omtumlet rejse, der førte til åbenbaring, hvor der ikke ville være nogen vej tilbage. Belønningen ville være værd at leve efter Hans veje, hver gang jeg vendte mig om og satte min tro på prøve.

> *"Jeg stræber mod målet for at vinde Guds høje kald i Kristus Jesus. Lad os derfor, så mange som er fuldkomne, være således indstillede; og hvis I i noget er anderledes indstillede, skal Gud åbenbare selv dette for jer. Men det, som vi allerede har nået, lad os følge den samme regel, lad os tænke på det samme." (Filipperne 3:14-16)*

Da jeg ankom til Californien, så jeg ikke mange østindianere i denne periode. Jeg tilpassede mig livet i Amerika og fokuserede på, hvad jeg var her for. Jeg søgte efter Bibelens levende Gud, apostlene Johannes', Peters og Paulus' Gud og andre, der bar korset og fulgte Jesus.

Jeg vovede at finde Det Nye Testamentes Gud, som gjorde mange fantastiske mirakler, tegn og undere ifølge den hellige Bibel, den levende Guds ord. Kunne jeg være så overmodig at tro, at han virkelig kendte mig? Der måtte være mere i Gud. Jeg begyndte at besøge mange kirker af forskellige trosretninger i Los Angeles-området, en metropol i det sydlige Californien. Senere flyttede jeg til en by øst for Los Angeles ved navn West Covina og begyndte også at besøge kirker i det område. Jeg kom fra et meget religiøst land med sandsynligvis flere kendte guder end noget andet land i verden. Jeg har altid troet på én Gud, Skaberen. Mit hjerte søgte at lære ham at kende på en personlig måde. Jeg tænkte, at han helt sikkert eksisterer, og at han vil kunne finde mig på grund af mit lidenskabelige ønske om at kende ham personligt. Jeg søgte utrætteligt og læste konsekvent i Bibelen, men der var altid noget, der manglede. I august 1981 fik jeg arbejde på United States Postal Office, hvor jeg begyndte at stille mine kolleger spørgsmål om Gud. Jeg begyndte også at lytte til kristen radio, hvor jeg hørte forskellige prædikanter diskutere bibelske emner og alligevel aldrig blive enige, ikke engang indbyrdes. Jeg tænkte, at dette da ikke kunne være en forvirringens Gud? Der måtte være et sandfærdigt svar på dette religiøse dilemma. Jeg vidste, at jeg var nødt til at søge i de hellige skrifter og fortsætte med at bede. Mange kristne kolleger talte også til mig og delte deres vidnesbyrd. Jeg var overrasket over, at de vidste så meget om Herren. Dengang vidste jeg ikke, at Gud allerede havde fastsat en tid for mig, hvor jeg skulle modtage åbenbaringen af hans vidunderlige sandhed.

Min bror var plaget af dæmonisk besættelse og havde brug for et mirakel. Jeg blev tvunget til at lede efter bibeltro kristne, som troede på mirakler og udfrielse fra disse dæmoniske kræfter. Uden nåde plagede disse dæmoniske ånder min brors sind. Min familie var så bekymret for ham, at vi ikke havde andet valg end at tage ham med til en psykiater. Jeg vidste, at det var djævelens fornøjelse at pine og ødelægge min bror. Dette var den åndelige krigsførelse, som der tales om i Bibelen. I desperation tog vi min bror med til psykiateren. Efter at have vurderet ham, spurgte hun os, om vi troede på Jesus. Det svarede vi ja til, og så begyndte hun at skrive adresser ned på to kirker med deres telefonnumre og gav dem til mig. Da jeg kom hjem, lagde jeg begge papirer med oplysningerne på min kommode med den hensigt at ringe til begge præster. Jeg bad om, at Gud ville lede mig til den rigtige kirke og pastor. Jeg havde hørt nogle meget negative ting om kirker i Amerika, så det gjorde mig meget forsigtig. Herren bruger profeter, lærere og prædikanter til at lede dem, der elsker ham, til al sandhed. Herren blev min lampe og mit lys, der oplyste mit mørke. Gud ville helt sikkert også føre min bror ud af hans mørke. Jeg troede virkelig på, at Gud ville finde mig i det, der virkede som et endeløst hav af mørke, for det var en meget mørk og svær tid for min familie.

> *"Dit ord er en lygte for mine fødder og et lys på min sti."*
> *(Salmernes Bog 119:105)*

"Bøn og faste."

Jeg lagde begge adresser på min kommode. Jeg ringede til begge præster og havde en samtale med dem begge. Samtidig bad jeg om Herrens vejledning til den præst, som jeg kunne fortsætte min samtale med. I løbet af denne tid gik det op for mig, at et nummer fra kommoden var forsvundet. Jeg ledte omhyggeligt efter det, men kunne ikke finde det. Nu var der kun ét nummer til rådighed for mig. Jeg ringede til det nummer og talte med præsten i den kirke, der ligger i Californien kun 10 minutter fra mit hjem. Jeg tog min bror med til denne kirke og troede, at han ville blive befriet i dag, men sådan gik det ikke. Min bror blev ikke helt befriet den dag. Så pastoren tilbød os et bibelstudie. Vi tog imod hans tilbud og begyndte også at komme i hans kirke uden at have til hensigt at blive medlem, men kun som besøgende. Jeg vidste ikke, at dette ville blive et vendepunkt i mit liv. På dette tidspunkt var jeg imod pinsebevægelsen og deres tro på at tale i tunger.

De hellige i kirken var meget oprigtige i deres tro. De tilbad frit og adlød pastoren, når han opfordrede til faste, fordi de åndelige kræfter, der kontrollerede min bror, kun ville komme ud, som Guds ord siger, "ved bøn og faste". Engang kunne Jesu disciple ikke uddrive en dæmon. Jesus fortalte dem, at det var på grund af deres vantro, og sagde, at intet skulle være umuligt for dem.

"Men den slags går ikke ud uden ved bøn og faste."
(Matthæus 17:21)

Vi fastede alle et par dage ad gangen ved flere lejligheder, og jeg kunne se, at min bror fik det meget bedre. Vi fortsatte med at have bibelstudier i mit hjem med pastoren og forstod alt, hvad han lærte os; men da han begyndte at forklare vanddåb, blev jeg forstyrret af hans fortolkning. Jeg havde aldrig hørt om dåben i "Jesu" navn, selvom han tydeligt viste os skrifterne. Det var skrevet der, men jeg kunne ikke se det. Måske var min forståelse blevet blændet.

Da præsten var gået, vendte jeg mig mod min bror og sagde: "Har du lagt mærke til, at alle prædikanter, der bruger den samme bibel, kommer med forskellige ideer? Jeg tror virkelig ikke på, hvad disse prædikanter siger længere." Min bror vendte sig mod mig og sagde: "Han har ret!" Jeg blev meget vred på min bror og spurgte ham: "Så du vil tro på denne præsts lære? Jeg tror ikke på det." Han kiggede på mig igen og sagde: "Han taler sandt." Jeg svarede igen: "Du tror på alle prædikanter, men ikke på mig!" Igen insisterede min bror: "Han har ret." Denne gang kunne jeg se, at min brors ansigt var meget alvorligt. Senere tog jeg Bibelen og begyndte at studere Apostlenes Gerninger, hvor historien om den tidlige kirke stod. Jeg studerede og studerede; jeg kunne stadig ikke se hvorfor, Gud havde SIN VEJ. Tror du på, at Gud handler forskelligt med hver enkelt person? Her søgte jeg efter Gud gennem alle kilder og medier. I løbet af denne tid hørte jeg Gud tale til mit hjerte: "Du skal døbes." Jeg hørte hans befaling og gemte disse ord i mit hjerte, som ingen andre kendte til.

Dagen kom, hvor præsten gik hen til mig og stillede mig et spørgsmål: "Nå, er du klar til at blive døbt?" Jeg så overrasket på ham og havde aldrig hørt nogen stille mig det spørgsmål før. Han fortalte mig, at Herren Jesus havde talt til ham om min dåb, så jeg sagde "ja". Jeg var forbløffet over, at Gud ville tale til pastoren om dette spørgsmål. Jeg forlod kirken og tænkte: "Jeg håber ikke, at Gud fortæller ham alt, for vores tanker er ikke altid retfærdige eller hensigtsmæssige."

Dåb til syndernes forladelse.

Dagen for min dåb oprandt. Jeg bad præsten om at sikre sig, at han døbte mig i Faderens, Sønnens og Helligåndens navn. Præsten blev ved med at sige til mig: "Ja, det er Jesu navn." Jeg var bekymret og oprørt; jeg tænkte, at denne mand ville sende mig til helvede, hvis han ikke døbte mig i Faderens, Sønnens og Helligåndens navn. Så jeg bad ham igen om at sørge for, at han døbte i Faderens, Sønnens og Helligåndens navn, men præsten blev også ved med at gentage sig selv. "Ja, hans navn er Jesus." Jeg begyndte at tænke, at denne pastor virkelig ikke forstod, hvad jeg mente. Eftersom Gud havde talt til mig om at blive døbt, kunne jeg ikke være ulydig mod ham. Jeg forstod det ikke på det tidspunkt, men jeg adlød Gud uden at have den fulde åbenbaring af hans navn, og jeg forstod heller ikke helt, at frelsen ikke er i noget andet navn end i Jesu navn.

> "Der er heller ikke frelse i noget andet; for der er ikke givet noget andet navn under himlen blandt mennesker, hvorved vi skal blive frelst." (Apostlenes Gerninger 4:12)

*"I er mine vidner, siger Herren, og min **tjener**, som jeg har udvalgt, for at I skal kende og tro mig og forstå, at <u>jeg er ham:</u> Før mig var der ingen Gud, og der skal heller ikke være nogen efter mig. Jeg, jeg er Herren, og ved siden af mig er der **ingen frelser**."*
(Esajas' Bog 43, 10-11)

Før, efter og for evigt var, er og vil der kun være én Gud og Frelser. Her vil en mand være som rollen som <u>tjener</u>, Jehova Gud siger, at **jeg er han**.

Han, som var i Guds skikkelse, fandt det ikke røverisk at være lige med
Gud: Men han gjorde sig selv uværdig og tog en tjeners skikkelse på sig og blev mennesker lig: Og da han blev fundet som et menneske, ydmygede han sig selv og blev lydig til døden, ja, til korsets død.
(Filipperne 2:6-8)

Jesus var Gud i en menneskekrop.

Og uden strid er gudsfrygtens mysterium stort: ***Gud blev åbenbaret i kødet***, *(1 Timoteus 3:16)*

Hvorfor kom denne ene Gud, som var ånd, i kød og blod? Som du ved, har ånd ikke kød og blod. Hvis han havde brug for at udgyde blod, ville han have brug for en menneskekrop.

Det står der i Bibelen:

Tag jer derfor i agt for jer selv og for hele den hjord, som Helligånden har gjort jer til tilsynsmænd for, så I kan brødføde <u>**Guds kirke**</u><u>, som han har købt med **sit eget blod**</u>.
(Apostlenes Gerninger 20:28)

De fleste kirker underviser ikke i Guds enhed og kraften i Jesu navn. Gud, en ånd i kødet som mennesket Kristus Jesus, gav den store opgave til sine disciple:

> *"Gå derfor hen og lær alle folkeslag, idet I døber dem i **navnet** (ental) af Faderen og af Sønnen og af Helligånden."*
> *(Matthæus 28,19)*

Disciplene vidste tydeligvis, hvad Jesus mente, for de gik ud og døbte i hans navn, som det står skrevet i skrifterne. Jeg var forbløffet over, at de udtalte "I **Jesu** navn", hver gang de udførte en dåb. Skrifterne understøtter dette i Apostlenes Gerninger.

Den dag blev jeg døbt i vand med fuld neddykning i Jesu navn, og jeg kom op af vandet og følte mig så let, som om jeg kunne gå på vandet. Et tungt bjerg af synd var blevet fjernet. Jeg vidste ikke, at jeg bar denne byrde på mig. Sikke en vidunderlig oplevelse! For første gang i mit liv indså jeg, at jeg havde kaldt mig selv en "kristen med små synder", fordi jeg aldrig havde følt, at jeg var en stor synder. Uanset hvad jeg troede på, var synd stadig synd. Jeg gjorde og tænkte syndigt. Jeg troede ikke længere kun på Guds eksistens, men oplevede glæde og sand kristendom ved at tage del i, hvad Guds ord sagde.

Jeg gik tilbage til Bibelen igen og begyndte at søge i det samme skriftsted. Og gæt hvad? Han åbnede min forståelse, og jeg så for første gang klart, at dåben kun er i JESUS' NAVN.

> *Så åbnede han deres forstand, så de kunne forstå skrifterne*
> *(Luk 24,45).*

Jeg begyndte at se skrifterne så tydeligt og tænkte, hvor udspekuleret Satan er til bare at udslette Den Højeste Guds plan, som kom i kød for at udgyde blod. Blodet er skjult under navnet **JESUS**. Jeg fandt med det samme ud af, at Satans angreb var på Navnet.

> *"Omvend jer og lad jer hver især døbe i **Jesu Kristi navn** til syndernes forladelse (tilgivelse), så skal I få Helligånden som gave."*
> *(Apostlenes Gerninger 2:38)*

Disse ord var, hvad apostlen Peter talte på pinsedagen i begyndelsen af den tidlige kirke i Det Nye Testamente. Efter min dåb modtog jeg Helligåndens gave i en af mine venners kirke i Los Angeles.

Dette blev manifesteret ved, at jeg talte på et ukendt sprog eller tunger og i overensstemmelse med skrifterne om Helligåndens dåb:

*"Mens Peter endnu talte disse ord, faldt Helligånden over alle dem, der hørte ordet. Og de af de omskårne, som troede, blev forbavsede, så mange som var kommet sammen med Peter, fordi Helligåndens gave også var udgydt over hedningerne. For de hørte dem **tale med tunger** og lovprise Gud." (Apostlenes Gerninger 10: 44-46)*

Jeg forstod tydeligt, at mennesker havde ændret dåbsceremonien. Det er derfor, vi har så mange religioner i dag. De første troende blev døbt i overensstemmelse med de skrifter, der senere blev skrevet. Peter prædikede det, og apostlene udførte det!

*"Kan nogen forbyde vand, så de ikke bliver døbt, som har fået Helligånden lige så godt som vi? Og han befalede dem at blive **døbt i Herrens navn**. Så bad de ham om at blive nogle dage." (Apostlenes Gerninger 10:47-48)*

Igen et bevis på dåb i Jesu navn.

*Men da de troede på Filip, der prædikede om Guds rige **og Jesu Kristi navn, blev de døbt, både mænd og kvinder** (for endnu var han ikke faldet over nogen af dem; **kun de blev døbt i Herren Jesu navn**).(ApG8:12,16)*

Apostlenes Gerninger 19

Og det skete, at mens Apollos var i Korinth, kom Paulus, efter at have passeret de øvre kyster, til Efesos.
disciple, sagde han til dem: Har I modtaget Helligånden, siden I troede? Og de sagde til ham: Vi har ikke så meget som hørt, om der er nogen Helligånd. Og han sagde til dem: Til hvad blev I så døbt? Og de sagde: Til Johannes' dåb. Da sagde Paulus: Johannes døbte

*sandelig med omvendelsens dåb, idet han sagde til folket, at de skulle tro på ham, der skulle komme efter ham, det vil sige på Kristus Jesus. Da de hørte dette, blev de **døbt i Herren Jesu navn**. Og da Paulus havde lagt sine hænder på dem, **kom Helligånden over dem, og de talte i tunger** og profeterede. (Apostlenes Gerninger 19:1-6)*

*Apostlenes Gerninger 19 var en stor hjælp for mig, fordi Bibelen siger, at der kun er **én dåb**. (Efeserne 4:5)*

Jeg blev døbt i Indien, og her må jeg sige, at jeg blev oversprøjtet og ikke døbt.

Den sande lære blev etableret af **apostlene og profeterne**. Jesus kom for at udgyde blodet og sætte et eksempel. (1Peter 2:21)

*Apostlenes Gerninger 2:42 Og de vedblev ufortrødent med apostlenes **lære** og fællesskab og med at bryde brødet og med at*

Efeserne-2:*20 og er **bygget på apostlenes og profeternes grundvold**, idet Jesus Kristus selv er den vigtigste hjørnesten;*

Galaterne. 1:8, 9 Men hvis vi eller en engel fra himlen forkynder jer et andet evangelium end det, vi har forkyndt jer, skal han være forbandet. Som vi sagde før, siger jeg nu igen: Hvis nogen prædiker et andet evangelium for jer end det, I har modtaget, så lad ham være forbandet.

(Dette er dybt; ingen kan ændre doktrinen, ikke engang apostlene, som allerede var etableret).

Disse skriftsteder åbnede mine øjne, nu forstod jeg Matthæus 28:19. Kirken er Jesu brud, og når vi bliver døbt i Jesu navn, tager vi hans navn på os. Salomons Højsang er en allegori over kirken og brudgommen, hvor bruden har påtaget sig navnet.

*På grund af duften af dine gode salver **er dit navn som salve**, der hældes ud, derfor elsker jomfruerne dig (Solomans sang 1:3).*

Nu havde jeg den dåb, som der tales om i Bibelen, og den samme Helligånd. Det var ikke noget, jeg bildte mig ind; det var virkeligt! Jeg kunne føle det og høre det, og andre var vidner til manifestationen af den nye fødsel. De ord, jeg udtalte, kendte jeg ikke, og jeg kunne heller ikke forstå dem. Det var fantastisk.

> *"For den, der taler på et **ukendt sprog,** taler ikke til mennesker, men til Gud; for intet menneske forstår ham, men i ånden taler han hemmeligheder." (Første Korintherbrev 14:2)*

> *"For hvis jeg beder på et ukendt sprog, beder min ånd, men min **forstand er ufrugtbar**." (Første Korintherbrev 14:14)*

Min mor vidnede om, at en missionær fra Sydindien døbte hende i en flod, et stykke tid før jeg blev født, og da hun kom op, var hun fuldstændig helbredt. Da jeg ikke vidste, hvordan denne prædikant havde døbt hende, undrede jeg mig over, hvordan hun var blevet helbredt. Mange år senere bekræftede min far over for mig, at denne præst døbte hende i Jesu navn, hvilket er bibelsk.

Det står der i Bibelen:

> *"Han tilgiver alle dine misgerninger, han helbreder alle dine sygdomme." (Salmernes Bog 103,3)*

Efter min nye fødsel begyndte jeg at give bibelstudier til venner på arbejdet og til min familie. Min nevø fik Helligåndens gave. Min bror, fætter og tante blev døbt sammen med mange af mine familiemedlemmer. Jeg vidste ikke, at der lå meget mere bag denne rejse end blot et ønske om at kende Gud mere indgående. Jeg var ikke klar over, at denne oplevelse var mulig. Gud bor i den troende gennem Ånden.

Elizabeth Das

Åbenbaring og forståelse.

Jeg dedikerede mig til at studere de hellige skrifter og læse Bibelen gentagne gange, og Gud blev ved med at åbne min forståelse.

"Da åbnede han deres forstand, så de kunne forstå Skrifterne."
(Lukas 24:45)

Efter at have modtaget Helligånden blev min forståelse klarere, da jeg begyndte at lære og se mange ting, som jeg ikke havde set før.

*"Men Gud har **åbenbaret** dem for **os ved sin** Ånd; for Ånden ransager alle ting, ja, Guds dybe ting." (1. Korintherbrev 2:10)*

Jeg lærte, at vi må have forståelse for hans vilje med os, visdom til at leve efter hans ord, kende til "**hans veje**" og acceptere, at lydighed er et krav og ikke en mulighed.

En dag spurgte jeg Gud: "Hvordan bruger du mig?" Han svarede mig: "I bøn."

Derfor, brødre, skal I snarere gøre jer umage for at gøre jeres kaldelse og udvælgelse sikker; for hvis I gør disse ting, skal I aldrig falde: (2 Peter 1:10)

Jeg lærte, at det at gå i kirke kunne give én en følelse af falsk tryghed. Religion er ikke frelse. Religion i sig selv kan kun få dig til at føle dig godt tilpas med din egen selvretfærdighed. At kende Skriften alene bringer ikke frelse. Du skal forstå de hellige skrifter gennem studier, modtage åbenbaring gennem bøn og have et ønske om at kende sandheden. Djævelen kender også Skriften, og han er dømt til en evighed i søen, der brænder med ild. Lad dig ikke narre af ulve i fåreklæder, som har en **form for gudsfrygt**, men **fornægter *Guds kraft***. Ingen har nogensinde fortalt mig, at jeg havde brug for Helligånden med det bevis at tale i tunger, som Bibelen taler om. Når troende modtager Helligånden, sker der noget mirakuløst. Disciplene blev fyldt med Helligånden og med ild.

*Men I skal få **kraft**, efter at Helligånden er kommet over jer, og I skal være mine vidner både i Jerusalem og i hele Judæa og i Samaria og indtil jordens yderste grænse. (Apostlenes Gerninger 1:8)*

De brændte så meget for at sprede evangeliet, at mange kristne på den tid, ligesom nogle gør det i dag, mistede livet for sandhedens evangelium. Jeg lærte, at dette er en dyb tro og en solid doktrin, i modsætning til den doktrin, der undervises i i nogle kirker i dag.

Efter opstandelsen siger Jesus i sit ord, at dette vil være tegnet på, at man er hans discipel.

".... de skal tale med nye tunger;" (Mark 16:17)

Tunge på græsk er glossa, på engelsk, overnaturlig sproggave givet af Gud. Man går ikke i skole for at lære denne måde at tale på. Det er derfor, der står et nyt sprog.

Det er et af tegnene på, at man er discipel af den Højeste Gud.

Er Gud ikke så vidunderlig? Han skabte sine disciple til at blive anerkendt på en helt særlig måde.

Tilbedelsens kraft.

Jeg lærte om kraften i tilbedelse, og at man faktisk kan føle et helligt nærvær i tilbedelse. Da jeg kom til Amerika i 1980, så jeg, at østinderne skammede sig over frit at tilbede Gud. I Det Gamle Testamente dansede kong David, hoppede, klappede og løftede sine hænder højt for Herren. Guds herlighed kommer, når Guds folk tilbeder med den højeste lovprisning og ophøjelse. Guds folk skaber en atmosfære, hvor Herrens nærvær kan bo iblandt dem. Vores tilbedelse sender en smagfuld duft til Herren, som han ikke kan modstå. Han vil komme og bo i sit folks lovprisning. Efter bønnen skal du tage dig tid til bare at lovprise og tilbede ham af hele dit hjerte uden at bede ham om ting eller tjenester. I Bibelen bliver han sammenlignet med en brudgom, der kommer for at hente sin brud (kirken). Han leder efter en lidenskabelig brud, som ikke skammer sig over at TILBE HAM. Jeg lærte, at vi kan tilbyde tilbedelse, som vil nå tronsalen, hvis vi giver slip på vores stolthed. Tak Gud for prædikanter, der forkynder Ordet og ikke holder sig tilbage med, hvor vigtig tilbedelse er for Gud.

> *"Men timen kommer, og det er nu, hvor de sande tilbedere skal Tilbed Faderen i ånd og sandhed, for Faderen søger sådanne, der vil tilbede ham." (Johannes 4:23)*

Når Guds nærvær sænker sig over sine børn, begynder der at ske mirakler: helbredelse, udfrielse, tungetale og tolkninger, profeti, manifestationer af åndens gaver. Åh, hvor meget Guds kraft kan vi rumme i en gudstjeneste, hvis vi alle kan komme sammen og tilbyde tilbedelse og ophøjelse og den højeste lovprisning. Når du ikke længere har ord til at bede, så tilbed og bring et lovprisningsoffer! Djævelen hader, når du tilbeder hans Skaber, den eneste sande Gud. Når du føler dig alene, eller når frygten presser sig på, så tilbed og forbind dig med Gud!

I begyndelsen var denne form for tilbedelse og lovprisning meget svær for mig, men senere blev det let. Jeg begyndte at høre hans stemme tale til mig. Han ønskede, at jeg skulle være lydig mod hans Ånd. Min religiøse baggrund havde forhindret mig i at tilbede Gud frit. Snart blev jeg velsignet i Ånden, der kom helbredelse, og jeg blev befriet fra ting, som jeg ikke havde set som synd. Alt dette var nyt for mig; hver gang jeg mærkede Guds nærvær i mit liv, begyndte jeg at forandre mig indvendigt. Jeg voksede og oplevede en Kristus-centreret personlig vandring med Gud.

Sandhedens ånd.

Kærlighed til sandheden er afgørende, fordi religion kan være bedragerisk og værre end en afhængighed af alkohol eller stoffer.

> *"Gud er en ånd, og de, der tilbeder ham, skal tilbede ham i ånd og sandhed." (Johannes 4:24)*

Religionens lænker faldt af mig, da Helligånden satte mig fri. Når vi taler i ukendte tunger eller sprog i Helligånden, taler vores ånd til Gud. Guds kærlighed er overvældende, og oplevelsen er overnaturlig. Jeg kunne ikke lade være med at tænke på alle de år før, hvor jeg modtog bibellære, som var i modstrid med Guds ord.

I mit forhold til Gud åbenbarede han flere sandheder, efterhånden som jeg voksede i hans ord og lærte om "**hans veje**". Det var som spurven, der fodrer sine unger med små portioner, og de vokser sig stærkere og stærkere hver dag, indtil de har lært at svæve over himlen. Søg sandhedens ånd, og han vil lede dig til at kende alle ting. En dag vil vi også svæve i himlene med Herren.

"Når sandhedens Ånd er kommet, vil han lede jer ind i al sandhed."
(Johannes 16:13a)

Den hellige salvelse:

Gennem megen sorg på grund af min brors tilstand med onde ånder fandt vi denne vidunderlige sandhed. Jeg omfavnede denne sandhed, og Helligånden gav mig kraft til at overvinde forhindringer, der stod i vejen for mit nye liv i Kristus Jesus, som gav mig den hellige salvelse til at virke og tjene ved at undervise mennesker. Jeg lærte, at gennem denne salvelse bevægede Gud sig gennem åndelig inderlighed og udtryk. Den kommer fra Den Hellige, som er Gud selv, og ikke fra et religiøst ritual eller en formel ordination, der giver én dette privilegium.

Salvelsen:

Jeg begyndte at mærke Guds salvelse i mit liv og vidnede for dem, der ville lytte. Jeg oplevede at blive en lærer i Ordet gennem Guds salvelses kraft. Der var et tidspunkt i Indien, hvor jeg ønskede at praktisere jura, men Herren forvandlede mig til en lærer i sit ord.

"Men den salvelse, I har fået af ham, bliver i jer, og I behøver ikke, at nogen lærer jer det; men som den samme salvelse lærer jer alt og

er sandhed og ikke løgn, og som den har lært jer det, skal I hjælpe i ham." (1. Johannesbrev 2:27)

*"Men I har en salvelse fra den Hellige, og I ved alt."
(1. Johannes 2:20)*

Jeg stillede mig til rådighed for Gud, og han gjorde resten gennem sin salvelses kraft. Sikke en fantastisk Gud! Han vil ikke efterlade dig magtesløs i sit arbejde. Jeg begyndte at bede mere, efterhånden som min krop blev svag på grund af sygdom, men Guds Ånd i mig blev stærkere hver dag, efterhånden som jeg brugte tid og kræfter på min åndelige vandring ved at bede, faste og læse Hans Ord konstant.

Livsforandring:

Da jeg kiggede tilbage et øjeblik, så jeg, hvor Gud havde bragt mig fra, og hvordan mit liv havde været tomt for hans veje. Jeg havde en kødelig natur uden kraft til at ændre den. Jeg havde andre ånder, men ikke Helligånden. Jeg lærte, at bøn forandrer ting, men det sande mirakel var, at jeg også havde forandret mig. Jeg ønskede, at mine veje skulle være mere som **hans veje,** så jeg fastede for at ændre min kødelige natur. Mit liv havde ændret sig markant på denne rejse, men det var kun lige begyndt, da min lidenskabelige længsel efter Gud voksede. Andre, der kendte mig godt, kunne bevidne, at jeg havde forandret mig.

Åndelig krigsførelse:

Jeg var omhyggelig med kun at undervise i sandhed og ikke i religion. Jeg lærte, at dåben i Jesu Kristi navn og Guds Hellige Ånd (Helligånden) er en nødvendighed. Det er Talsmanden og din kraft til at overvinde forhindringer og de onde kræfter, der kommer imod de troende.

Vær altid klar til at kæmpe på dine knæ for det, du ønsker fra Gud. Djævelen ønsker at knuse dig og din familie. Vi er i krig med mørkets magter. Vi må kæmpe for de sjæle, der skal frelses, og bede om, at synderens hjerte må blive rørt af Gud, så de kan vende sig væk fra de magter, der hersker over dem.

"For vi kæmper ikke mod kød og blod, men mod fyrstedømmer, mod magter, mod denne verdens mørkets herskere, mod åndelig ondskab i det høje." (Efeserne 6:12)

En levende sjæl.

Alle har en levende sjæl; den er ikke din egen, den tilhører Gud. En dag, når vi dør, vil sjælen vende tilbage til Gud eller Satan. Mennesket kan dræbe kroppen, men kun Gud kan dræbe sjælen.

*"Se, alle sjæle er mine; som faderens sjæl, således er også sønnens sjæl min; den sjæl, som synder, skal **dø**."*
(Ezekiel 18:4)

"Og frygt ikke dem, der dræber kroppen, men ikke er i stand til at dræbe sjælen; men frygt snarere ham, der er i stand til at ødelægge både sjæl og krop i helvede." (Matthæus 10:28)

Kærlighedens ånd.

Et liv betyder så meget for Gud, fordi han bekymrer sig om og elsker hver enkelt af os så højt. Troende, der har dette sandhedens evangelium, holdes ansvarlige for at fortælle andre om Jesu kærlighed i **kærlighedens** ånd.

*"Et nyt bud giver jeg jer, at I skal **elske hinanden**; som jeg har **elsket** jer, skal også I **elske** hinanden. Derpå skal alle kende, at I er mine disciple, hvis I har **kærlighed** til hinanden."*
(Johannes 13:34-35)

Djævelen vil komme imod os, når vi bliver en trussel for ham. Det er hans job at tage modet fra os, men vi har et løfte om sejr over ham.

"Men Gud ske tak, som giver os sejren ved vor Herre Jesus Kristus."
(1. Korintherbrev 15:57)

Elizabeth Das

Lad mig her understrege, at det, som Satan mente var ondt, vendte Gud til velsignelse.

Det står der i Bibelen:

"Og vi ved, at alle ting samvirker til gavn for dem, der elsker Gud, for dem, der er kaldet efter hans hensigt."
(Romerbrevet 8:28)

Priset være Herren Jesus Kristus!

Kapitel 2

Den mægtige læge

Medicinsk videnskab rapporterer, at der findes i alt 39 kategorier af sygdomme. Tag for eksempel kræft, der er så mange typer af kræft. Der er også mange former for feber, men de falder alle ind under feberkategorien. Ifølge den gamle romerske lov og Moses' lov måtte man ikke give mere end 40 piskeslag som straf. For ikke at overtræde denne romerske og jødiske lov, gav de kun 39 piskeslag. Er det tilfældigt, at Jesus fik 39 piskeslag på ryggen? Jeg tror, som mange andre, at der er en sammenhæng mellem dette tal og Jesus.

"Fyrre slag må han give ham og ikke overskride dem; for hvis han overskrider dem og slår ham med mange slag, så skal din bror virke ussel på dig." (Femte Mosebog 25:3)

"Han bar selv vore synder på sit eget legeme på træet, for at vi, som var døde for synden, skulle leve for retfærdigheden; ved hans sår blev I helbredt." (1 Peter 2:24)

"Men han blev såret for vore overtrædelsers skyld, han blev knust for vore misgerningers skyld; han blev straffet for vor fred, og med hans sår er vi helbredt." (Esajas 53:5)

I denne bog vil du læse vidnesbyrd om Guds helbredende kraft og kraften til udfrielse fra stoffer, alkohol og dæmonisk besættelse. Jeg begynder med mine egne personlige sygdomme, hvor Gud tidligt viste mig, at intet er for svært eller for stort for ham. Han er den mægtige læge. Alvoren af min fysiske tilstand ændrede sig fra slem til værre gennem smertefulde sygdomme. Det var og er Guds ord og hans løfter, der støtter mig i dag.

Kronisk bihulebetændelse.

Jeg havde et bihuleproblem, der var så alvorligt, at det forhindrede mig i at sove. I løbet af dagen ringede jeg og bad folk om at bede for mig. Jeg havde det fint i øjeblikket, men om natten kom det igen, og jeg kunne ikke sove.

En søndag gik jeg i kirke og bad præsten om at bede for mig. Han lagde sin hånd på mit hoved og bad for mig.

> "Er der nogen blandt jer, som er syg? Lad ham kalde på menighedens ældste, og lad dem bede over ham og salve ham med olie i Herrens navn." (Jakob 5,14)

Da gudstjenesten begyndte, begyndte jeg at lovprise og tilbede Gud, da ånden kom over mig så frit. Herren bad mig om at danse for ham. I Ånden begyndte jeg at danse for ham i lydighed, da min tilstoppede næse pludselig løsnede sig, og det, der havde blokeret næsepassagerne, kom ud. Med ét begyndte jeg at trække vejret, og denne tilstand er ikke vendt tilbage. Jeg havde accepteret denne bihulebetændelse med mine helt egne ord og tanker. Men til sidst lærte jeg, at vi altid skal tale ud fra vores tro og aldrig bekende eller tænke tvivl.

Tonsillitis.

Jeg havde kronisk halsbetændelse og kunne ikke sove på grund af den forfærdelige, vedvarende smerte. Jeg led af denne tilstand i mange år. Efter at have konsulteret en læge blev jeg henvist til en hæmatolog. For at kunne udføre en relativt lille tonsillektomi, ville det være en farlig og langvarig operation for mig på grund af en blodsygdom, der gjorde det svært for min krop at størkne. Med andre ord kunne jeg forbløde! Lægen sagde, at jeg på ingen måde kunne udholde denne operation eller smerterne. Jeg bad for min egen helbredelse og bad også kirken om at bede for mig. En dag kom en gæsteprædikant til min kirke. Han hilste på menigheden og spurgte, om nogen havde brug for helbredelse.

Jeg var ikke sikker på, om jeg ville modtage min egen helbredelse, men jeg gik alligevel hen foran og stolede på Gud. Da jeg vendte tilbage til min plads, hørte jeg en stemme fortælle mig det.

"Du kommer ikke til at blive helbredt."
Jeg var vred på denne stemme. Hvordan kunne denne stemme så frimodigt udtale denne tvivl og vantro? Jeg vidste, at det var djævelens trick for at stoppe min helbredelse. Jeg svarede denne stemme imod,

"Jeg skal nok få min healing!"

Mit svar var fast og stærkt, fordi jeg vidste, at det kom fra alle løgners fader, djævelen. Helligånden giver os autoritet over djævelen og hans engle. Jeg havde ikke tænkt mig at lade ham berøve mig min helbredelse og fred. Han er en løgner, og der er ingen sandhed i ham! Jeg kæmpede imod med Guds ord og løfter.

> *"I er af jeres far Djævelen, og I vil gøre jeres fars lyster. Han var en morder fra begyndelsen og blev ikke i sandheden, fordi der ikke er nogen sandhed i ham. Når han taler løgn, taler han om sig selv, for han er en løgner og far til det." (Johannes 8:44)*

Med ét var min smerte væk, og jeg var helbredt! Nogle gange er vi nødt til at gå ind i fjendens lejr for at kæmpe for det, vi ønsker, og tage det tilbage, som fjenden, djævlen, ønsker at tage fra os. Da smerten forlod mig, sagde djævelen: "Du var ikke syg". Fjenden forsøgte at overbevise mig med en "tvivlens sky" om, at jeg ikke havde været syg. Grunden til denne djævelske løgn var, at jeg ikke ville give Gud æren. Med et fast svar til Satan sagde jeg: "Ja, jeg var syg!" Med det samme placerede Jesus smerten på hver side af mine mandler. Jeg svarede:

"Herre Jesus, jeg ved, at jeg var syg, og du helbredte mig." Smerten forlod mig for altid! Jeg led aldrig mere. Straks løftede jeg mine hænder, lovpriste Herren og gav Gud æren. Jesus tog striber på sin ryg, så jeg kunne blive helbredt den dag. Hans ord siger også, at mine synder også ville blive tilgivet. Jeg rejste mig op og vidnede i kirken samme dag om, hvordan Herren havde helbredt mig. Jeg tog min helbredelse med magt.

"Og fra Johannes Døberens dage og indtil nu har Himmeriget været udsat for vold, og de voldelige har taget det med magt."
(Matthæus 11:12)

"Og troens bøn skal frelse den syge, og Herren skal oprejse ham; og hvis han har begået synder, skal de tilgives ham."
(Jakob 5:15)

"Han tilgiver alle dine misgerninger, han helbreder alle dine sygdomme." (Salmernes Bog 103,3)

Når vi står frem og vidner om, hvad Herren har gjort, giver vi ikke kun Gud æren, men det løfter troen hos andre, der har brug for at høre det. Det er også frisk blod mod djævelen.

"Og de overvandt ham ved Lammets blod og ved deres vidnesbyrds ord, og de elskede ikke deres liv indtil døden."
(Åbenbaringen 12:11)

Gud udfører både store og små mirakler. Du besejrer djævelen, når du fortæller andre om, hvad Gud har gjort for dig. Du får djævelen til at flygte, når du begynder at tilbede Gud af hele dit hjerte! Du har troens våben og Helligåndens kraft til rådighed til at besejre alle løgners fader. Vi må lære at bruge dem.

Synsfejl.

Jeg havde et problem med synet i 1974, før jeg kom til Amerika. Jeg kunne ikke skelne afstanden mellem mig selv og et andet objekt foran mig. Det forårsagede voldsom hovedpine og kvalme. Lægen sagde, at jeg havde en nethindesygdom, som kunne korrigeres med øvelser, men det virkede ikke for mig, og min hovedpine fortsatte.

Jeg kom i en kirke i Californien, som troede på helbredende kræfter. Jeg bad kirken om at bede for mig. Jeg blev ved med at høre vidnesbyrd om helbredelse, som hjalp mig til at tro på helbredelse. Jeg er så taknemmelig for, at kirker tillader vidnesbyrd, så andre kan høre beretninger om mirakler, som Gud har udført i almindelige menneskers liv i dag. Min tro blev altid løftet af at høre vidnesbyrd. Jeg lærte meget gennem vidnesbyrd.

Senere opsøgte jeg en øjenlæge, fordi Gud havde bedt mig om at se en øjenlæge.

Denne læge undersøgte mine øjne og fandt det samme problem, men bad mig om at få en anden udtalelse. En uge senere bad jeg om bønnen, da jeg havde en voldsom hovedpine og uudholdelige smerter i øjnene.

Jeg fik en second opinion, som undersøgte mine øjne og sagde, at der ikke var noget galt med mine øjne. Jeg var meget glad.

Seks måneder senere kørte jeg på arbejde og tænkte på, hvad lægen sagde, og begyndte at stole på, at der ikke var noget galt, og at den anden læge, der havde diagnosticeret ufuldkommenhed i øjnene, tog fejl. Jeg var helbredt i alle disse måneder og glemte alt om, hvor syg jeg var.

Gud begyndte at tale til mig: Kan"du huske, at du havde uudholdelige smerter, hovedpine og kvalme?"

Jeg sagde: "Ja." Så sagde Gud: Kan"du huske, da du var i Indien, og lægen sagde, at du havde en øjenlidelse, og du blev undervist i øjenkoordinationsøvelser? Kan du huske, at du i de sidste seks måneder ikke er kommet syg hjem på grund af dette problem?"

Jeg svarede: "Ja."

Gud sagde til mig: "Jeg har helbredt dine øjne!"

Gud være lovet, det forklarede, hvorfor den tredje læge ikke kunne finde noget galt med mig. Gud tillod mig at gå igennem denne oplevelse for at vise mig, at han er i stand til at gå dybt ind i mine øjne og helbrede dem. Guds ord siger: "Jeg kender hjertet, ikke den, der ejer hjertet." Jeg begyndte forsigtigt at tænke over disse ord i mit sind. Jeg ejer måske mit hjerte, men jeg kender ikke mit eget hjerte, og jeg ved heller ikke, hvad jeg har i mit hjerte. Derfor beder, faster og læser jeg hele tiden Ordet, så Gud kun kan finde godhed, kærlighed og tro i mit hjerte. Vi skal være forsigtige med, hvad vi tænker, og hvad der kommer ud af vores mund. Mediter på godhed, for Gud kender vores tanker.

"Lad min munds ord og mit hjertes overvejelser være velbehagelige for dig, Herre, min styrke og min forløser." (Salmernes Bog 19:14)

"Hjertet er bedragerisk over alle ting og fortvivlende ondt, hvem kan kende det? Jeg, Herren, ransager hjertet, jeg prøver tøjlerne for at give enhver efter hans veje og efter frugten af hans gerninger."(Jeremias 17:9-10)

Jeg beder Salme 51 for mig:

"Skab et rent hjerte i mig, Gud, og forny en ret ånd i mig." (Salme 51,10)

Angst.

Jeg gik igennem en periode, hvor jeg oplevede noget, som jeg ikke kunne sætte ord på. Jeg kan huske, at jeg sagde til Gud, at jeg ikke vidste, hvorfor jeg havde det sådan i mit sind. Jeg bad og bad Gud om, at jeg ikke kunne forstå denne overvældende følelse, fordi jeg ikke var bekymret for noget på det tidspunkt. Denne følelse varede i noget tid, og den fik mig til at føle mig "off" mentalt, men ikke fysisk, hvilket er den bedste måde, jeg kan beskrive det på. Senere på arbejdet havde jeg denne lille inspirationsbog i hånden.

Herren sagde: "Åbn denne bog og læs."

Jeg fandt emnet "angst". Gud sagde, at det, du har, er angst. Jeg var ikke bekendt med dette ord. Da jeg ikke havde en klar forståelse af dette ord, sagde Jesus, at jeg skulle kigge i ordbogen. Jeg fandt præcis de symptomer, jeg havde. Definitionen var bekymring eller ængstelse over en ting eller begivenhed, fremtidig eller usikker, som forstyrrer sindet og holder det i en tilstand af smertefuld uro.

Jeg sagde: "Ja, Herre, det er præcis sådan, jeg har det!"

Jeg arbejdede på skiftehold, og på min fridag gik jeg tidligt i seng. I den periode plejede jeg at vågne tidligt om morgenen for at bede, og en dag bad Gud mig om at lægge mig til at sove. Jeg tænkte: "Hvorfor skulle Gud sige det?" På dette tidlige tidspunkt i min vandring med Gud var jeg ved at lære at skelne og høre hans stemme. Igen sagde jeg til mig selv, hvorfor beder Gud mig om at lægge mig til at sove? Jeg tror, det er djævelen.

Så kom jeg i tanke om, at Gud nogle gange siger ting til os, som måske ikke giver nogen mening, men han giver os et vigtigt budskab. Kort sagt var hans budskab, at vi ikke behøver at være helligere end du.

"For mine tanker er ikke jeres tanker, og jeres veje er ikke mine veje, siger Herren. For ligesom himlen er højere end jorden, således er mine veje højere end jeres veje, og mine tanker er højere end jeres tanker." (Esajas 55:8-9)

Med andre ord er bøn den rigtige måde, men det var det ikke på det tidspunkt. Han havde allerede sendt sin engel ud for at hjælpe mig, og jeg havde brug for at være i sengen. Der er en tid til at hvile, og der er en tid, hvor Gud fylder vores lamper med frisk olie gennem bøn, der fornyer Helligånden. I naturen har vi brug for søvn og hvile for at genopfriske vores krop og sind, som Gud havde tænkt det. Vi er Guds tempel og har brug for at tage vare på os selv.

*Men til hvem af **englene** sagde han på noget tidspunkt: Sæt dig på min højre side, indtil jeg gør dine fjender til din fodskammel? Er de ikke alle **tjenende ånder, sendt ud for at tjene dem, der skal være arvinger til frelsen**?(Hebræerne 1:13,14)*

Da jeg faldt i søvn igen, havde jeg en drøm om en mand uden hoved. Den hovedløse mand rørte ved mit hoved. Senere vågnede jeg op og følte mig frisk og helt normal; jeg vidste, at Gud havde sendt en helbredende engel til at røre ved mit hoved og befri mig fra denne angst. Jeg var så taknemmelig over for Gud, at jeg fortalte det til alle, der ville lytte. Jeg oplevede de forfærdelige invaliderende symptomer på angst, som havde påvirket mit sind. Du vågner op hver dag med den hængende over dig, og den giver dig aldrig fred, fordi dit sind ikke er helt udhvilet til at slappe af. Angst er også et af djævelens redskaber til at få dig til at føle dig overvældet af frygt eller panik. Den kommer i mange former, og du ved måske ikke engang, at du har den. Det bedste, du kan gøre, er at ændre, hvordan du reagerer på stress, og spørge dig selv, om du giver din krop det, den har brug for til at forny sig hver dag. Gud vil gøre resten, når du tager dig af "hans tempel".

"Hvis nogen besudler Guds tempel, skal Gud ødelægge ham; for Guds tempel er helligt, og det tempel er I". (1. Korintherbrev 3:17)

Hans stemme.

Når du har Gud, er du mæt, fordi du er nedsænket i hans kærlighed. Jo mere du lærer ham at kende, jo mere elsker du ham! Jo mere du taler med ham, jo mere lærer du at høre hans stemme. Helligånden hjælper dig med at skelne Guds stemme. Du skal bare lytte til den stille, lille stemme. Vi er fårene på hans græsgange, som kender hans stemme.

"Da svarede Jesus dem: Det har jeg sagt jer, og I troede det ikke: De gerninger, jeg gør i min Faders navn, vidner om mig. Men I tror ikke, fordi I ikke er af mine får, som jeg sagde til jer. Mine får hører min røst, og jeg kender dem, og de følger mig: Og jeg giver dem evigt liv, og de skal aldrig fortabes, og ingen skal rive dem ud af min hånd. Min Fader, som har givet mig dem, er større end alle, og intet

menneske kan rive dem ud af min Faders hånd. Jeg og min Fader er ét." (Johannes 10:25-30)

Der er dem af os, der kalder os Hans "får", og dem, der ikke tror. Hans får hører Guds stemme. Religiøse dæmoner er bedrageriske. De får os til at føle, at vi har Gud. Den hellige bibel advarer os om falske doktriner.

De"har en form for gudsfrygt, men fornægter dens kraft."
(2 Timoteus 3:5)

Gud siger: "Søg mig af hele dit hjerte, så skal du finde mig." Det handler ikke om at finde en livsstil, der passer os. Følg sandheden, ikke den religiøse tradition. Hvis du er tørstig efter Guds sandhed, vil du finde den. Du skal læse og elske Guds ord, gemme det i dit hjerte og vise det i din livsstil. Ordet forandrer dig både indvendigt og udvendigt.

Jesus kom for at bryde traditionens magt og religionens magt med prisen for sit blod. Han gav sit liv, så vi kunne få syndsforladelse og have direkte fællesskab med Gud. Loven blev opfyldt i Jesus, men de bekendte ham ikke som Herre og Frelser, Messias.

"Men også mange af de øverste ledere troede på ham; men på grund af farisæerne bekendte de ham ikke, for at de ikke skulle blive udstødt af synagogen: For de elskede menneskers ros højere end Guds ros."
(Johannes 12:42, 43)

Influenza:

Jeg havde høj feber ledsaget af smerter i kroppen. Mine øjne og mit ansigt var også meget hævede. Jeg kunne næsten ikke tale og ringede til den ældste i min kirke for at bede for min helbredelse. Mine ansigtstræk blev øjeblikkeligt normale igen, og jeg var helbredt. Jeg takker Gud for troens mænd og den forsikring, han giver dem, der stoler på ham.

"For vort evangelium er ikke kommet til jer med ord alene, men også med kraft og med Helligånden og med stor sikkerhed."
(1Tesalonikerne 1:5a)

Øjenallergi.

I det sydlige Californien har vi et alvorligt smogproblem. Jeg havde en irritation i mine øjne, som blev værre med forureningen i luften. Kløen, rødmen og den konstante smerte var uudholdelig; det gav mig lyst til at tage øjnene ud af øjenhulen. Sikke en forfærdelig måde at have det på. Jeg var stadig ved at vokse og lære at stole på Gud. Jeg troede, at det var umuligt for Gud at helbrede dette, selvom han allerede havde helbredt mig tidligere. Jeg havde bare svært ved at tro på, at Gud ville helbrede mig. Jeg tænkte, at eftersom Gud allerede kender alle mine tanker, kan han ikke helbrede mine øjne på grund af min vantro, så jeg brugte øjendråber til at lindre kløen. Herren begyndte at tale til mig om at stoppe med øjendråberne. Men kløen var meget slem, og jeg stoppede ikke. Han gentog det tre gange, indtil jeg endelig lagde øjendråberne væk.

*"Men Jesus så dem og sagde til dem: For mennesker er det umuligt, men for **Gud er alting muligt."** (Matthæus 19:26)*

Et par timer senere, mens jeg var på arbejde, forsvandt kløen. Jeg var så glad, at jeg begyndte at fortælle alle på arbejdet om min helbredelse. Jeg behøvede aldrig at bekymre mig om mine øjne igen. Vi ved så lidt om Gud, og hvordan han tænker. Vi kan aldrig kende ham, for **hans veje** er ikke vores veje. Vores viden om ham er så ekstremt lille. Det er derfor, det er så afgørende for sande troende at vandre i Ånden. Vi kan ikke læne os op ad vores egen menneskelige forståelse. Jesus var venlig, tålmodig og barmhjertig over for mig den dag. Jesus lærte mig en stor lektie. Jeg havde tvivlet på helbredelse, men den dag adlød jeg, og han helbredte mig! Han har aldrig givet op på mig, og han vil aldrig give op på dig!

Efter denne lektion i lydighed lagde jeg alle former for medicin på hylden. Jeg troede i mit hjerte på, at Gud ville helbrede mig fra alle mine sygdomme og lidelser. Jeg har lært at tro på ham, som tiden gik, og jeg voksede i Herren. Han fortsætter med at være min læge i dag.

Nakkeskade:

Jeg kørte til kirke en eftermiddag, da jeg blev ramt af et andet køretøj og fik en skade på nakken, som krævede en sygemelding fra arbejdet. Jeg ønskede at vende tilbage til arbejdet, men lægen nægtede. Jeg begyndte at bede: "Jesus, jeg keder mig, vær sød at lade mig gå." Jesus sagde: "Gå tilbage til arbejdet, og ingen vil kunne se, at du er kommet til skade."

"For jeg vil gøre dig rask, og jeg vil helbrede dine sår, siger Herren."
(Jeremias 30,17a)

Så vendte jeg tilbage til lægen, og han gav mig lov til at vende tilbage til arbejdet, da jeg insisterede. Jeg begyndte at føle smerte igen og blev irettesat for at vende tilbage til arbejdet for tidligt. Jeg husker, hvad Jesus sagde og lovede mig. Jeg begyndte at sige til mig selv, at jeg skulle holde fast i Guds løfte og begyndte at få det bedre dag for dag. Før jeg vidste af det, var mine smerter væk. Den aften bad min chef mig om at arbejde på overtid. Jeg grinede og fortalte ham, at jeg ikke havde det godt nok til at arbejde over, fordi jeg havde smerter. Jeg indrømmede, at jeg havde noget, jeg ikke havde. Smerterne vendte straks tilbage, og jeg blev meget bleg i ansigtet, så min chef beordrede mig til at gå hjem. Jeg huskede, at Gud tidligere havde sagt, at jeg ville få det godt, og jeg var fast besluttet på at stå ved det. Jeg fortalte min vejleder, at jeg ikke kunne tage hjem på grund af Guds løfte. En anden vejleder var kristen, så jeg bad hende om at bede for mig. Hun insisterede på, at jeg skulle tage hjem igen. Jeg begyndte at irettesætte smerten og talte troens ord. Jeg kaldte djævelen en løgner med Helligåndens autoritet. Min smerte forsvandt med det samme.

"Så rørte han ved deres øjne og sagde: Det skal ske jer, som I tror."
(Matthæus 9:29)

Jeg gik tilbage til min vejleder og fortalte hende, hvad der var sket. Hun var enig i, at djævelen er en løgner og far til alle løgne. Det er vigtigt aldrig at påkalde sig sygdom eller smerte. Gud lærte mig en meget vigtig lektie om at lave sjov med usandheder den dag.

"Men lad jeres kommunikation være: Ja, ja; nej, nej; for alt, hvad der er mere end disse, kommer af det onde." (Matthæus 5:37).

Kapitel 3

Guds kraftfulde våben "Bøn og faste"

On søndag morgen under gudstjenesten lå jeg på den sidste kirkebænk med ulidelige smerter og kunne næsten ikke gå. Pludselig sagde Gud til mig, at jeg skulle gå hen foran og modtage bøn. På en eller anden måde vidste jeg i mit hjerte og i Ånden, at jeg ikke ville blive helbredt, men da jeg hørte Guds stemme, adlød jeg. Som vi læser i

1 Samuel 15:22b. At adlyde er bedre end at ofre.

Jeg bevægede mig langsomt op foran, og da jeg begyndte at gå ned ad sidegangen, lagde jeg mærke til, at folk begyndte at rejse sig, når jeg gik forbi dem. Jeg var vidne til, at Guds Ånd faldt over hver enkelt person, og jeg spekulerede på, hvad Guds formål var med at sende mig op foran.

"Og det skal ske, hvis du flittigt lytter til Herren din Guds røst og holder og gør alle hans bud, som jeg befaler dig i dag, at Herren din Gud vil sætte dig højt over alle folkeslag på jorden: Og alle disse velsignelser skal komme over dig og overgå dig, hvis du lytter til Herren din Guds røst." (Femte Mosebog 28:1-2)

Jeg var i min lokale kirke, da det skete, men tænkte på netop denne dag i noget tid. Bagefter besøgte jeg en kirke i byen Upland. En søster fra vores tidligere kirke kom også i denne kirke. Hun så min annonce på min bil, hvor jeg tilbød matematikundervisning, og ville gerne ansætte mig. En dag, da jeg underviste hende i mit hjem, sagde hun til mig: "Søster, jeg kan huske den dag, hvor du var syg i vores gamle kirke, og du gik op foran for at modtage bøn. Jeg har aldrig oplevet Guds nærvær på den måde før, selv om jeg er blevet døbt i Jesu navn og er kommet i kirken i to år. Den dag, du gik forbi, mærkede jeg Guds Ånd for allerførste gang, og den var så stærk. Kan du huske, at hele kirken rejste sig, da Ånden faldt på dem, da du gik forbi?" Jeg huskede den dag godt, for jeg undrede mig stadig over, hvorfor Gud sendte mig op foran, når jeg knap nok kunne gå. Jeg følte, at Gud lod hende krydse min vej igen af en grund. Gennem hende besvarede Gud mit spørgsmål om den dag.

Jeg var glad for, at jeg hørte Gud og adlød hans stemme.

"For vi vandrer ved tro, ikke ved synet." (2. Korintherbrev 5,7)

Efter min skade i september 1999 kunne jeg ikke længere gå, så jeg blev i sengen og bad og fastede konstant dag og nat, da jeg ikke sov i 48 timer. Jeg bad dag og nat og tænkte, at jeg hellere ville have Gud i tankerne end at føle smerten. Jeg talte konstant med Gud. Vi er kar til ære eller vanære. Når vi beder, fylder vi vores kar med Guds friske olie ved at bede i Helligånden.

Vi må bruge vores tid fornuftigt og ikke lade livets bekymringer holde os fra at have et åndeligt intimt forhold til vores Skaber. Det mest kraftfulde våben mod djævelen og hans hær er bøn og faste.

"Men I, elskede, opbygger jer selv på jeres allerhelligste tro og beder i Helligånden," (Judas Vs.20)

Du besejrer det onde, når du beder og har et konsekvent bønsliv. Konsistens er almægtig. Faste vil øge Helligåndens kraft, og du vil få autoritet over dæmoner. Jesu navn er så kraftfuldt, når du siger ordene:

"I Jesu navn." Husk også, at det dyrebare "Jesu blod" er dit våben. Bed Gud om at dække dig med sit blod. Guds ord siger:

*"Og fra Jesus Kristus, som er det trofaste vidne og den førstefødte af de døde og fyrsten over jordens konger. Til ham, der elskede os og **vaskede os fra vore synder i sit eget blod**."*
(Johannes' Åbenbaring 1:5)

*"De bragte de syge ud på gaderne og lagde dem på senge og briksen, så i det mindste **skyggen** af Peter, der gik forbi, kunne overskygge nogle af dem." (Apostlenes Gerninger 5:15)*

Kapitel 4

Gud, den store strateg

Hvem kan kende Guds tanker? I 1999 arbejdede jeg på svingholdet på posthuset, da jeg bøjede mig forover for at hente en vare og fik stærke rygsmerter. Jeg ledte efter min overordnede, men kunne ikke finde hende eller nogen anden. Jeg gik hjem og tænkte, at smerterne ville forsvinde, når jeg havde bedt, inden jeg lagde mig til at sove. Da jeg vågnede næste morgen med smerterne, ringede jeg til den ældste i kirken, som bad for min helbredelse. Mens jeg bad, hørte jeg Herren fortælle mig, at jeg skulle ringe til min arbejdsgiver på posthuset og fortælle dem om min skade. Jeg blev derefter bedt om at underrette min forstander, når jeg vendte tilbage til arbejdet. Da jeg vendte tilbage til arbejdet, blev jeg kaldt ind på kontoret for at udfylde en skadesrapport. Jeg nægtede at gå til deres læge, fordi jeg ikke troede på at gå til lægen. Jeg stolede på Gud. Desværre blev mine rygsmerter kun værre. Min arbejdsgiver havde brug for en lægeerklæring for at understøtte, at jeg havde pådraget mig en skade, for at retfærdiggøre let arbejde. På dette tidspunkt havde jeg flere gange bedt om at blive tilset af deres læge, men nu var de ikke så tilbøjelige til at sende mig af sted. Det var først, da de så en forbedring, når jeg gik, at de troede, jeg var kommet mig. Nu henviste de mig til deres arbejdsskadelæge, som senere henviste mig til en ortopædisk specialist. Han bekræftede, at jeg havde pådraget mig en permanent rygskade.

Det gjorde min arbejdsgiver meget oprørt. Jeg var så glad for, at jeg gik med til at se deres læge denne gang. Jeg vidste ikke, hvad fremtiden ville bringe for mig, men det gjorde Gud. Ikke alene fik jeg skånejob, men nu var de også klar over, at jeg havde et alvorligt handicap. Efterhånden som min tilstand blev værre, fik jeg kun lov til at arbejde seks timer, så fire og så to. Mine smerter blev så uudholdelige, at det var svært at pendle frem og tilbage til arbejdet. Jeg vidste, at jeg var nødt til at stole på, at Gud ville helbrede mig. Jeg bad og spurgte Gud, hvad hans plan var for mig? Han svarede: "*Du skal hjem.*" Jeg tænkte, at de sikkert ville kalde mig ind på kontoret og sende mig hjem. Senere blev jeg kaldt ind på kontoret og sendt hjem, præcis som Herren havde talt. Som tiden gik, blev min tilstand værre, og jeg havde brug for støtte til at gå. En læge, som anerkendte alvoren af min skade, anbefalede, at jeg opsøgte en læge for arbejdsskadeerstatning, som ville tage sig af min sag.

En fredag aften, da jeg åbnede døren og forlod posthuset, hørte jeg en Guds stemme sige: "*Du kommer aldrig tilbage til dette sted igen.*" Jeg blev så forbløffet over ordene, at jeg begyndte at tænke, at jeg måske ville blive lammet eller endda fyret. Stemmen var meget klar og kraftfuld. Jeg vidste uden tvivl, at det ville ske, og at jeg ikke ville vende tilbage til dette sted, hvor jeg havde arbejdet i 19 år. Hvordan det ville gå økonomisk for mig, var usikkert. Men Gud ser tingene på afstand, for han var ved at lægge endnu et skridt i den retning, jeg skulle gå...

Gud lagde langsomt og dygtigt fundamentet for min fremtid som en mesterstrateg for en tid, hvor jeg ikke længere ville arbejde for nogen anden end Ham. Efter weekenden havde jeg fundet en ny ortopædisk læge, som undersøgte mig. Han sygemeldte mig midlertidigt i næsten et år. Postvæsenet sendte mig til vurdering hos en af deres læger, og hans mening var i modstrid med min læges. Han sagde, at jeg havde det fint og kunne løfte op til 100 pund. Jeg kunne ikke engang gå, stå eller sidde ret længe, endsige løfte en vægt, der svarede til min egen skrøbelige krop. Min læge var meget oprørt. Han var uenig i den anden læges vurdering af mit helbred og mine fysiske evner. Gudskelov bestred min læge dette på mine vegne og over for min arbejdsgivers læge. Min arbejdsgiver henviste derefter sagen til en tredje læge, der skulle fungere som en mæglende "dommer". Denne dommer var en ortopædkirurg, som senere diagnosticerede mig som handicappet. Det var ikke på grund af arbejdsskaden, men på grund af min blodsygdom. Så nu tog det hele en anden drejning. Jeg var født med denne sygdom. Jeg vidste ikke noget om invalidepension. Jeg bad over denne situation med vrede i mit hjerte. Jeg ved, at hans job var at gøre det, der var retfærdigt for patienten og ikke for arbejdsgiveren. Og i et syn så jeg denne læge blive fuldstændig sindssyg.

Jeg bad straks Jesus om at tilgive ham. Herren begyndte at tale til mig og sagde, at lægen havde gjort sit bedste for din skyld. Jeg bad Herren om at vise mig det, for jeg kunne ikke se det på den måde, men mit svar ville komme senere. I mellemtiden søgte jeg om permanent invaliditetsydelse, fordi jeg ikke længere kunne arbejde. Jeg var usikker på, om min ansøgning ville blive godkendt. Både min arbejdsgiver og min læge vidste, at jeg ikke kun havde en rygskade, men også tre tumorer i lænden og et hemongiom i rygsøjlen. Jeg havde en degenerativ diskussygdom og en blodsygdom. Min krop forfaldt hurtigt og meget smertefuldt.

De smertefulde symptomer på mine sygdomme og skader havde taget hårdt på mig. Jeg var ude af stand til at gå, selv med støtte. Det var uvist, hvad der forårsagede lammelserne i mine ben, så jeg blev sendt til en MR-scanning (magnetisk resonanstomografi) af mit hoved. Lægen ledte efter en eventuel psykologisk tilstand. Hvem kan vide, hvad Gud har i tankerne, og hvilke skridt han tager for min fremtid? Gud er den store strateg, for dengang vidste jeg ikke, at der var en grund til alt dette. Jeg var bare nødt til at stole på, at han ville tage sig af mig. Permanent invaliditetsydelse kan kun godkendes til personer, der har en personlig medicinsk tilstand, som kan understøttes medicinsk af en personlig læge. Da min nye læge ikke havde nogen sygehistorie, nægtede han at give en komplet medicinsk vurdering af min manglende evne til at arbejde til Department of Disability. Jeg stod også i et dilemma med hensyn til min økonomi. Jeg gik til den eneste kilde, jeg kendte, for at få svar. Herren sagde: "*Du har mange lægeerklæringer, send dem alle til lægen.*"

Ikke nok med at jeg gav lægen alle mine lægeerklæringer, han var nu klar til at udfylde min ansøgning om permanent invalidepension. Gud være lovet! Gud er altid klar til at give et svar, hvis vi beder ham oprigtigt. Det er vigtigt altid at være stille og lytte efter hans svar. Nogle gange kommer det ikke lige med det samme. Jeg ventede på, at "den store strateg" ville arrangere mit liv efter sin vilje. De næste par måneder var pinefulde og udfordrende. Ikke alene havde jeg fysiske smerter, men jeg kunne heller ikke længere vende en side i en bog. Da jeg er afhængig af Gud for at blive helbredt, troede jeg, at der var en grund til, at jeg skulle igennem dette, men at jeg helt sikkert ikke ville dø. I den tro takkede jeg bare Gud hver dag for hvert øjeblik, jeg levede, og uanset hvilken tilstand jeg befandt mig i. Jeg brugte mig selv i bøn og faste for at komme igennem disse tider med pinefuld smerte. Han var min eneste kilde til styrke og mit tilflugtssted i bøn.

Mit liv havde taget en stor drejning til det værre. Jeg var ikke længere i stand til at arbejde i denne svækkende tilstand. Med megen bøn og anråbelse hver dag syntes min situation at blive værre, ikke bedre. Ikke desto mindre vidste jeg, at Gud var det eneste svar. Jeg vidste uden tvivl, at han ville ordne tingene for mig. Han havde gjort sin eksistens og tilstedeværelse kendt for mig, og jeg vidste, at han elskede mig. Det var nok til at holde fast i og vente på "mesterstrategen", som havde en klar plan for mit liv.

Min mor, som var 85 år gammel, boede sammen med mig på det tidspunkt. Hun var også handicappet og havde brug for hjælp og pleje i sin sengeliggende tilstand. På et tidspunkt, hvor min kærlige mor havde allermest brug for mig, kunne jeg ikke tage mig af hendes basale behov. I stedet måtte min skrøbelige mor se sin datters helbred forværres for øjnene af hende. To kvinder, mor og datter, i en tilsyneladende håbløs situation, men vi troede begge på "miraklernes mægtige Gud". En dag så min mor mig kollapse på gulvet. Hun skreg og råbte, hjælpeløs over for at kunne gøre noget for mig. Denne scene var så uudholdelig og forfærdelig for min mor at se mig på gulvet, men Herren rejste mig op fra gulvet i sin barmhjertighed. Da min bror, søster og familie hørte om dette, blev de meget bekymrede over, at min tilstand var nået så vidt. Min kære og ældre far, som blev passet et andet sted, græd kun og sagde ikke meget, og jeg bad til Herren om, at alt dette måtte være overstået for vores alles skyld. Det var ikke kun min personlige smerte og prøvelse, der skulle udholdes; det påvirkede nu mine kære. Det var den mørkeste tid i mit liv. Jeg vendte mig mod Guds løfte fra begyndelsen:

"Når du går, skal dine skridt ikke være snævre, og når du løber, skal du ikke snuble." (Ordsprogene 4:12)

Med stor glæde i hjertet tænkte jeg på Guds ord og løfte. Jeg ville ikke bare være i stand til at tage et skridt, men have evnen til at løbe en dag. Jeg brugte mere tid på at bede, da der ikke var meget andet, jeg kunne gøre end at bede og søge Guds ansigt. Det blev en besættelse dag og nat. Guds ord blev mit "håbets anker" i et vaklende hav. Gud opfylder vores behov, så han gjorde det muligt for mig at få en motoriseret kørestol, der gjorde livet lidt lettere for mig at bevæge mig rundt. Når jeg stod op, kunne jeg ikke holde balancen selv med hjælp. Der var kun ubehag og smerte i hele min krop, og den trøst, jeg havde, kom fra "Talsmanden", Helligånden. Når Guds folk bad over mig, oplevede min krop en midlertidig lindring af smerten, så jeg søgte altid bøn hos andre. En dag kollapsede jeg på gulvet og blev kørt på hospitalet. Lægen på hospitalet forsøgte at overtale mig til at tage smertestillende medicin. Han var vedholdende, da han kunne se, at mine smerter havde været ekstreme i mange dage. Til sidst gav jeg efter for hans instruktioner om at tage medicinen, men det var imod, hvad jeg troede på.

For mig var Gud min helbreder og læge. Jeg vidste, at Gud havde evnen til at helbrede mig når som helst, ligesom han havde gjort så mange gange før, så hvorfor skulle han ikke helbrede mig nu? Jeg troede fuldt og fast på, at det var Guds ansvar at hjælpe mig. Det var sådan, jeg tænkte og bad i tro, og ingen kunne ændre min opfattelse af det. Jeg kunne ikke se det på nogen anden måde, så jeg ventede på "mesterstrategen". Min tankeproces blev stærkere af at læne mig op ad Gud. Jo mere jeg bad, jo mere voksede mit forhold til ham. Det var så dybt og personligt, at det ikke kan forklares for nogen, der ikke kender til Guds åndelige veje eller til selve hans eksistens. Han er en fantastisk Gud! Den dag, jeg forlod hospitalet, ringede jeg til en veninde, som skulle hente mig. Hun lagde sin hånd over mig for at bede, og jeg oplevede en midlertidig lindring af smerterne. Det var som at tage Guds receptpligtige medicin. I løbet af denne tid sendte Gud en dame til at bede med mig hver morgen kl. 4.00. Hun lagde hænderne på mig og bad. Jeg oplevede kun midlertidig lindring, og nu havde jeg fået en bønnepartner. Jeg troede af hele mit hjerte på, at Gud havde alt under kontrol.

Det blev værre, efterhånden som min krop blev dårligere og dårligere. Jeg fik ikke nok blodforsyning eller ilt til mine nedre og øvre ekstremiteter på grund af nerveskader. For at føje til min liste over symptomer, blev jeg også inkontinent. Jeg begyndte at få svært ved at udtale ord på grund af spasmer i min mund. Jeg havde skader på iskiasnerven, og listen over symptomer blev ved med at vokse.

Min helbredelse kom ikke hurtigt. Jeg undrede mig over, hvad der var sket med Hans løfte i Ordsprog 4:12. Jeg tænkte, at jeg måske havde syndet. Så jeg spurgte: "Herre Jesus, lad mig vide, hvad jeg har gjort forkert, så jeg kan omvende mig." Jeg bad Gud om at tale til mig eller min ven, om at sende mig et ord. Jeg var ikke vred på Gud, men jeg bad ham med et ydmygt hjerte. Jeg var desperat efter helbredelse.

Senere den dag ringede min telefon, og jeg tænkte, om det kunne være mit svar? Men til min skuffelse var opkaldet til en anden. Jeg gik i seng og vågnede kl. 4 om morgenen for at bede. Min bønnepartner Sis. Rena kom over for at bede med mig. Jeg så på hende og tænkte, at Gud måske havde talt til hende, og at hun havde mit svar, men igen til min skuffelse kom der intet svar.

Da hun var gået, gik jeg ind på mit værelse for at lægge mig og hvile mig. Mens jeg lå der, hørte jeg kl. 9.00 bagdøren gå op; det var Carmen, husholdersken. Hun kom ind og spurgte mig: "*Hvordan har du det?*"

Jeg sagde" :*Jeg har det forfærdeligt.*" Så vendte jeg mig om og gik tilbage til mit værelse. Carmen sagde: "*Jeg har et ord til dig.*" Mens jeg bad i kirken i dag, kom Jesus til mig og sagde: "*Søster. Elizabeth Das går igennem en prøvelse, det er hendes brændende lange prøvelse, og hun har ikke gjort noget forkert. Hun vil komme ud som guld, og jeg elsker hende meget højt.*" Jeg ved, at jeg var i tronsalen sammen med ham aftenen før, da jeg bad om et svar på mit spørgsmål.

Se, Herrens hånd er ikke så kort, at den ikke kan frelse, og hans øre er ikke så tungt, at det ikke kan høre. (Esajas' Bog 59:1)

På dette tidspunkt i mit liv følte jeg, at jeg ville blive sindssyg. Jeg kunne ikke længere læse, huske eller koncentrere mig normalt. Mit eneste valg og min eneste grund til at leve var at tilbede Gud og bede meget. Jeg sov kun korte perioder på cirka tre til fire timer hver anden dag. Når jeg sov, var Gud min Shalom. Ære og pris og ære til hans hellige navn! Jeg råbte til Herren i mine bønner: "Gud, jeg ved, at jeg kan komme ud af dette med det samme, fordi jeg har tro på, at du kan og vil helbrede mig". Jeg begyndte at tænke over min prøvelse, at jeg måske ikke kunne komme ud af den på grund af min tro alene. Prøvelser har en begyndelse og en slutning.

En tid til at dræbe og en tid til at helbrede, en tid til at nedbryde og en tid til at bygge op (Prædikeren 3,3).

Jeg var nødt til at tro på, at når alt dette var overstået, ville jeg have et stærkt trosvidnesbyrd, som ville stå for evigt. Et vidnesbyrd om tro, som jeg ville dele med mange som et vidnesbyrd om en almægtig Guds vidunderlige gerninger! Det ville være det hele værd, blev jeg ved med at gentage for mig selv. Jeg var nødt til at tro på mit "håbets anker", for der var ingen anden vej end **Hans vej**! Og det var på **hans måde,** at det skete, at jeg blev ført til den, der var udstyret med den kraftfulde gave at helbrede, givet i hans navn. Guds ord ændrer sig aldrig, så Gud ændrer sig heller ikke. Han er den samme i går, i dag og til evig tid. Som genfødte troende må vi bekende vores tro i kærlighed og elske Guds ord.

Jeg gjorde det på "hans måde"

"Vi er født på ny, ikke af forgængelig sæd, men af uforgængelig, ved Guds ord, som lever og bliver til evig tid." (1 Peter 1:23)

Bibelske mænd af Gud havde også deres prøvelser. Hvorfor skulle det være anderledes i dag, at Gud ikke skulle prøve os? Jeg sammenligner ikke mig selv med de gudfrygtige mænd i Bibelen, for jeg er langt fra at kunne sammenlignes med de hellige disciple. Hvis Gud testede mænds tro for hundreder af år siden, så vil han også teste mænd og kvinder i dag.

*"Salig er den mand, der udholder fristelsen, for når han bliver **prøvet**, skal han få livets krone, som Herren har lovet dem, der elsker ham." (Jakob 1:12)*

Jeg tænkte på den bibelske beretning om Daniel. Han befandt sig i en situation, hvor hans tro blev sat på prøve. Gud beskyttede Daniel i løvehulen, fordi han ikke ville adlyde kong Darius' lov. Han bad kun til Gud og nægtede at bede til kong Darius. Så var der Job, en hengiven mand, der elskede Gud, som mistede alt, hvad han havde, og led af sygdom i sin krop, men Job ville ikke forbande Gud. Der var så mange andre mænd og kvinder, som nævnes i Bibelen. Uanset hvad de gik igennem, havde deres prøvelser en begyndelse og en slutning. Herren var med dem gennem det hele, fordi de stolede på ham. Jeg holder fast i læren fra disse bibelske beretninger, som er givet til os som eksempel og inspiration. Gud er svaret på alt. Stol kun på ham, og vær tro mod hans ord, for hans ord er tro mod dig!

At bevare troen og en god samvittighed, som nogle har lagt fra sig, når det gælder troen, og som har lidt skibbrud (1 Timoteus 1:19).

Når din tro bliver prøvet, så husk at stå fast på Guds ord. I ethvert angreb fra fjenden kan kampen vindes gennem kraften i hans ord.

Herren er min styrke og min sang, han er blevet min frelse, han er min Gud (2 Mos 15,2a).

Min klippes Gud, på ham vil jeg stole, han er mit skjold og min frelses horn, mit høje tårn og min tilflugt, min frelser; du frelser mig fra vold (2Sam 22,3).

Herren er min klippe, min borg og min befrier, min Gud, min styrke, som jeg sætter min lid til, mit skjold og min frelses horn og mit høje tårn. (Ps. 18:2)

Herren er mit lys og min frelse, hvem skal jeg frygte? Herren er mit livs styrke, hvem skal jeg være bange for? (Psa. 27:1)

I Gud har jeg sat min lid: Jeg vil ikke være bange for, hvad mennesker kan gøre mod mig. (Ps. 56:11)

I Gud er min frelse og min herlighed; min styrkes klippe og min tilflugt er i Gud. (Ps. 62:7)

Kapitel 5

Tal ud om din tro

Jeg havde i nogen tid haft en støvallergi, som fik mit ansigt til at klø. Jeg troede på, at Gud ville helbrede mig for denne tilstand. En dag kiggede en kollega på mig og sagde, at min allergi var meget slem. Jeg fortalte hende, at jeg ikke havde allergi, og forklarede, at jeg troede på, at Gud allerede tog sig af min bøn om helbredelse. Det var min "don't name-it" og "don't claim it"-tro. Herren ærede min bøn samme dag ved at fjerne tilstanden og alle symptomerne. Sikke en vidunderlig Gud, vi tjener! Vi behøver ikke at bekende med vores mund og give vores symptomer navne. Når du modtager bøn, så tro på, at der allerede er blevet taget hånd om det i himlen, og at en engel er blevet sendt ud for at bringe dig din helbredelse. Tal din tro ind i eksistensen, ikke din sygdom og dine sygdomme. Jeg kommer til at tænke på den bibelske historie om Jesus og centurionen i Kapernaum:

"Og da Jesus var kommet til Kapernaum, kom der en centurion hen til ham og bad ham og sagde: Herre, min tjener ligger derhjemme og er lam og meget forpint. Og Jesus sagde til ham: Jeg vil komme og helbrede ham. Centurionen svarede og sagde: Herre, jeg er ikke værdig til, at du kommer ind under mit tag; men sig blot et ord, så skal min tjener blive helbredt. For jeg er en mand med myndighed og har soldater under mig; og jeg siger til denne mand: Gå, og han går;

og til en anden: Kom, og han kommer; og til min tjener: Gør dette, og han gør det. Da Jesus hørte det, undrede han sig og sagde til dem, der fulgte efter: Sandelig siger jeg jer: Så stor en tro har jeg ikke fundet, ikke i Israel." (Matthæus 8:5-10)

Centurionen kom ydmygt til Herren og troede på kraften i Jesu ord. Centurionens egne ord afslørede for Jesus, at han troede på kraften i det "talte ord", som ville helbrede hans tjener. Vi kan bringe tro og håb til andre ved det, vi siger til dem. Vi må lade Helligånden tale gennem vores mund, når vi har mulighed for at vidne for andre.

Det er hans måde at bruge os på til effektivt at berøre andres liv og plante frelsens frø. I tider som disse vil Gud give os ordene til at tale, med salvelse, fordi han kender vores hjerte og vores ønske om at nå ud til synderen. Jeg er så taknemmelig for Guds kærlighed, barmhjertighed og nåde, som fører os til omvendelse. Han er klar til at tilgive os vores synder og kender vores svagheder, for han ved, at vi er mennesker.

"Og han sagde til mig: Min nåde er nok for dig, for min styrke fuldkommengøres i svaghed. Derfor vil jeg hellere glæde mig over mine svagheder, for at Kristi kraft kan hvile på mig. Derfor har jeg glæde af svagheder, af bebrejdelser, af nød, af forfølgelser, af trængsler for Kristi skyld; for når jeg er svag, da er jeg stærk."
(2. Korintherbrev 12:9-10)

Og Jesus sagde til dem: Det er på grund af jeres vantro, for sandelig siger jeg jer: Hvis I har tro som et sennepskorn, skal I sige til dette bjerg: Flyt dig til det andet sted, og så skal det flytte sig, og intet skal være umuligt for jer. (Matthæus 17:20)

Den aften var hudallergien helt kureret, fordi jeg ikke tog imod Satans pakke.

Kapitel 6

Guds og hans tjeners helbredende kraft

IJeg vil gerne begynde dette kapitel med at fortælle jer lidt om broder James Min. Broder James havde et skoreparationsværksted i Diamond Bar, Californien, hvor han også vidnede for sine kunder om Guds kraft. På et tidspunkt var han ateist, men kom til at acceptere den kristne tro. Senere lærte han apostlenes sandhedslære at kende og er nu en stærkt troende, der er døbt i Jesu navn og har modtaget Helligånden med det bevis, at han taler i andre sprog eller tunger. Da jeg mødte broder James første gang, fortalte han mig om sit vidnesbyrd, og hvordan han bad Gud om at bruge ham i gaverne, så andre ville tro og lære Gud at kende gennem mirakler.

Som kristne er vi nødt til at arbejde med gaverne og ikke være bange for at bede Gud om at bruge os. Disse gaver er også for os i dag. Den tidlige kirke i Det Nye Testamente var følsom over for Guds Ånd og tjente i Åndens gaver.

Jesus sagde:

*"Sandelig, sandelig siger jeg jer: Den, der tror på mig, skal også gøre de gerninger, jeg gør, og **større gerninger** end disse skal han gøre, for jeg går til min Fader". (Johannes 14:12)*

Bed om, at din kirkeleder vil hjælpe dig med at forstå disse gaver og vil støtte dig i din gave. Bed Gud om at hjælpe dig med at bruge dem, fordi de kommer direkte fra Gud. Vær ikke overmodig, hvis din gave er en, der opererer åbent i kirken. Med nogle gaver vil Gud bruge dig som et redskab til at få gjort det, han ønsker. Du har måske flere gaver uden at vide det. Nogle gaver vil ikke gøre dig særlig populær, men du bliver nødt til at adlyde Gud, når han taler. Det hele afhænger af gaven. Bed om visdom til at bruge din gave under hans salvelses kraft. Gud valgte dig af en grund, og han begår ikke fejl. Gaver er til opbyggelse af kirken.

Der er kun én sand kirke, som tilbeder ham i ånd og sandhed.

"Nu er der forskellige gaver, men den samme Ånd. Og der er forskellige forvaltninger, men den samme Herre. Og der er forskellige handlinger, men det er den samme Gud, som virker alt i alle. Men Åndens åbenbaring er givet til enhver til gavn for sig selv. For til den ene giver Ånden visdomsord, til den anden kundskabsord ved den samme Ånd, til den anden tro ved den samme Ånd, til den anden helbredelsesgaver ved den samme Ånd, til den anden mirakler, til den anden profeti, til den anden skelnen mellem ånder, til den anden forskellige slags tungetale, til den anden tungetolkning: Men alt dette virker den ene og samme Ånd, som deler ud til hver enkelt, som han vil." (1. Korintherbrev 12:4-11)

Broder James fortalte mig, at han bad om disse gaver for at kunne virke i Helligånden med tegn på mirakler af Guds vidunderlige gerninger. Han læste i Bibelen dag og nat hele tiden. Han indså, at gennem Åndens gaver ville troens frø blive plantet i den vantros hjerte. Vi skal være et eksempel på vores tro, som Jesus selv sagde, at de troende selv ville udføre disse mirakler og meget mere.

"Men troen er substansen af det, man håber på, beviset på det, man ikke ser." (Hebræerne 11:1)

" Men uden tro er det umuligt at behage ham; for den, der kommer til Gud, må tro, at han er til, og at han belønner dem, der flittigt søger ham." (Hebræerne 11:6)

Broder James havde en vision om, at Gud ville give ham åndelige gaver. I dag arbejder han med gaverne helbredelse og udfrielse. Det var gennem Broder James' tjeneste, at den fastsatte tid blev sat i himlen den dag, jeg skulle gå igen uden hjælp. Broder James er ikke pastor eller præst i en kirke. Han har ikke nogen høj stilling i en kirke, selvom han er blevet tilbudt stillinger og penge på grund af de åndelige gaver. Han er ydmyg over for den gave, som Gud har betroet ham. Jeg har set, hvordan Gud bruger ham til at uddrive dæmoner fra mennesker i Jesu navn, og helbredelse kommer til de syge. Dæmoner er under Guds autoritet i Jesu navn, når broder James kalder dem ud. Han vil stille dæmonerne spørgsmål i Jesu navn, og de vil svare Broder James. Jeg har set det personligt mange gange; især da han bad dæmoner om at bekende, hvem den virkelige Gud er. Dæmonen vil svare: "Jesus". Men for dem er det for sent at vende sig til Jesus. Jeg lærte meget om den åndelige verden ved at gå igennem denne prøvelse og læne mig op ad Gud for at blive helbredt.

"Og han sagde til dem: Gå ud i alverden og prædik evangeliet for enhver skabning. Den, der tror og bliver døbt, skal blive frelst; men den, der ikke tror, skal blive fordømt. Og disse tegn skal følge dem, der tror: I mit navn skal de uddrive djævle; de skal tale med nye tunger; de skal tage slanger op; og hvis de drikker noget dødbringende, skal det ikke skade dem; de skal lægge hænderne på syge, og de skal blive raske." (Markus 16:15-18)

Ved Guds nåde er broder James klar til at vidne om Jesus for enhver til enhver tid. Han arbejder med helbredelse og udfrielse på hjemmemøder eller i kirker, hvor han er blevet inviteret. Broder James citerer fra Bibelen:

Ikke desto mindre, brødre, har jeg skrevet mere frimodigt til jer på en måde, som sætter jer i tankerne på grund af den nåde, der er givet mig af Gud, at jeg skulle være Jesu Kristi tjener for hedningerne og tjene Guds evangelium, så hedningernes offer kunne være acceptabelt, idet de blev helliget af Helligånden. Jeg har derfor, hvad jeg kan rose mig af gennem Jesus Kristus i de ting, som hører Gud til. For jeg vover ikke at tale om noget af det, som Kristus ikke har gjort ved mig for at gøre hedningerne lydige ved ord og gerning, ved mægtige tegn og undere, ved Guds Ånds kraft; så at jeg fra Jerusalem og rundt omkring til Illyricum fuldt ud har forkyndt Kristi evangelium. (Romerbrevet 15:15-19)

Den dag, jeg mødte ham, stillede Broder James mig et par spørgsmål om mit helbred. Jeg fortalte ham alt og om mine symptomer. Jeg viste ham også, hvor jeg havde tre tumorer. Tumorerne var på ydersiden af min rygsøjle, og den anden var på indersiden af rygsøjlen. Broder James undersøgte min rygsøjle og forklarede, at min rygsøjle ikke var lige fra midten. Han tjekkede mine ben ved at sammenligne dem side om side og viste mig, at det ene ben var næsten 5 cm kortere end det andet. Den ene hånd var også kortere end den anden. Han bad for min rygsøjle, og den kom tilbage til sit oprindelige sted, hvor han kunne køre sin finger lige ind parallelt med min rygsøjle. Han bad for mit ben, og det begyndte at bevæge sig foran mine øjne, og så stoppede det med at vokse, da det var på højde med det andet ben. Det samme skete med min hånd. Den voksede jævnt til den anden hånd. Broder James bad mig så om at lægge min gangstøtte væk og beordrede mig til at rejse mig op og gå i Jesu navn. Jeg gjorde, som han sagde, og begyndte at gå på mirakuløs vis. Da jeg så det, kom min ven løbende og råbte: "Liz, hold fast i mig, hold fast i din støtte, ellers falder du!" Jeg vidste, at jeg havde styrken til at gå lige i det øjeblik og tog det skridt i tro. Jeg var så opstemt af glæde!

Jeg havde muskelsvaghed i benene på grund af den manglende motion, fordi jeg ikke havde kunnet gå i så lang tid. Det tog et stykke tid at få mine muskler tilbage i form, og selv i dag har jeg ikke den fulde styrke i mine muskler. Gudskelov kan jeg gå og køre bil. Ingen kan fortælle mig, at Gud ikke udfører mirakler i dag. Intet er umuligt med Gud. Med overvældende glæde tog jeg hen til den læge, der kendte til mit handicap. Straks da jeg kom ind på kontoret uden nogen form for hjælp, stok eller kørestol, var personalet helt forbløffet. Sygeplejerskerne skyndte sig at hente lægen, som også var utroligt overrasket over, at han overhovedet tog røntgenbilleder. Det, han så, var, at tumorerne stadig var der, men af en eller anden mystisk grund var jeg i stand til at gå på trods af det. Gud være lovet! Jeg tror, at disse tumorer også snart vil være væk!

Den dag Gud helbredte mig, begyndte jeg at fortælle alle, at Gud er vores helbreder, og at hans frelsesplan er for dem, der tror og vil følge ham. Tak Gud for broder James og for alle Guds goder!

Min første del af løftet var gået i opfyldelse.

"Når du går, skal dine skridt ikke være snævre, og når du løber, skal du ikke snuble." (Ordsprog 4:12)

Mange gange troede jeg, at jeg ville falde, men det gjorde jeg aldrig.

"Velsign Herren, min sjæl, og glem ikke alle hans goder: Han tilgiver alle dine misgerninger, han helbreder alle dine sygdomme, han frelser dit liv fra undergang, han kroner dig med kærlighed og barmhjertighed, han mætter din mund med gode ting, så din ungdom fornyes som ørnens." (Salmernes Bog 103,2-5).

Kapitel 7

Ikke at give efter for Djævelen eller Djævelens ting

Min veninde Rose fra Californien ringede til mig en tidlig morgen. Hun fortalte mig, at hendes mand Raul aftenen før var gået i seng, mens hun blev i gæsteværelset og lyttede til et populært talkshow om Ouija-brættet i radioen. Lyset var slukket, og værelset var mørkt. Pludselig sagde hun, at hun følte en tilstedeværelse i værelset. Hun kiggede hen mod døren, og der stod en mand, som lignede hendes mand. Denne skikkelse bevægede sig hurtigt som et lyn og lagde hende fladt ned på sengen, hvor hun lå. Denne "ting" trak hende derefter op i armene til en siddende stilling med front mod ham. Hun kunne tydeligt se, at der ikke var nogen øjne i øjenhulerne, men bare et dybt sort hul. Armene, der stadig holdt hende oppe, var grålige som døden, og hans blodårer stak ud af huden. Hun indså med det samme, at det ikke var hendes mand, men en uren, falden engel.

Som du ved, har en dæmon og en falden engel helt forskellige egenskaber. Faldne engle blev smidt ud af himlen sammen med Lucifer, og de har helt forskellige job. Faldne engle kan flytte rundt på ting ligesom mennesker, men en dæmon har brug for en menneskekrop for at kunne udføre sin plan. Dæmoner er ånder fra mennesker, der er døde uden Jesus; de har også begrænsede kræfter.

Og der skete endnu et under på himlen; og se, en stor rød drage med syv hoveder og ti horn og syv kroner på sine hoveder. Og dens hale trak en tredjedel af himlens stjerner ud og kastede dem ned på jorden; og dragen stod foran kvinden, som var rede til at føde, for at fortære hendes barn, så snart det var født. (Johannes' Åbenbaring 12:3,4)

Rose var stadig forsvarsløs og ude af stand til at tale i en frossen tilstand. Hun sagde, at hun forsøgte at kalde på Raul, men at hun kun kunne lave korte, kæmpende lyde, som om nogen strammede hendes stemmebånd. Hun kunne stadig høre radioværten i baggrunden og vidste, at hun ikke sov, da hendes øjne var helt åbne, og hun gentog for sig selv, at hun ikke måtte lukke dem. Tidligere huskede hun, at hun lukkede øjnene kortvarigt, før denne hændelse fandt sted, og så et syn eller en drøm om store klomærker, der flåede gennem tapetet.

Jeg har kendt Rose i næsten 30 år. Rose forlod kirken for ca. 10 år siden og vandrede ikke længere med Herren. Vi holdt altid kontakt, og jeg fortsatte med at bede for, at hun skulle vende tilbage til Gud. Rose fortalte mig, at hun havde talt i tunger meget kraftigt uden nogen åbenbar grund, mens hun kørte hjem fra arbejde, i hvert fald flere gange. Hun følte, at det var meget usædvanligt, fordi hun slet ikke bad. Hun indså, at Gud havde med hende at gøre gennem Helligånden. Hans kærlighed rakte ud til hende, og hun vidste, at Gud var i kontrol, fordi han valgte tidspunktet for sine besøg. Rose sagde, at hun lukkede sine øjne og sit sind og skreg: "JESUS!" I et glimt sprang den faldne engel af hendes krop og gik væk uden at røre jorden.

Hun forblev ubevægelig, indtil hun kunne bevæge sig igen. Hun vækkede Raul, som sagde, at det bare var en ond drøm. Han lagde hende i sengen ved siden af sig og faldt hurtigt i søvn. Rose begyndte at græde og tænkte på det forfærdelige, der lige var sket, og bemærkede, at hun lå i fosterstilling. Pludselig begyndte hun at tale i tunger, da Helligåndens overnaturlige kraft kom over hende og førte hende tilbage til det mørke rum. Hun lukkede døren bag sig og indså præcis, hvad hun var nødt til at gøre. Hun begyndte at tilbede Gud højlydt og ophøjede hans navn, indtil hun faldt om på gulvet og følte sig udmattet, men med stor fred.

Da hun åbnede døren, stod Raul til hendes forbløffelse i stuen med alt lyset tændt. Hun gik direkte hen til deres seng og sov med en fantastisk fred. Næste aften, mens de forberedte aftensmaden, spurgte Raul Rose, om den "ting" fra aftenen før ville vende tilbage. Rose blev overrasket over hans spørgsmål og spurgte, hvorfor han ville spørge om det, for han troede ikke engang på, at det var sket. Raul fortalte Rose, at efter hun var gået ind i værelset for at bede, kom der noget efter ham. Det var derfor, han var oppe med alt lyset tændt. Da hun havde bedt og var faldet i søvn, blev han angrebet af noget forfærdeligt, som holdt ham vågen til kl. 4.00 næste morgen. Han brugte Om-nynnemeditation og kæmpede fra kl. 23.00 til om morgenen. Rose huskede, at Raul havde et Ouija-bræt i skabet i gangen, som han nægtede at skille sig af med, da hun først flyttede ind i huset. Hun sagde til Raul, at hun ikke vidste, om det ville vende tilbage, men at han skulle skille sig af med Ouija-brættet. Raul smed det hurtigt i skraldespanden udenfor. Rose sagde, at det krævede den forfærdelige hændelse at få ham til at skille sig af med det!

Da Rose ringede til mig, fortalte jeg hende, at den faldne engel stadig kunne være inde i huset, så vi var nødt til at bede sammen over telefonen. Rose hentede olivenolie til at salve huset med mig på medhør. Da jeg sagde ordet "klar", fortalte jeg hende, at hun ville begynde at tale i tunger i Helligånden med det samme. Da jeg sagde "klar", begyndte Rose at tale i tunger med det samme og lagde telefonen fra sig for at salve. Jeg kunne høre hendes stemme forsvinde, mens hun bad i hele huset og salvede døre og vinduer i Jesu navn. Rose var nu uden for min hørevidde, da noget sagde mig, at jeg skulle bede hende om at gå ind i garagen. I samme øjeblik sagde Rose, at hun salvede rum og stod ved bagdøren, der førte ind til garagen. Hun følte en ond tilstedeværelse bag døren, da hun salvede den. I troen på Guds beskyttelse sagde Rose, at hun åbnede den og gik ind i den meget mørke garage. Helligåndens kraft blev stærkere, da hun gik ind, og hun kunne mærke, at den var der! Hun gik hen mod en anden dør, der førte

Jeg gjorde det på "hans måde"

ud til en gårdhave, hvor skraldespanden stod. Det var den samme skraldespand, hvor Raul havde smidt Ouija-brættet ud dagen før. Uden tøven sagde Rose, at hun hældte olivenolie over Ouija-brættet, mens hun bad højt og inderligt i Helligånden, og så lukkede hun låget. Hun gik tilbage til stuen og kunne høre min stemme råbe til hende "gå ind i garagen, for det er derinde". Rose fortalte mig, at hun allerede havde taget sig af "det". Det bekræftede, at det onde var i garagen, mens vi bad.

Rose sagde, at det hele gav mening for hende nu. Gud havde i sin barmhjertighed og kærlighed forberedt Rose på netop denne dag, selv om hun ikke tjente ham. Ifølge Rose var det denne oplevelse, der bragte hende tilbage til Gud med et engagement, som hun aldrig havde følt før. Hun går nu i Apostolic Lighthouse i Norwalk, Californien. Hun var så taknemmelig til Gud for hans kærlighed og beskyttelse. Gud gjorde hende klar til at møde den faldne engel den nat med Helligåndens ubestridelige åndelige rustning. For Rose var det, der skete, en overnaturlig manifestation af Guds kraft i Jesu navn. Det var hans kærlighed til Rose, at hun skulle vende tilbage til hans veje. Tro på, at Hans hånd ikke er for kort til at frelse eller udfri, selv når det gælder dem, der modsætter sig, og som vælger ikke at tro på det, de ikke kan se eller føle. Vores Forløser betalte prisen for os på korset med sit blod. Han vil aldrig tvinge nogen til at elske ham. Guds ord fortæller os, at du skal komme som et lille barn og lover, at hvis du søger ham af hele dit hjerte, vil du finde ham. Vantro og skeptikere kan ikke ændre det, der er, og det, der skal komme. Tørst efter Guds retfærdighed, og drik af livets levende vand.

"Hvorfor var der ingen, da jeg kom? Da jeg kaldte, var der ingen, der svarede? Er min hånd overhovedet forkortet, så den ikke kan forløse? Eller har jeg ikke magt til at udfri? Se, ved min irettesættelse tørrer jeg havet ud, jeg gør floderne til ørken, deres fisk stinker, fordi der ikke er vand, og de dør af tørst." (Esajas 50:2)

"I mildhed oplære dem, der modsætter sig; hvis Gud måske vil give dem omvendelse til erkendelse af sandheden; og at de kan komme sig

ud af djævelens snare, som er taget til fange af ham efter hans vilje."
(2. Timoteusbrev 2:25-26)

Kapitel 8

Dream And Vision - "Advarslen"

I morges havde jeg en drøm om en overhængende fare, mens jeg kørte i min bil. I denne drøm sprang fordækket med en høj lyd. Det var så højt, at det vækkede mig. Det var så virkeligt, at drømmen føltes, som om jeg var vågen eller et sted midt imellem. Jeg bad over det i løbet af ugen og besluttede mig for at få tjekket dækkene på min bil. Desværre blev mine planer afbrudt, og jeg fik ikke taget mig af det. Samme uge tog nogle venner og jeg af sted for at bede for en indisk familie, der havde brug for bøn. På vej til deres hus sprang dækket på min bil på motorvejen ved kirkegården. Med det samme huskede jeg drømmen, præcis som jeg havde set den. Her var vi, i min bil med et fladt dæk, og familien insisterede på, at vi kom hjem til dem. Da dækket var repareret, hentede vi et andet køretøj og fortsatte med at besøge familien. Familien havde en situation med deres eneste søn, som var involveret i en retssag og skulle i fængsel. De var bekymrede for, at han også ville blive deporteret til deres hjemland. Den unge mands mor ringede grædende til mig tidligere på dagen og forklarede, hvad han ville blive sigtet for. Hun tænkte på det værste scenarie og var sikker på, at han ville blive fundet skyldig og derefter deporteret for aldrig at se sin søn igen. Hun sagde, at hun ikke kunne arbejde, fordi hun ville græde konstant foran sine patienter. Mens hun græd, begyndte jeg at bede for situationen over telefonen med hende. Jeg begyndte at tale i Helligånden på et ukendt sprog eller tungemål, mens Guds Ånd bevægede sig. Jeg bad, indtil hun sagde, at hendes hjerte ikke længere var tynget, og hun følte sig trøstet.

"På samme måde hjælper Ånden også vores svagheder; for vi ved ikke, hvad vi skal bede om, som vi burde, men Ånden selv går i forbøn for os med støn, som ikke kan udtrykkes, og den, der ransager hjerterne, ved, hvad Åndens sind er, fordi han går i forbøn for de hellige efter Guds vilje." (Romerne 8:26-27).

Moderen spurgte, om hun kunne ringe til mig, inden hun tog til retssagen næste morgen. Jeg sagde ja, og at jeg ville bede til Gud om at gribe ind. Jeg bad hende om at ringe til mig efter retssagen, for jeg ville gerne vide, hvilken slags mirakel Gud havde udført. Næste dag ringede den unge mands mor til mig med stor glæde og sagde: "*Du vil ikke tro, hvad der skete?*" Jeg sagde: "*Jeg vil tro, for det er den slags Gud, vi tjener*"! Hun fortsatte med at sige, at de ikke havde nogen papirer på min søn. Advokaten sagde, at retten ikke havde fundet noget navn eller nogen anklage mod ham, selvom hun og advokaten havde papirerne i hånden.

Gud havde besvaret vores bønner. Hendes tro blev løftet så meget, at hun fra den dag accepterede, hvilken mægtig Gud vi tjener, og hvordan Gud tager sig af tingene, hvis vi bringer dem frem for ham i bøn af hele vores hjerte. Hun blev et vidne til Guds mirakler og gav vidnesbyrd om, hvad Herren havde gjort for dem. Med hensyn til det flade dæk, så var det kun et lille tilbageslag, som ikke skulle være sket, hvis jeg havde taget mig af det på forhånd. Alligevel gjorde Herren det muligt for os at nå denne familie, fordi de insisterede på, at vi skulle komme og bede med dem. Vi skal altid være klar til at gå til modangreb på de kræfter, der holder os fra at gøre Guds vilje. Vi er nødt til at gå imod enhver plan fra fjenden, vores modstander, djævelen, gennem udholdenhed, især når vi ser forhindringer på vejen.

Da vi ankom til familiens hjem, husker jeg, at vi bad og vidnede for hele familien. Vi nød i fulde drag en vidunderlig tid med forkyndelse og undervisning i Guds ord. Den dag var og bliver Herrens glæde vores styrke! Han vil velsigne dem, der gør hans vilje.

Kapitel 9

Bønnemøde hele natten

En aften besluttede nogle venner og jeg at bede hele natten. Vi blev så enige om, at vi ville bede en gang om måneden på vores "All Night Prayer Meeting". Vi har vidunderlige oplevelser under disse natlige bønnemøder. Vores fælles bøn i hjemmet blev så kraftfuld, at de, der senere sluttede sig til os, straks mærkede forskellen i deres egne bønner. Det var ikke længere en religiøs rutine, men bøn i Helligånden med manifestationer af Åndens gaver. Mens vi bad, begyndte nogle at opleve, hvordan det var at kæmpe med Djævelen. Kræfter kom imod os, da vi nåede et højere niveau i vores bønner, som førte os gennem åndelige slagmarker. Vi var i krig med djævelen og begyndte at kalde det fastedage. Vi havde tappet ind i noget, der var åndeligt kraftfuldt, og som tvang os til at søge Gud endnu mere.

Under et sådant bønnemøde kl. 3.30 om natten rejste min veninde Karen sig for at hente salveolien. Hun begyndte at smøre olie på mine hænder og fødder, og så begyndte hun at profetere og sagde, at jeg var nødt til at tage mange steder hen for at bringe Guds ord, og at Gud ville bruge mig til sit formål. Først blev jeg meget vred på Karen, fordi det ikke var muligt, og det gav ingen mening. På det tidspunkt i mit liv havde jeg ikke været nogen steder i næsten 10 år, fordi jeg ikke kunne

Jeg gjorde det på "hans måde"

gå. Mine benmuskler var stadig svage, og jeg havde de smertefulde tumorer, der pressede mod min rygsøjle. Jeg tænkte over Karens ord, og så talte Gud til mig og sagde: "Jeg er Herren, der taler til dig" gennem hendes mund, og så forstod jeg, at det ikke bare var Karens entusiasme, der talte til mig. Jeg var ked af det og bad Gud om at tilgive mig for min tanke.

Et par dage senere modtog jeg et opkald fra en person i Chicago, Illinois, som havde brug for åndelig hjælp, så vi besluttede at tage til Chicago den følgende uge. Det var et stort mirakel i sig selv, for jeg havde ikke tænkt på at tage af sted på det tidspunkt. På grund af det profetiske budskab tog jeg turen til Chicago i ren tro. Uden det profetiske budskab ville jeg helt sikkert ikke være taget af sted. Den uge blev mit fysiske helbred værre, og jeg kunne ikke komme ud af sengen. Jeg hørte også, at det havde sneet meget i Chicago. Jeg indså, at min tro blev sat på prøve. På det tidspunkt i mit liv havde jeg brug for en kørestol for at komme rundt. Familien i Chicago oplevede, at dæmoniske kræfter kom imod dem. De havde for nylig vendt sig til Gud og var holdt op med at praktisere hekseri. Mange af deres familiemedlemmer havde også vendt sig til vores Herre Jesus Kristus. Herren havde helbredt og udfriet dem fra disse dæmoniske kræfter, som holdt dem fanget i synd. Jeg indså, at Gud måtte give mig udholdenheden til at udholde sådan en rejse, og det blev hurtigt tydeligt, at det var Guds vilje, at jeg skulle tage af sted. Jeg havde oplevet to drømme, hvor Gud fortalte mig, at jeg skulle adlyde hans stemme. Jeg adlød ikke Gud og havde lært ikke at sætte spørgsmålstegn ved ham. Jeg lærte hurtigt, at hans veje ikke behøvede at give mening for mig. Den dag, vi ankom til Chicago, var vejret varmt. Jeg var også smertefri. Vi vandrer ved tro og ikke ved synet, som Skriften siger. Når tingene ser umulige ud for os, må vi tro på, at "alt er muligt for Gud". Han tog sig af alt og gav mig energi til at gøre hans vilje i Chicago. Vi havde også tid til at besøge og tjene andre familier i deres hjem.

På vej hjem begyndte det at tordne, og mange fly blev aflyst, men gudskelov kunne vi vende tilbage til Californien, selv om vores fly var forsinket. Gud være lovet! Han er virkelig min "klippe og skjold", min beskytter mod de åndelige og naturlige storme. Denne tur var et vidnesbyrd om tro og velsignelser for os alle. Hvis jeg ikke havde adlydt, ville jeg ikke have oplevet velsignelserne ved Guds hænders arbejde. Gud holder aldrig op med at forbløffe mig med, hvordan han taler til os i dag. Den almægtige Gud taler stadig til almindelige mennesker som mig. Sikke et privilegium at tjene vores Skaber og se Hans mægtige gerninger berøre livet for mennesker i dag, som tror og kalder på Ham. Det krævede et profetisk budskab og to drømme, før Gud fik min fulde opmærksomhed. Jeg bliver mindet om, at vi ikke fuldt ud forstår Guds tanker, og hvilke planer han måtte have for nogen. I det øjeblik må vi adlyde, selv om det måske ikke giver nogen mening eller har nogen grund for os. Med tiden lærte jeg at høre hans stemme og skelne mellem ånderne. Han vil aldrig bede dig om at gøre noget, som er imod hans ord. Lydighed er bedre end at ofre sig.

"Og Samuel sagde: Har Herren lige så stor glæde af brændofre og slagtofre som af at adlyde Herrens røst? Se, lydighed er bedre end slagtofre, og lydighed er bedre end vædderfedt."
(1 Samuel 15:22)

"For mine tanker er ikke jeres tanker, og jeres veje er ikke mine veje, siger Herren. For ligesom himlen er højere end jorden, således er mine veje højere end jeres veje, og mine tanker er højere end jeres tanker." (Esajas 55: 8, 9)

Jeg gjorde det på "hans måde"

Kapitel 10.

Det profetiske budskab

Det er en velsignelse at have venner, der deler den samme tro og kærlighed til Gud. Jeg har en veninde, Karen, som engang var min kollega, da jeg arbejdede på det amerikanske postkontor. Karen lærte Herren at kende, da jeg vidnede for hende. Senere accepterede hun den tidlige kirkes apostoliske sandhedslære. Karen er en venlig person med et hjerte for at give til missionsarbejdet i Mumbai, Indien. Hun havde en dybfølt kærlighed til arbejdet der og donerede sine egne penge til bygningen af en kirke i Mumbai.

En dag, da jeg boede i West Covina, tog Karen sin veninde Angela med hjem til mig. Hendes veninde var så begejstret og brændte for Gud. Hun fortalte mig sit vidnesbyrd om tidligere forsøg på at begå selvmord ved at skære i sig selv flere gange og sin fortid med prostitution. Jeg elskede hendes søde ånd og spurgte hende, om hun ikke havde noget imod at bede for mig. "*Her*"? spurgte hun. "*Ja, her*", svarede jeg tilbage. Da hun begyndte at bede for mig, kom profetiens ånd over hende. Hun begyndte at tale Herrens ord: "*Gud beder dig om at gøre den bog færdig, som du er begyndt på. Den vil blive en velsignelse for mange mennesker. Gennem denne bog vil mange mennesker blive frelst.*" Jeg blev så glad, for hverken hun eller Karen havde nogen anelse om, at jeg var begyndt at skrive mine erindringer for mange år siden. Jeg blev først inspireret til at skrive denne bog for et år siden af fru Saroj Das og en ven. En dag kom en søster i Herren fra en lokal kirke hen til mig med en pen i hånden og beordrede mig: "*Skriv nu*!"

Jeg begyndte at skrive, indtil jeg fik flere problemer med mit helbred, og så stoppede jeg, fordi det var for stor en opgave for mig at udføre. Nu var spørgsmålet om bogen dukket op igen. Ingen havde kendt til mit forsøg på at skrive en bog. Mine erfaringer skulle samles og skrives ned, så andre kunne blive inspireret. Jeg var nødt til at adlyde, men hvordan det skulle ske, var stadig et stort mysterium for mig. Jeg kunne ikke skrive den fysisk af mange grunde, men igen, Gud måtte finde en måde at få det til at ske på. Jeg havde lysten og trangen til at gøre det efter at have hørt budskabet, men Gud måtte gøre resten. Min første rejse var at finde den levende Gud, og han fandt mig! Hvis jeg ikke skriver om mine oplevelser med Gud, vil disse sande beretninger være tabt for evigt. Så mange menneskers liv er blevet påvirket og rørt på forunderlig vis, at denne bog ikke kan indeholde alle hændelser og mirakler. Guds mirakler vil fortsætte, selv når jeg er borte fra denne krop og til stede hos Herren. Troen begynder et sted. Den har en begyndelse og er grænseløs, fordi der er forskellige mål for tro. Når troen er plantet, bliver den vandet af Guds ord og næret af andres vidnesbyrd. Jeg tænkte på det skriftsted, der siger, at hvis vi har tro som et sennepsfrø, kan vi flytte bjerge. Hvordan kunne jeg have vidst, at denne rejse til Amerika ville føre mig gennem en labyrint af livsændrende oplevelser, eller at jeg en dag ville skrive om at ære Hans veje? En dag fortalte jeg min veninde Rose om Guds budskab og hans plan med denne bog. Rose lyttede og kiggede på mine noter. Hun havde kendt mig i årevis og vidste allerede en masse om mit liv i Amerika. Skrivningen tog sin helt egen form, som to uerfarne personer ikke kunne forestille sig. Herren skabte en vej, og gennem mange vanskeligheder og meget "mærkelige" hændelser blev bogen færdig. Herren havde talt, og nu er hans plan gået i opfyldelse.

Karens veninde fortsatte med at profetere. Hun sagde til mig: "*Gud vil gøre noget for dig inden udgangen af denne måned.*" Og mange andre ting, som Gud talte til mig gennem hendes profetiske budskaber. Jeg begyndte at huske, hvordan jeg gik igennem så mange prøvelser for denne sandhed. Den dag Gud talte til mig gennem denne unge dame, besvarede Gud mit hjertes spørgsmål. Jeg skulle gøre hans vilje, og de opmuntrende ord strømmede frem. Ord, jeg havde brug for at høre. Hun profeterede, at jeg var et "*kar af guld*". Jeg var så ydmyg over dette. I tro gør vi vores bedste for at gå i harmoni med Gud og med usikkerhed, om vi virkelig behager ham. Den dag velsignede han mig ved at lade mig vide, at jeg var ham til behag. Mit hjerte blev fyldt med stor glæde. Nogle gange glemmer vi, hvad vi beder om, men når vores bøn bliver besvaret, bliver vi overraskede.

Vi må tro på, at han ikke respekterer personer, som Bibelen siger. Det er ligegyldigt, hvad din status eller din rolle er, for hos Gud er der ikke noget rolle- eller statussystem i livet. Gud elsker os alle lige højt og ønsker, at vi skal have et personligt forhold til ham; ikke de religiøse traditioner, som mange generationer har overleveret, og som har tjent afguder og mennesker. Afguder kan ikke se og ikke høre. Religion kan ikke ændre dit liv eller dit hjerte. Religion får dig kun til at føle dig godt tilpas midlertidigt på grund af dens selvtilfredsstillelse. Den sande Gud venter på at omfavne og modtage dig. Jesus var Guds offerlam, der blev slagtet for verden. Da han døde på korset, opstod han igen og lever i dag og for evigt. Nu kan vi have direkte fællesskab med Gud gennem Jesus Kristus, vores Herre og Frelser. Der er forskellige niveauer i vores vandring med Gud. Vi må ønske os mere af ham og fortsætte med at vokse i kærlighed, tro og tillid. Jeg blev meget ydmyg af denne oplevelse. Hele mit ønske og formål er at behage ham. Der er åndelige vækstniveauer af modenhed i Gud. Du modnes med tiden, men det hele afhænger af den tid og indsats, du lægger i dit forhold til ham. I slutningen af måneden fik omstændighederne mig til at forlade den kirke, som jeg havde været medlem af i 23 år. Gud lukkede en dør og åbnede en anden. Han har lukket og åbnet døre lige siden, ligesom de trædesten, jeg først nævnte i begyndelsen af denne bog. Gud tog sig af mig hele tiden. Jeg kom kortvarigt i en kirke i West Covina, og så åbnede en anden dør sig på vid gab.

Den samme unge dame profeterede igen et par år senere og sagde til mig, at jeg skulle pakke, "*du skal flytte*". Jeg var meget overrasket, fordi min mor var så gammel, og min tilstand stadig ikke var blevet bedre. Jeg troede på Herren. Et år senere skete det, jeg flyttede fra Californien til Texas. Steder, hvor jeg aldrig havde været, og hvor jeg heller ikke kendte nogen. Dette var begyndelsen på endnu et eventyr i mit livs rejse. Som enlig kvinde var jeg underlagt Guds stemme og var nødt til at adlyde. Gud tog aldrig noget fra mig. Han erstattede bare ting og steder og blev ved med at bringe nye venskaber og mennesker ind i mit liv. Tak, Herre, mit liv i dag er så velsignet!

Kapitel 11

En bevægelse af tro

I April 2005 flyttede jeg til Longhorn-staten Texas. Gud brugte forskellige mennesker gennem profetiske budskaber. Flytningen blev bekræftet, og alt, hvad jeg skulle gøre, var at tage springet i tro. Det startede tilbage i 2004, da broder James og Angela, en ven i Herren, bad med mig over telefonen. Søster Angela begyndte at profetere ved at sige til mig: "*Du kommer til at flytte inden årets udgang.*" Fra januar til august det år skete der ingenting, og så i september, en eftermiddag, kaldte min mor mig ind i sit soveværelse. Hun fortalte mig, at min søsters familie var ved at flytte til en anden stat, og at de ville have mig til at flytte med dem. Beslutningen om, hvor de skulle flytte hen, var ikke truffet, men mulighederne var Texas, Arizona eller helt at forlade Amerika og flytte til Canada. Så ringede jeg til søster Angela og fortalte hende, hvad der var sket. Jeg fortalte hende, at jeg bestemt ikke ønskede at tage til Texas. Det var aldrig faldet mig ind nogensinde at tage dertil, så det var ikke engang en mulighed at bo der. Til min skuffelse sagde søster Angela, at Texas er staten. Af lydighed blev det afgjort, og det var det, der gjorde, at vi til sidst flyttede til Texas. På det tidspunkt vidste jeg ikke, at Guds trædesten allerede var blevet lagt i den retning. Efter min samtale med søster Angela bestilte jeg flybilletter til mig selv, så jeg kunne være i Texas om to uger. Jeg vidste ikke, at min søsters familie allerede havde været i Texas for at se området omkring Plano.

Søster Angela bad for mig og sagde, at jeg ikke skulle bekymre mig, for Jesus ville hente dig i lufthavnen. Broder og søster Blakey var så venlige og tålmodige, at det mindede mig om søster Angelas profeti. De hentede mig med glæde i lufthavnen og hjalp mig med alle mine behov på en så kærlig og omsorgsfuld måde.

Søster Angela fortsatte med at sige, at det første hus, jeg ville se, ville jeg elske, men det ville ikke blive mit hus. Via internettet begyndte jeg at ringe til United Pentecostal Churches i området og kontaktede pastor Conkle, som er pastor for United Pentecostal Church i byen Allen i Texas. Jeg forklarede pastor Conkle, hvad jeg lavede i Texas. Bagefter bad han mig om at ringe til Nancy Conkle. Jeg var ikke sikker på hvorfor og tænkte, at hun måske var hans kone eller sekretær. Det viste sig, at Nancy Conkle er familiens matriark, en nærende mor for familien og for kirken. Søster Conckle havde opdraget sine egne seks børn og hjulpet med at opdrage sine brødre og søstre, som i alt var elleve søskende! Efter at have talt med Nancy Conkle forstod jeg, hvorfor pastor Conkle havde fået mig til at tale med denne stærke og omsorgsfulde dame, som fik mig til at føle mig velkommen med det samme. Søster Conckle satte mig derefter i forbindelse med sin anden bror, James Blakey, som er ejendomsmægler, og hans kone Alice Blakey. De bor i den lille by Wylie i Texas, kun et par minutter fra Allen ad landevejene i det flade land.

Da jeg havde lært området at kende, fløj jeg tilbage til Californien for at sætte mit hus til salg. Mit hus blev solgt på to måneder. Så fløj jeg tilbage til Texas for at begynde at lede efter et hus. Jeg bad om, hvilken by Gud ville have mig til at bo i, fordi der var så mange små byer. Gud sagde "Wylie". Det er vigtigt at bede og bede Gud om hans vilje, før man træffer vigtige beslutninger, for det vil altid være den rigtige.

"For det er bedre, hvis Guds vilje er sådan, at I lider for at gøre godt, end for at gøre ondt." (1 Peter 3:17)

Senere forklarede jeg broder og søster Blakey om de profetiske budskaber, og at jeg ønskede at adlyde Gud. De var meget omhyggelige med at respektere mine ønsker og lyttede til alt, hvad jeg fortalte dem, at Gud havde talt til mig. Jeg fortalte dem også, at Gud under min første rejse til Texas sagde: "*Du ved ikke, hvad jeg har til dig.*" De var så tålmodige med mig, at jeg altid vil være meget taknemmelig for deres følsomhed over for Guds ting. Familien Blakey spillede en stor rolle i opfyldelsen af dette profetiske budskab og mit nye liv i Texas. Vi begyndte at se på huse i Wylie i tre dage, og den tredje dag skulle jeg tilbage til Californien om aftenen. De tog mig med hen for at se et modelhus i et nyt område, og så sagde søster Blakey: "Det her er dit hus." Jeg vidste med det samme, at det virkelig var det. Jeg gik hurtigt i gang med papirarbejdet til købet og tog så straks af sted til lufthavnen, vel vidende at tingene nok skulle blive gjort på en eller anden måde. På samme tid sagde Gud til mig, at jeg skulle tage til Indien i tre måneder. Jeg stillede ikke spørgsmålstegn ved ham, så jeg gav fuldmagt til broder Blakey til at fortsætte med købet af huset i Texas, og jeg gav fuldmagt til min nevø Steve, som er ejendomsmægler, til at tage sig af mine finanser i Californien. Jeg vendte tilbage til mit hjemland Indien efter ti år. Tak Gud for min helbredelse, for jeg kunne ikke have gjort det uden mobilitet i mine ben. Jeg fløj til Indien og købte et hus i Texas. Tingene ændrede sig hurtigt i mit liv.

Tilbage til Indien.

Da jeg ankom til Indien, bemærkede jeg hurtigt, at tingene havde ændret sig på relativt kort tid. I 25 år bad og fastede jeg for, at dette land skulle få en vækkelse. Indien er et meget religiøst land med afgudsdyrkelse, tilbedelse af statuer af sten, træ og jern. Religiøse billeder, som ikke kan se, tale eller høre, og som ikke har nogen magt overhovedet. Det er religiøse traditioner, som ikke bringer forandring til sindet eller hjertet.

"Og jeg vil udtale mine domme over dem om al deres ondskab, som har forladt mig og brændt røgelse for andre guder og tilbedt deres egne hænders værk." (Jeremias 1:16)

Kristendommen var i mindretal i dette land, hvor der var så meget forfølgelse og had mellem religioner og især mod kristne. Undertrykkelsen af de kristne gjorde dem kun stærkere i deres tro gennem udgydelsen af uskyldigt blod, kirker, der blev brændt ned, mennesker, der blev slået ned eller dræbt. Desværre afviste mødre og fædre deres egne børn, hvis de vendte sig til Jesus og forlod deres familiereligion. Udstødte måske, men ikke faderløse, for Gud er vores himmelske far, som vil tørre tårerne af vores øjne.

„Mener I"at jeg er kommet for at skabe fred på jorden? Jeg siger jer: Nej, men snarere splittelse: For fra nu af skal der være fem i ét hus, som er splittede, tre mod to og to mod tre. Faderen skal være splittet mod sønnen, og sønnen mod faderen; moderen mod datteren, og datteren mod moderen; svigermoderen mod sin svigerdatter, og svigerdatteren mod sin svigermor." (Lukas 12:51-53)

Jeg var så overrasket over at se folk overalt, som gik med bibler, og jeg hørte om bønnemøder. Der var mange oneness-kirker og troende på én Gud. Gud kom for at leve blandt os i kødet, i Jesu Kristi legeme. Og sådan er gudfrygtighedens mysterium om den ene sande Gud.

*"Og uden strid er gudfrygtighedens mysterium stort: **Gud blev åbenbaret i kødet**, retfærdiggjort i Ånden, set af engle, forkyndt for hedningerne, troet på i verden, optaget til herlighed."*
(1 Timoteus 3:16)

"Filip siger til ham: Herre, vis os Faderen, og det er nok for os. Jesus siger til ham: Har jeg været så længe hos dig, og alligevel har du ikke kendt mig, Filip? Den, der har set mig, har set Faderen; og hvordan kan du så sige: Vis os Faderen? Tror du ikke, at jeg er i Faderen, og at Faderen er i mig? De ord, jeg taler til jer, taler jeg ikke af mig selv; men Faderen, som bor i mig, han gør gerningerne. Tro mig, at jeg er i Faderen og Faderen i mig, eller tro mig for selve gerningernes skyld." (Johannes 14:8-11)

"Du tror, at der er én Gud; det gør du godt; også djævlene tror og skælver." (Jakob 2:19)

Jeg gjorde det på "hans måde"

Det var sådan en glæde at se folk tørste efter Gud. Deres tilbedelse var så kraftfuld. Det var et helt andet Indien end det, jeg havde forladt 25 år tidligere. Folk, unge som gamle, ønskede Jehova Guds ting. Det var almindeligt at se unge mennesker dele kristne brochurer ud ved religiøse hinduistiske fester. I løbet af dagen gik de i kirke, og efter gudstjenesten kl. 14.30 vendte de tilbage omkring kl. 03.00 om morgenen. Hinduer og muslimer kom også til vores gudstjenester for at blive helbredt og få udfrielse. Folk var åbne for at høre forkyndelse fra Guds ord og modtage undervisning fra Bibelen. Jeg blev opmærksom på disse indiske kirker og kommunikerede med deres præster via telefon og e-mail. Jeg samarbejdede med United Pentecostal Churches om at finde amerikanske prædikanter, der var villige til at tage til Indien på vegne af de indiske præster for at tale på deres årlige konferencer. Vi havde stor succes med Guds hjælp. Jeg var glad for, at prædikanter i Amerika havde en byrde for mit land; de gav deres åndelige støtte til de indiske prædikanter. Jeg mødte en indisk præst i en meget lille og ydmyg kirke. Der var så meget fattigdom, og folks behov var så store, at jeg personligt forpligtede mig til at sende penge. Vi er så velsignede i Amerika. Tro på, at "intet er umuligt". Hvis du vil give, så gør det med glæde og tro, og giv det i hemmelighed. Ingen kendte til min forpligtelse i mange år. Forvent aldrig at give for personlig vindings skyld eller for at modtage ære eller ros fra andre. Giv med et rent hjerte, og forhandl ikke med Gud.

"Når du giver din almisse, skal du derfor ikke blæse i trompet foran dig, som hyklerne gør i synagogerne og på gaderne, for at de kan få ære af mennesker. Sandelig siger jeg jer: De har deres belønning. Men når du giver almisser, så lad ikke din venstre hånd vide, hvad din højre hånd gør: Så må dine almisser være i det skjulte, og din Fader, som ser i det skjulte, skal lønne dig åbenlyst." (Matthæus 6:2-4)

Gud havde ladet ting ske i mit liv, så jeg kunne blive hjemme. Jeg ser tilbage med forbløffelse på, hvordan mine sygdomme udviklede sig, så jeg ikke længere kunne gå, tænke eller føle mig normal, indtil den dag Broder James bad, og Gud løftede mig ud af en kørestol. Jeg blev stadig betragtet som handicappet på grund af tumorerne og blodsygdommen, og jeg levede af en lille månedlig invalidepension. Min check var ligegyldig, for Gud havde taget mit job fra mig, så min bekymring var, hvordan jeg skulle betale mine regninger. Jesus talte til mig to gange og sagde: "Jeg vil tage mig af dig". Uanset om jeg boede i Californien eller Texas, ville Jesus opfylde alle mine behov. Gud gjorde det ud af sin rigdom og overflod. Jeg satte min lid til Gud for alle mine daglige behov.

Men søg først Guds rige og hans retfærdighed, så skal alt dette blive lagt til jer. (Matthæus 6:33)

Før jeg forlod Indien, fortalte nogle af damerne i kirken mig, at de ikke længere købte luksus til sig selv. De var tilfredse med det, de havde at tage på, fordi de fik så meget tilfredsstillelse ud af at give til de fattige.

Men gudsfrygt med tilfredshed er en stor gevinst. For vi bragte intet ind i denne verden, og det er sikkert, at vi ikke kan bære noget ud. Og når vi har mad og klæder, så lad os være tilfredse med det.
(1 Tim.6:6-8)

De ældre og de små børn var også involveret i kærlighedsprojekter. De gik sammen om at lave gavepakker, som de kunne give til de fattige. De var så tilfredse med velsignelsen ved at give.

"Giv, så skal der gives jer; et godt mål, der er presset ned og rystet sammen og løbet over, skal mennesker give i jeres skød. For med det samme mål, som I har fået, skal der igen blive målt op til jer."
(Lukas 6:38)

Forestil dig, hvad der skete på så relativt kort tid. Jeg solgte mit hjem og købte et nyt hjem i en anden stat. Jeg så mit land forandre sig med mennesker, der tørstede efter Herren Jesus Kristus. Nu glædede jeg mig til at starte et nyt liv i Texas. Når vi sætter Gud først, vil herlighedens Herre også være trofast over for os.

Tilbage til Amerika.

Jeg vendte tilbage fra Indien tre måneder senere. Jeg fløj til Texas, da mit hus var klar. Den 26. april 2005, da mit fly landede i Dallas-Ft. Worth Airport, græd jeg, fordi jeg havde været helt adskilt fra min familie og mine venner, siden jeg først kom til dette land. Så gav Gud mig følgende skriftsted:

Men nu siger HERREN, som skabte dig, Jakob, og som formede dig, Israel: Frygt ikke, for jeg har forløst dig, jeg har kaldt dig ved dit navn, du er min. Når du går gennem vandene, vil jeg være med dig, og når du går gennem floderne, skal de ikke oversvømme dig; når du går gennem ilden, skal du ikke blive brændt, og flammen skal ikke tænde på dig. Thi jeg er HERREN, din Gud, Israels Hellige, din Frelser: Jeg gav Egypten som løsesum for dig, Etiopien og Seba for dig. Siden du var dyrebar i mine øjne, har du været ærefuld, og jeg har elsket dig; derfor vil jeg give mænd for dig og folk for dit liv. Frygt ikke, for jeg er med dig; jeg vil bringe din sæd fra øst og samle dig fra vest; jeg vil sige til nord: Giv op, og til syd: Hold dig ikke tilbage; bring mine sønner fra fjernt og mine døtre fra jordens ender;
(Esajas' Bog 43,1-6)

Den dag, jeg ankom, befandt jeg mig alene i det store nye hus. Virkeligheden sank ind, da jeg stod midt i stuen og så mit hus helt tomt. Jeg satte mig ned på gulvet og begyndte at græde. Jeg følte mig så alene og havde lyst til at tage hjem til Californien, hvor jeg havde efterladt min kære mor. Vi havde boet sammen så længe, og hun var en stor del af mig. Jeg var så overvældet af denne følelse af adskillelse, at jeg havde lyst til at tage ud til lufthavnen og flyve tilbage til Californien. Jeg ville ikke længere have dette hus. Min sorg var større end min virkelighed. Mens jeg gik igennem disse følelser, mindede Gud mig om, at jeg var nødt til at ringe til broder Blakey. Broder Blakey vidste ikke, hvordan jeg havde det i det øjeblik, men det gjorde Gud. Jeg blev overrasket, da han sagde: "Søster Das, du ved, at du kun er et telefonopkald væk fra os." Hans ord var fuldstændig salvede, for min smerte og al min fortvivlelse forsvandt med det samme. Jeg følte, at jeg havde en familie, at jeg ikke var alene, og at alt ville blive godt igen.

Elizabeth Das

Fra den dag accepterede Blakey-familien mig i deres egen familie på et tidspunkt, hvor jeg ikke havde nogen.

Min søster og hendes familie flyttede senere til Plano, Texas, kun få kilometer fra Wylie. Blakey-familien består af elleve brødre og søstre. Deres børn og børnebørn behandlede mig alle som familie. De var tæt på 200, og alle kender til Blakey-familien i Wylie. De har været en enorm støtte for mig, og jeg har altid følt mig som en "Blakey"! Da jeg havde fundet mig til rette i mit hjem, måtte jeg finde en kirke. Jeg spurgte Gud, hvilken kirke han ønskede for mig. Jeg besøgte mange kirker. Til sidst besøgte jeg en kirke i byen Garland, The North Cities United Pentecostal Church. Gud sagde tydeligt: "Dette er din kirke." Det er stadig her, jeg kommer. Jeg elsker min kirke og har fundet en vidunderlig præst, Rev. Hargrove. Blakey-familien blev min udvidede familie, som inviterede mig til frokost eller middag efter kirken. De inkluderede mig også i deres familiesammenkomster og familiehøjtider. Gud har på vidunderlig vis sørget for alt, hvad jeg har brug for.

Jeg takker Gud for min nye præst, kirken og familien Blakey, som har adopteret mig ind i deres familie. Jeg bor nu komfortabelt i mit nye hjem. Gud har holdt sit løfte: "Jeg vil tage mig af dig." Gud valgte alt dette for mig i overensstemmelse med sin vilje for mit liv. Nu arbejder jeg for ham, fra jeg vågner kl. 3.50 om morgenen for at bede. Jeg spiser morgenmad og forbereder mig på at udføre Herrens arbejde fra mit kontor derhjemme. Mine venner vil sige til dig: Sig "aldrig til søster Liz, at hun ikke har et rigtigt arbejde." Hvad er mit svar? Jeg arbejder for Herren, jeg arbejder mange timer uden at stemple på et ur, og jeg får ikke løn. Gud tager sig af mig, og min belønning vil være i himlen.

Jeg sætter pris på mit job og elsker det, jeg laver!

Kapitel 12

Dæmonisk udfrielse og Guds helbredende kraft

Søndag eftermiddag modtog jeg et telefonopkald fra Mr. Patel, som bad om, at vi gik hen og bad for hans far, som var blevet angrebet af dæmoniske ånder. Mr. Patel er ingeniør og har boet i USA i over 30 år. Han havde hørt om min helbredelse og var åben for at høre om Herren Jesus Kristus. Den følgende dag tog vi hen til hans brors hus, hvor vi mødtes med Mr. Patel og hans familie (bror, brorens kone, to sønner og hans far og mor). Mens alle lyttede, begyndte en anden bror, som også var kristen, at tale om, hvordan han lærte Jesus at kende. Faderen, den ældre hr. Patel, sagde, at han havde tilbedt afguder, men altid havde haft det dårligt, når han udførte tilbedelsen. Han sagde, at han havde det, som om en stav stak ham i maven og gav ham smerter, og når han gik, føltes det, som om han havde sten under fødderne. Vi begyndte at bede for ham i Herren Jesu Kristi navn. Vi bad, indtil han var fri af den dæmoniske ånd, og han begyndte at få det meget bedre. Før vi tog af sted, fik han et bibelstudie, så han kunne forstå kraften i Herrens navn, og hvordan han kunne holde sig fri af dæmoniske angreb, så de ikke vendte tilbage.

Vi blev glade, da sønnen og et af børnebørnene insisterede på, at den ældre hr. Patel skulle råbe Jesu navn, men det ville han ikke, selvom han ikke havde noget problem med at sige "Gud" (Bhagvan). Børnebørnene insisterede: "Nej, sig Jesu navn", mens sønnerne stillede sig i kø for at modtage bøn. Et af børnebørnene, som var i tyverne, havde tidligere været ude for en bilulykke. Han havde været hos mange kirurger på grund af et problem med sit knæ. Den dag helbredte Herren Jesus hans knæ, og hr. Patels lillebror blev meget berørt af Guds Ånd. Alle modtog bøn og vidnede om, hvordan de blev bevæget af Guds Ånd, der udførte mirakler med helbredelse og udfrielse den dag. Da Herren Jesus vandrede blandt mennesker, underviste han og prædikede evangeliet om det kommende rige og helbredte alle slags sygdomme blandt folket. Han helbredte og udfriede dem, der var besat og plaget af dæmoner, og dem, der var sindssyge, og dem, der havde lammelser (Matthæus 4:23-24). Som Guds disciple i dag fortsætter vi med at udføre hans arbejde og undervise andre om frelse i vores Herre Jesu navn.

*"Der er heller ikke frelse i nogen anden, for der er ikke givet noget andet **navn** under himlen blandt mennesker, hvormed vi kan blive frelst." (Apostlenes Gerninger 4:12).*

Der er mange fordele ved at tjene den levende Gud. I stedet for en gud af sten, som hverken kan se eller høre, har vi den sande og levende Gud, som ransager menneskers hjerter. Åbn dit hjerte og sind for at lytte til hans stemme. Bed om, at han vil røre ved dit hjerte. Bed om, at han vil tilgive dig for at afvise ham. Bed om at lære ham at kende og blive forelsket i ham. Gør det nu, for dørene vil snart lukke sig.

Kapitel 13

Bekendelse og en ren samvittighed

En dag kom et indisk par på besøg for at bede sammen med mig. Da vi gjorde os klar til at bede, begyndte konen at bede højt. Manden fulgte efter. Jeg bemærkede, at de begge bad på den samme religiøse måde, men alligevel nød jeg at lytte til deres veltalende ord. Jeg spurgte Gud oprigtigt: "Jeg vil have dig til at bede gennem min mund." Da det blev min tur til at bede højt, tog Helligånden over, og jeg bad i Ånden.

> På"*samme måde hjælper Ånden også vores svagheder; for vi ved ikke, hvad vi skal bede om, som vi burde; men Ånden selv går i forbøn for os med stønnen, der ikke kan udtrykkes. Og den, der ransager hjerterne, ved, hvad Ånden tænker, for han går i forbøn for de hellige efter Guds vilje." (Romerne 8:26, 27).*

Jeg bad i Ånden med Guds kraft på en måde, der afslørede synd. Manden, som ikke længere kunne holde det ud, begyndte at bekende sin synd over for sin kone, som var chokeret. Senere talte jeg med dem om renselse gennem hans syndsbekendelse.

> *"Hvis vi bekender vore synder, er han trofast og retfærdig, så han tilgiver os vore synder og renser os for al uretfærdighed. Hvis vi*

siger, at vi ikke har syndet, gør vi ham til en løgner, og hans ord er ikke i os." (1. Johannesbrev 1:9, 10)

Jeg forklarede manden, at eftersom han havde tilstået, ville Gud tilgive ham.

Husk også kun at bekende dine synder til dem, der kan bede for dig.

Bekend jeres fejl over for hinanden, og bed for hinanden, så I kan blive helbredt. En retfærdig mands virksomme inderlige bøn hjælper meget. (Jakob 5:16)

Jeg forklarede, at når han blev døbt, ville Gud fjerne hans synd, og han ville få en ren samvittighed.

På"samme måde som dåben også nu frelser os (ikke ved at aflægge kødets snavs, men ved at give os en god samvittighed over for Gud) ved Jesu Kristi opstandelse." (1 Peter 3:21)

Et par dage senere blev både mand og kone døbt i Herren Jesu navn. Manden blev fuldstændig befriet og fik sine synder tilgivet. De er begge blevet sådan en velsignelse for Guds rige.

"Omvend jer og lad jer hver især døbe i Jesu Kristi navn til syndernes forladelse, så skal I få Helligånden som gave."
(Apostlenes Gerninger 2:38)

Gud leder efter dem, der vil ydmyge sig over for ham. Det betyder ikke noget, hvor veltalende og smukke ord du beder med, men at du beder af hele dit hjerte. Han ved også, hvad der er i hjertet, når du beder. Fjern synden ved at bede Gud om tilgivelse, ellers vil dine bønner blive hindret af Helligånden. Som troende ransager vi dagligt vores hjerter og dømmer os selv. Gud er der altid til at tilgive og rense os, når vi synder.

Kapitel 14.

På kanten af døden

Broder James, som jeg talte om tidligere, har gaven til at helbrede gennem Guds salvelses kraft. Han blev inviteret til at bede for en koreansk kvinde, som lå på Queen of the Valley-hospitalets intensivafdeling (ICU). Ifølge lægerne var hun døden nær. Hendes familie var allerede ved at arrangere hendes begravelse. Jeg ledsagede broder James den dag og så hendes krop i respirator; hun var bevidstløs og tæt på dødens rand. Da jeg begyndte at bede, følte jeg det, som om noget ville tage mig i benet og kaste mig ud af rummet; men Helligåndens kraft var meget stærk i mig og tillod ikke denne ånd at få sin vilje.

I er af Gud, små børn, og har overvundet dem; for større er han, som er i jer, end han, som er i verden. (1. Johannesbrev 4:4)

Efter at have bedt talte Herren gennem mig, og jeg sagde disse ord: "Dette maskineri vil ændre sig." Det var en henvisning til det livsopretholdende udstyr, der var fastgjort til hendes krop. Jeg hørte mig selv sige disse ord, da Gud har talt om denne meget syge kvindes skæbne. Broder James bad for hende, og derefter talte vi med kvindens familie om bønnens og Guds ords kraft. De lyttede, mens jeg fortalte dem om min egen helbredelse, og hvordan Gud tog mig fra en kørestol til at gå igen. Deres søn, som var pilot, var også til stede, men han talte ikke koreansk. Jeg talte med ham på engelsk, mens resten af familien talte koreansk. Interessant nok forklarede han mig, at hans mor skulle have rejst til Canada samme dag, som hun blev meget syg. Han forklarede, at hun havde råbt på sin mand om hjælp og var blevet kørt på hospitalet, selvom hun nægtede at tage derhen. Sønnen sagde, at hans mor fortalte dem: "De slår mig ihjel på hospitalet." Hun var sikker på, at hun ville dø, hvis hun blev kørt på hospitalet. Hendes søn fortsatte med at forklare os, at hun havde fortalt dem, at der hver nat kom sortklædte mennesker ind i huset. Hver aften råbte hans mor til både ham og hans far og kastede vredt tallerkener efter dem uden nogen åbenbar grund. Hun begyndte også at skrive checks på et sprog, som de ikke kunne forstå. Den adfærd, hun udviste, var meget bizar. Jeg forklarede ham om dæmoniske ånder, der kan overtage og pine en person. Det forbløffede ham, for som han forklarede os, går de alle i kirke, og hun giver så mange penge, men de havde aldrig hørt om det før. Dæmoner er underlagt sande troende, der har Helligånden; fordi Jesu blod er på deres liv, og de tjener under Jesu navns autoritet i Hans navns kraft.

Jeg fortalte den unge mand, at Broder James og jeg kunne bede i Jesu navn om at uddrive dæmonen, og han indvilligede i at bede om udfrielse for sin mor. Da lægen kom for at se sin patient, var han forbløffet over, at hun reagerede, og kunne ikke forstå, hvad der var sket med hans patient. Familien fortalte ham, at nogen var kommet for at bede for hende i løbet af natten, og hun begyndte at reagere, ligesom de havde fået at vide, at hun ville. Et par dage senere fik vi igen mulighed for at bede for den samme dame. Hun smilede, da vi kom ind i rummet. Jeg lagde min hånd på hendes hoved og begyndte at bede; hun kastede min hånd væk og flyttede hovedet op og pegede mod loftet, fordi hun ikke kunne tale. Hendes ansigtsudtryk ændrede sig, og hun så meget skræmt ud. Da vi var gået, blev hendes tilstand værre. Hendes børn undrede sig over, hvad hun så, og de spurgte hende, om hun havde set noget ondt. Hun signalerede "ja" med hånden. Igen vendte vi tilbage for at bede for hende, fordi hun var skrækslagen for sin plageånd, en dæmonisk ånd i hendes værelse. Efter at have bedt denne gang, blev hun sejrrigt befriet fra sine plageånder. Tak til den Gud, der besvarer bøn. Vi hørte senere, at hun blev udskrevet fra hospitalet, kom i gang med et rehabiliteringsprogram og blev sendt hjem, hvor hun fortsat har det godt. Hun havde trukket sig ud af dødens rand.

Gå ud og vidn for verden:

*Og han pålagde dem, at de ikke skulle fortælle det til nogen; men jo mere han pålagde dem, desto mere **offentliggjorde** de det;*
(Markus 7:36)

*Vend tilbage til dit eget hus og vis, hvor store ting Gud har gjort ved dig. Og han gik sin vej og **bekendtgjorde i** hele byen, hvor store ting Jesus havde gjort mod ham. (Lukas 8:39)*

Bibelen siger, at vi skal gå ud og vidne. Denne koreanske familie vidnede for andre familier om dette mirakel. En dag blev Bro. James et opkald fra en anden koreansk dame. Manden i denne familie havde en voldelig adfærd og vidste ikke, hvad han gjorde. Hans kone var en meget lille og sød dame. Nogle dage forsøgte han at slå hende ihjel. Mange gange var de nødt til at tage hende med på hospitalet, fordi han slog hende ubarmhjertigt. Da hun hørte om dette mirakel, inviterede hun os og spurgte efter mig. Vi tog hen for at besøge hende og hendes mand. Bro. James bad mig om at tale, og han bad. Vi blev alle velsignet. Et par uger senere ringede hans kone og spurgte, om vi ville komme igen, da hendes mand havde det bedre. Så vi tog af sted igen, og jeg gav mit vidnesbyrd om tilgivelse, og Bro. James bad over dem alle.

Jeg fortalte dem om dengang, jeg arbejdede, og en kvindelig supervisor chikanerede mig ubarmhjertigt, og jeg kunne ikke sove om natten. En dag gik jeg ind på mit værelse for at bede for hende. Jesus sagde: "Du er nødt til at tilgive hende". Først virkede det svært, og jeg tænkte, at hvis jeg tilgav hende, ville hun stadig blive ved med at gøre det samme mod mig. Da jeg hørte Jesus tale til mig, sagde jeg: "Herre, jeg tilgiver hende fuldstændig", og Gud hjalp mig i sin barmhjertighed med at glemme det. Da jeg tilgav hende, begyndte jeg at sove godt, og ikke nok med det, når hun gjorde noget forkert, generede det mig ikke.

Det står der i Bibelen.

Tyven kommer ikke, men for at stjæle og dræbe og ødelægge. Jeg er kommet, for at de skal have liv, og for at de skal have det i overflod (Johannes 10,10).

Jeg var glad for, at svigermoderen var der for at høre dette vidnesbyrd, for hendes hjerte var tungt af sorg. Det var så fantastisk at se Guds hånd komme ind og ændre hele denne situation, og tilgivelsen fejede ind over deres hjerter, og kærligheden kom ind i dem.

*Men hvis I ikke **tilgiver**, vil jeres far i himlen heller ikke **tilgive** jer jeres overtrædelser. (Markus 11:26)*

Uforsonlighed er en meget farlig ting. Du vil miste din sundhed i sind og krop. Tilgivelse er til gavn for dig, ikke kun for din fjende. Gud beder os om at tilgive, så vi kan sove bedre. At tage hævn er hans, ikke vores.

*Døm ikke, så **skal I ikke** dømmes: fordøm ikke, så **skal I ikke** fordømmes; **tilgiv**, så **skal I tilgives**." (Lukas 6,37)*

Og troens bøn skal frelse den syge, og Herren skal oprejse ham; og hvis han har begået synder, skal de blive ham tilgivet. Bekend jeres fejl over for hinanden, og bed for hinanden, så I kan blive helbredt. En retfærdig mands virksomme, inderlige bøn udretter meget. (Jakob 5:15, 16)

I den sidste del af ovenstående historie hørte vi, at hendes mand var blevet fuldstændig helbredt for sit mentale problem og var så venlig og kærlig over for sin kone.

Pris Herren! Jesus bragte fred i deres hjem.

Jeg gjorde det på "hans måde"

Kapitel 15

Fred i Guds nærvær

Guds nærvær kan bringe fred til sjælen. Jeg bad engang for en mand, som var uhelbredeligt syg og i den sidste fase af sin kræftsygdom. Han var mand til en dame i kirken. Damen og hendes søn boede på et tidspunkt hos mig i mit hjem.

De havde tilhørt en kirke, som ikke troede på, at de kunne ændre deres liv, indtil de så en video om den sidste tid. De modtog begge åbenbaringen om dåb i Herren Jesu navn og begyndte at lede efter en kirke, der ville døbe dem i Jesu navn. Det var her, de fandt den kirke, jeg kommer i. Satan ønsker ikke, at nogen skal have kendskab til sandheden, fordi den fører til frelse. Han ønsker, at du skal være i mørket og tro, at du er frelst, mens du tror på falske doktriner og menneskelige traditioner. Han vil komme imod dig, når du leder efter sandheden. I denne situation var det redskab, der blev brugt mod denne mor og søn, den vantro mand og far, som konstant chikanerede og latterliggjorde dem på grund af deres tro på Gud. Mange gange kom de hjem til mig for at bede og endte med at blive. En dag hørte hans søn Herren sige til ham: Hans dage er talte. Faderen var indlagt på Baylor Hospital i Dallas, Texas, på intensivafdelingen (ICU). Han gjorde det meget klart for dem, at han ikke ønskede bøn eller nogen kirkefolk, der kom for at bede. En dag spurgte jeg konen, om jeg måtte komme på besøg og bede for hendes mand. Hun forklarede mig, hvordan han havde det, og sagde nej. Vi fortsatte med at bede for, at Gud ville blødgøre hans forhærdede hjerte.

En dag tog jeg på hospitalet med sønnen og hans kone og tog en chance for, at Gud havde forandret ham. Sønnen spurgte sin far: *Far, vil du have søster Elizabeth til at bede for dig? Hun er en bønnekriger.* Da hans far ikke længere kunne tale, bad han sin far om at blinke med øjnene, så han kunne kommunikere med ham. Han bad ham så om at blinke for at signalere til os, om han ville have mig til at bede for ham, og han blinkede. Jeg begyndte at bede om, at hans synder måtte blive vasket i Jesu blod. Jeg bemærkede en forandring i ham og fortsatte med at bede, indtil Helligånden var til stede i rummet. Da jeg havde bedt, forsøgte faderen at kommunikere ved at pege op i loftet, som om han ville vise os noget. Han forsøgte at skrive, men kunne ikke. Sønnen bad sin far om at blinke, hvis det var noget godt, han så. Han blinkede! Så bad han sin far om at blinke, hvis det var lys, men han blinkede ikke. Så spurgte han ham, om det var engle, han så, og om han skulle blinke. Men han blinkede ikke. Til sidst spørger sønnen, om det er Herren Jesus. Så blinkede hans far med øjnene.

Den følgende uge tog jeg hen på hospitalet for at se ham igen. Denne gang var han meget anderledes og havde en fredfyldt mine. Et par dage senere døde han i fred. Gud i sin barmhjertighed og kærlighed gav ham fred, før han gik bort. Vi ved ikke, hvad der foregår mellem en, der er så syg, og hans skaber. Herrens nærvær var i det rum. Jeg så en mand, der var forhærdet mod Gud og sin egen familie, men ved dødens dør gav Herren sig til kende for ham og gav ham viden om sin eksistens.

Tak Herren, for han er god, for hans miskundhed varer evigt. Tak gudernes Gud, for hans barmhjertighed varer evigt. Tak Herren over alle herrer, for hans barmhjertighed varer evigt. Tak ham, som alene gør store undere, for hans barmhjertighed varer evigt.
(Salme 136:1-4)

Kapitel 16.

En opofrende livsstil i livet

Då dette tidspunkt var jeg i gang med et bibelstudie om hår, tøj, smykker og makeup. Jeg sagde til mig selv: "Disse mennesker er gammeldags." Jeg vidste i mit hjerte, at jeg elskede Gud; derfor burde det ikke betyde noget, hvad jeg havde på. Tiden gik, og en dag hørte jeg Guds (Rhyma) Ånd tale til mit hjerte: "Du gør, hvad du føler i dit hjerte." I det øjeblik blev mine øjne åbnet. Jeg forstod, at jeg havde en kærlighed til verden i mit hjerte, og at jeg tilpassede mig verdens mode. (Rhyma er Guds oplyste og salvede ord, der er blevet talt til dig på et bestemt tidspunkt eller i en bestemt situation).

Herre, du har ransaget mig og kendt mig. Du kender min nedtur og min optur, du forstår min tanke langt væk. Du kender min vej og mit leje, og du kender alle mine veje. (Salme 139:1-3)

Smykker:

Jeg kunne ikke lide smykker, så det var ikke svært at skille sig af med de få, jeg havde.

*Ligeledes skal I hustruer være underdanige over for jeres egne mænd, for at hvis nogen ikke adlyder ordet, kan de også uden ordet blive vundet af hustruernes samtale, mens de ser jeres kyske samtale kombineret med frygt. I skal ikke **pynte eder** ved at flette Håret og bære Guld eller ved at iføre eder Klæder, men ved Hjertets skjulte Menneske, ved det, som ikke kan fordærves, ved en mild og stille Aands Pryd, som i Guds Øjne er af stor Værd. For på denne måde smykkede de hellige kvinder, som stolede på Gud, sig i gamle dage, idet de underkastede sig deres egne mænd: Ligesom Sara adlød Abraham og kaldte ham herre: hvis døtre I er, så længe I gør det godt og ikke er bange for nogen forbløffelse. (1 Peter 3:1-6)*

På samme måde skal kvinderne pynte sig i beskedne klæder, med skamfuldhed og ædruelighed; ikke med pjusket hår eller guld eller perler eller kostbar udsmykning, men (som det sømmer sig for kvinder, der bekender sig til gudsfrygt) med gode gerninger.
(1Timotheus 2:9, 10)

Hår

*Lærer naturen jer ikke selv, at hvis en mand har langt hår, er det en skam for ham? Men hvis en kvinde har langt hår, er det en ære for hende; for hendes hår er givet hende til at **dække sig med**.*
(1. Korintherbrev 11:14, 15)

I mine yngre år havde jeg altid langt hår. Da jeg var tyve, blev jeg klippet for første gang, og jeg fortsatte med at klippe mit hår, indtil det var meget kort. Så læren om uklippet hår var svær for mig at acceptere i starten. Jeg ønskede ikke at lade mit hår vokse, fordi jeg godt kunne lide kort hår. Det var nemt at tage sig af. Jeg begyndte at bede Gud om at lade mig have kort hår. Men til min overraskelse ændrede Gud min måde at tænke på ved at lægge sit ord i mit hjerte, og det var ikke længere svært for mig at lade håret vokse.

I denne periode boede min mor hos mig. Da jeg ikke vidste, hvordan jeg skulle passe mit lange hår, bad min mor mig om at klippe det, fordi hun ikke kunne lide, hvordan det så ud. Jeg begyndte at studere mere

Jeg gjorde det på "hans måde"

om hår ud fra Bibelen. Jeg fik en bedre forståelse og viden, som hjalp min overbevisning til at vokse sig stærkere i mit hjerte.

Jeg bad og spurgte Herren: "*Hvad skal jeg gøre med min mor, siden hun ikke kan lide mit lange hår?*" Han talte til mig og sagde: „Bed om" at hun vil ændre mening."

> *Stol på Herren af hele dit hjerte, og læn dig ikke op ad din egen forstand. Anerkend ham på alle dine veje, så skal han lede dig på rette spor. (Ordsprog 3:5, 6)*

Herren er min rådgiver, så jeg blev ved med at bede om, at hun ville tænke anderledes.

Jesus er vores rådgiver;

> *For os er et barn født, os er en søn givet, og regeringen skal være på hans skulder, og hans navn skal kaldes Wonderful,* **Counseller,** *The mighty God, The everlasting Father, The Prince of Peace. (Esajas' Bog 9:6)*

Jeg klippede ikke længere mit hår. Mit hår blev ved med at vokse, og en dag sagde min mor til mig: "Du ser godt ud med langt hår!" Jeg blev meget glad for at høre de ord. Jeg vidste, at Herren havde vejledt mig i bøn og havde besvaret min bøn. Jeg ved, at mit uklippede hår er min herlighed, og at jeg har fået magt på mit hoved på grund af englene.

Jeg ved, at når jeg beder, er der kraft. Lovet være Herren!!!

> *Men enhver kvinde, der beder eller profeterer med* **utildækket** *hoved, vanærer sit hoved; for det er lige så meget, som om hun var barberet. Men hvis en kvinde har langt hår, er det en ære for hende;* **for hendes hår er givet hende til en tildækning**. *(1. Korintherbrev 11:5,15,)*

Dette skriftsted er meget klart om, at uklippet hår er vores tildækning og ikke et tørklæde, en hat eller et slør. Det repræsenterer vores underkastelse under Guds autoritet og hans herlighed. Gennem hele

Guds Ord vil du opdage, at engle beskyttede Guds herlighed. Hvor end Guds herlighed var, var der engle til stede. Vores uklippede hår er vores herlighed, og englene er altid til stede for at beskytte os på grund af vores underkastelse under Guds ord. Disse engle beskytter os og vores familie.

> *Derfor bør kvinden have magt på sit hoved på grund af englene.*
> *(1. Korintherbrev 11:10)*

1. Korintherbrev 11 er Guds ordnede tanke og handling for at opretholde en utvetydig skelnen mellem kvinde og mand.

Det Nye Testamente viser, at kvinder havde uklippet langt hår.

> *Og se, en kvinde i byen, som var en synderinde, da hun vidste, at Jesus sad til bords i* farisæerens *hus, bragte et alabastskrin med salve og stillede sig grædende ved hans fødder bag ham og begyndte at vaske hans fødder* **med** *tårer og* **tørrede dem med hårene på sit hoved og** *kyssede hans fødder og salvede dem* **med** *salven.*
> *(Lukas 7:37, 38)*

he Lords siger

> *"Klip dit hår af, Jerusalem, og kast det bort, og klag på høje steder; for Herren har forkastet og forladt sin vredes slægt." (Jeremias 7; 29)*

Afklippet hår er et symbol på skam, skændsel og sorg. At klippe håret repræsenterer en ugudelig og skammelig handling for Guds frafaldne folk. Det er et tegn på, at Herren har forkastet dem. Husk, at vi er hans brud.

I Encyclopedia Britannica, V, 1033 står der, at efter 1. verdenskrig "blev håret bobbet". Klipning af hår blev adopteret af næsten alle kvinder overalt.

Guds ord er fastlagt for evigt. Guds krav til kvinder er, at de skal have langt, uklippet hår, og mænd skal have kort hår.

Tøj

Guds ord instruerer os også i, hvordan vi skal klæde os. Da jeg var nyomvendt og lærte, hvordan vi skulle klæde os, var jeg ikke overbevist om mit tøj. På grund af min type arbejde gik jeg i bukser. Jeg tænkte ved mig selv" :*Det ville være okay, hvis jeg fortsatte med kun at gå i bukser på arbejde.*" Jeg købte nogle nye bukser og fik mange komplimenter for, hvor flot jeg så ud. Jeg vidste allerede, at kvinder ikke bør gå i herretøj. Bukser har altid været mænds tøj, ikke kvinders. Når du har Guds ord plantet i dit hjerte, vil du få en overbevisning om, hvad der er det rigtige tøj at gå med.

> *En kvinde må ikke bære en mands klæder, og en mand må ikke tage en kvindes klæder på; for alle, der gør det, er en* **vederstyggelighed** *for Herren din Gud. (Femte Mosebog 22:5)*

Forvirringen startede, da mænd og kvinder begyndte at gå i unisex-tøj. Det næste skridt vil føre dig, som Gud sagde, til:

> *Tredje Mosebog 18:22 Du må ikke ligge med mennesker som med kvinder; det er en* **vederstyggelighed**.

Vi vil blive påvirket af det, vi har på. Ordet vederstyggelighed bruges til at beskrive den kvinde, der bærer "det, som hører en mand til", og den mand, der tager "en kvindes klædning" på. Gud kender hvert trin i den seksuelle forvirring. Gud har skabt begge køn helt forskelligt med et forskelligt formål. Lagde du mærke til, at det var kvinderne, der først begyndte at tage bukser på? Det er præcis, som da Eva var ulydig i Edens Have! Denne forvirring er et bevis på det samfund, vi lever i i dag. Nogle gange kan man ikke se forskel på mænd og kvinder.

For over 70 år siden var kvinders påklædning ikke et problem, for de gik stort set i lange kjoler eller lange nederdele. Ingen forvirring. Da kvinder begyndte at gå i herretøj, begyndte de at opføre sig som mænd og mænd som kvinder. Det er uorden.

*De skal have linnedhuer på hovedet og **linnedbukser** på lænderne; de skal ikke omgive sig med noget, der fremkalder sved (Ezekiel 44:18).*

Nutidens perverse, ulydige mediedrevne generation lærer af luftens fyrste, som er Satan. De er ikke bevidste om sandheden i Bibelen. Deres støtter er også falske lærere, der underviser i menneskers og ikke Guds lære og bud.

Se, du har gjort mine dage til en håndbredde, og min alder er som intet for dig; sandelig, ethvert menneske i sin bedste tilstand er helt forfængeligt. Selah. Alle mennesker vandrer forgæves, de bekymrer sig forgæves, de hober rigdomme op og ved ikke, hvem der skal samle dem. (Salmernes Bog 39:5-6)

Da Adam og Eva var ulydige mod Herren og spiste af frugten fra det forbudte træ, vidste de, at de havde syndet, og deres øjne blev åbnet for deres nøgenhed.

Og deres øjne blev begge åbnet, og de vidste, at de var nøgne; og de syede figenblade sammen og lavede sig forklæder (1 Mos 3,7).

Adam og Eva dækkede sig til med figenblade. De lavede forklæder af figenblade, hvilket var utilstrækkeligt. Gud har en standard for tildækning, og derfor billigede han ikke deres ukorrekte tildækning af figenblade.... Så han klædte dem på med skind.

Og Gud Herren gjorde skindfrakker til Adam og hans hustru og klædte dem på. (1. Mosebog 3: 21)

Sjælens fjende, Djævelen, nyder at forårsage uanstændig eksponering af kroppen.

*Lukas 8:35 "Så gik de ud for at se, hvad der var sket, og kom til Jesus, og de fandt den mand, som djævlene var taget ud af, siddende ved Jesu fødder, **påklædt** og ved sine fulde fem; og de blev bange."*

Når en person ikke tildækker sin krop, beviser det, at vedkommende er påvirket af den forkerte ånd, som skaber forkerte motiver.

Det er meget vigtigt, at vi altid læser Guds ord, beder uden ophør og faster for at få en bedre forståelse og ledelse af hans ånd. Forvandling kommer gennem Guds ord, som først kommer indefra, og derefter kommer forandringen udefra.

Denne lovbog skal ikke vige fra din mund, men du skal meditere i den dag og nat, så du kan holde øje med at gøre efter alt, hvad der står skrevet deri; for så skal du gøre din vej god, og så skal du få god succes. (Josva 1:8)

Satans angreb er på Guds ord. Kan du huske Eva? Djævelen ved, hvad han skal angribe, og hvornår han skal angribe, for han er subtil og snedig.

Vær ædru, vær på vagt; for jeres modstander, Djævelen, går omkring som en brølende løve og søger, hvem han kan fortære: (1 Peter 5:8)

Den, der har mine bud og holder dem, han er den, der elsker mig; og den, der elsker mig, skal elskes af min Fader, og jeg vil elske ham og åbenbare mig for ham. (Johannes 14:21)

Hvis I holder mine bud, skal I blive i min kærlighed, ligesom jeg har holdt min Faders bud og bliver i hans kærlighed. (Johannes 15:10)

Den aften, mens jeg var på arbejde, kom jeg til at tænke på noget. Jeg spekulerede på, hvordan jeg så ud i Guds øjne. Pludselig kom skammen over mig, og jeg kunne ikke se op. Jeg følte det, som om jeg stod foran Herren vores Gud. Som du ved, hører vi gennem vores ører, men jeg hørte hans stemme, som om han talte gennem hver eneste celle i min krop og sagde: "Jeg elsker dig oprigtigt". Da jeg hørte disse smukke ord fra Gud: "Jeg elsker dig oprigtigt", betød det så meget for mig. Jeg kunne næsten ikke vente med at få fri fra arbejde og komme hjem, så jeg kunne tømme mit skab for alt mit verdslige tøj.

I et par uger blev jeg ved med at høre ekkoet af hans stemme, der sagde til mig: "Jeg elsker dig oprigtigt." Senere forsvandt det.

At leve for Gud er ikke bare noget, vi siger, men det er en livsstil. Da Gud talte til Moses, talte han meget tydeligt til ham. Moses vidste uden tvivl, hvad Guds stemme var.

Ordet skamfuldhed oversat fra græsk refererer til en følelse af skam eller beskedenhed, eller den indre anstændighed, der erkender, at mangel på tøj er skammeligt. Det betyder, at vores ydre udseende afspejler vores indre væsen, ikke kun over for os selv, men også over for andre. Det er derfor, Bibelen siger, at beskeden påklædning er lig med skamfuldhed

> *Ordsprog 7:10 Og se, der kom en kvinde ham i møde, klædt som en skøge og med et underfundigt hjerte.*
>
> *På samme måde skal også kvinder pynte sig i beskedne klæder med* **<u>skamfuldhed</u>** *og* **ædruelighed***; ikke med pjusket hår eller guld eller perler eller kostbar udsmykning; (1 Timoteus 2:9)*

Tøj skal dække en persons nøgenhed. Ædruelighed ville afholde en fra at bære noget, der er beregnet til at se sexet ud, eller som er afslørende. Nutidens tøjstil er så kort, at det minder om tøjet på en prostitueret. Det hele handler om, hvor sexet man ser ud. Tøjdesignere gør tøjstilen mere afslørende og mere provokerende.

Tak Gud for hans ord, som han har skabt for evigt; han kender generationerne i alle tidsaldre. Ordet vil forhindre dig i at tilpasse dig denne verden.

Definitionen af beskedenhed ændrer sig fra land til land, fra tid til tid og fra generation til generation. Asiatiske kvinder bærer løse bukser og lange bluser kaldet panjabi-kjoler, som er meget beskedne. Arabiske kvinder bærer lange gevandter med slør. Vestlige kristne kvinder bærer deres kjoler under knæene.

Vi har stadig gudfrygtige kristne kvinder, som elsker at være beskedne og holde sig til Guds forkyndelse og lære.

Prøv alt, og hold fast ved det, som er godt.
(1. Thessalonikerbrev 5:21)

Vi lever i en chokerende tid, hvor der ikke er nogen frygt for Gud.

Hvis I elsker mig, skal I holde mine bud. (Johannes 14:15)

Paul sagde,

*"For I er købt for en pris; herliggør derfor Gud i jeres **legeme** og i jeres ånd, som er Guds." (1. Korintherbrev 6: 20)*

Tøjet må ikke være stramt, kort eller nedringet. Billeder på nogle skjorter og bluser er ofte placeret forkert.

Guds idé med at få os til at bære tøj er, at vi skal være tildækkede. Husk, at Eva og Adam var nøgne. Vi er ikke uskyldige længere. Vi ved, at dette er fristelsen for menneskets øje. David så Batseba uden tøj på, og han blev utro.

Vor tids tøjmode for unge kvinder eller små piger er usømmelig. Bukserne sidder stramt. Bibelen siger, at man skal lære børnene Guds retfærdighed. I stedet for at lære pigerne beskedenhed, køber forældrene ubeskedent tøj.

Den gudfrygtige, samvittighedsfulde kristne kvinde vil vælge sit tøj, så det behager Kristus og hendes mand. Hun ønsker ikke længere at gå i det, der er på"mode".

Uanstændigt tøj, smykker og makeup giver næring til øjets begær, kødets begær og livets stolthed.

*Elsk ikke verden og de ting, der er i verden. Hvis nogen elsker verden, er Faderens kærlighed ikke i ham. **For alt, hvad der er i verden, kødets lyst og øjnenes lyst** og **livets stolthed**, er ikke af Faderen, men er af verden. Og verden forgår og dens lyster, men den, der gør Guds vilje, bliver til evig tid. (1. Johannesbrev 2:15-17)*

Satan ved, at mennesket er visuelt orienteret. Kvinder ser ikke Satans hensigt. Ubeskedenhed er en stærk fristelse og lokkemad for mænd. Ubeskeden påklædning, smykker og makeup vækker begejstring hos mænd. Stolthed og forfængelighed opbygger det menneskelige ego. En kvinde føler sig magtfuld, fordi hun kan tiltrække mænds begærlige opmærksomhed. Disse ting gør en kvinde stolt af sit ydre.

Jeg beder jer derfor, brødre, ved Guds barmhjertighed, at I frembærer jeres legemer som et levende, helligt og Gud velbehageligt offer, som er jeres rimelige tjeneste. Og lad jer ikke tilpasse til denne verden, men lad jer forvandle ved fornyelse af jeres sind, så I kan finde ud af, hvad der er Guds gode, acceptable og fuldkomne vilje.
(Romerne 12:1, 2)

Sminke

Bibelen taler bestemt **imod sminke**. I Bibelen forbindes make up altid med ugudelige kvinder. I Bibelen var Isebel en ond kvinde, der malede sit ansigt.

Gennem sit ord har Gud givet os kristne skriftlige instruktioner om ansigtsmaling, som nu kaldes makeup. Gud har informeret os om hver eneste detalje, endda med historiske referencer. Bibelen betragter os som et lys i denne verden; hvis vi er det lys, har vi ikke brug for maling. Ingen maler lyspæren. En død ting har brug for maling. Man kan male væggen, træet osv.

De fleste kvinder og små piger går med makeup nu om dage uden at kende til historien eller Bibelen. Sminke blev kun brugt i ansigtet, men nu kan de godt lide at male og trykke på forskellige dele af kroppen som arme, hænder, fødder osv. Er sminke syndigt? Gud bekymrer sig om, hvad du gør ved din krop. Gud siger klart fra over for maling og piercing af kroppen, makeup og tatoveringer.

*I må ikke skære i jeres kød for de døde, og I må **ikke skrive nogen mærker på jer**: Jeg er Herren. (Tredje Mosebog 19:28).*

Jeg gjorde det på "hans måde"

Jeg gik aldrig med makeup, men jeg brugte læbestift, fordi jeg godt kunne lide det. Da jeg hørte prædikener om makeup, begyndte jeg at gå mindre med læbestift og stoppede senere helt. I mit hjerte havde jeg stadig lyst til at gå med det, men jeg gjorde det ikke.

I bøn spurgte jeg Gud, hvordan han havde det med læbestift. En dag kom to damer gående imod mig, og jeg lagde mærke til, at de havde læbestift på. I det øjeblik så jeg gennem hans åndelige øjne, hvordan det så ud.... Jeg fik det så dårligt i maven. Jeg blev stærkt overbevist i mit hjerte, og jeg havde aldrig mere lyst til at gå med læbestift. Mit ønske var at behage ham og adlyde hans ord.

"Sådan taler I, og sådan gør I, som de, der skal dømmes efter frihedens lov." (Jakob 2,12)

Selvom vi har frihed til at gøre, som vi vil, og leve, som vi gerne vil, er vores hjerte bedragerisk, og vores kød vil søge efter denne verdens ting. Vi ved, at vores kød er fjendskab mod Gud og Guds ting. Vi må altid vandre i ånden for ikke at opfylde kødets lyster. Djævelen er ikke problemet. Vi er vores eget problem, hvis vi vandrer i kødet.

For alt, hvad der er i verden, kødets lyst og øjnenes lyst og livets stolthed, er ikke af Faderen, men er af verden. Og verden forgår og dens lyster, men den, der gør Guds vilje, bliver til evig tid.
(1. Johannes 2:16-17)

Satan ønsker at være centrum for alt. Han var perfekt i sin skønhed og fuld af stolthed. Han ved, hvad der fik ham til at falde, og han bruger det også til at få dig til at falde.

Menneskesøn, klag over Tyrus' konge og sig til ham: Så siger Gud Herren: Du forsegler summen, fuld af visdom og **_fuldkommen i skønhed_**. *Du har været i Eden, Guds have; hver ædelsten var dit dække, sardus, topas og diamant, beryl, onyx og jaspis, safir, smaragd og karbunkel og guld; udførelsen af dine tabrets og dine rør blev forberedt i dig den dag, du blev skabt (Ezekiel 28: 12,13)*

Når vi vandrer i kødet, søger vi også at være centrum for opmærksomheden. Det kan ses i vores påklædning, samtale og handlinger. Vi falder let i Satans fælde ved at tilpasse os verden og dens verdslige mode.

Lad mig fortælle, hvordan og hvor makeup eller maling startede. Brugen af makeup startede i Egypten. Konger og dronninger bar makeup omkring øjnene. Egyptisk øjenmakeup blev brugt som beskyttelse mod ond magi og også som et symbol på den nye fødsel i reinkarnation. Den blev også brugt af dem, der klædte de døde på. De ønskede, at de døde skulle se ud, som om de bare sov.

Du er nødt til at vide, hvad Bibelen klart siger om dette emne. Hvis makeup er vigtigt for Gud, må det være nævnt i hans ord - både specifikt og i princippet.

Da Jehu var kommet til Jizreel, hørte Jezabel om det, og hun malede sit ansigt og blev træt i hovedet og kiggede ud ad et vindue.
(2. Kongebog 9:30)

Den unge mand, Jehu, tog straks til Jizreel for at fælde dom over Jezebel. Da hun hørte, at hun var i fare, tog hun sminke på, men sminken kunne ikke forføre Jehu. Det, som Guds profet havde profeteret over Jezabel og hendes mand kong Ahab, gik i opfyldelse. Hendes vederstyggelighed fik en ende, da Guds profet profeterede over dem. Da Jehu fik hende smidt ud af et vindue, åd hundene hendes kød; som Gud havde forudsagt! Sminke er et selvdestruktivt våben.

Begær ikke hendes skønhed i dit hjerte, og lad hende ikke tage dig med sine øjenlåg (Ordsprogene 6:25).

"Og hvad vil du gøre, når du er blevet berøvet? Selv om du klæder dig i karmoisinrødt, selv om du pynter dig med guldsmykker, selv om du maler dit ansigt, skal du forgæves gøre dig smuk; dine elskere vil foragte dig, de vil søge dit liv."(Jeremias 4:30)

Historien fortæller os, at prostituerede malede deres ansigter, så de kunne genkendes som prostituerede. Med tiden er sminke og ansigtsmaling blevet almindeligt brugt. Det ses ikke længere som upassende.

> *Og videre, at du har sendt bud efter mænd, der skulle komme langvejs fra, til hvem et sendebud blev sendt; og se, de kom; for hvem du vaskede dig, malede dine øjne og pyntede dig med ornamenter.*
> *(Ezekiel 23:40)*

Makeup er "produkter, som ingen har brug for", men det er menneskets natur at ville have dem. Stolthed og forfængelighed er grunden til, at mange kvinder bruger makeup, så de kan passe ind i verden. Det er menneskets natur. Vi vil alle gerne passe ind!

Hollywood-stjerner er ansvarlige for disse drastiske ændringer i kvinders opfattelse af deres ydre fremtoning. Make-up blev kun brugt af arrogante og indbildske, stolte kvinder. Alle vil gerne se pæne ud, selv børn, der bruger makeup.

Stolthed og forfængelighed har fremmet makeupindustrien, ved at byde makeup velkommen er de blevet forfængelige. Uanset hvor du går hen, vil du finde makeup. Fra de fattigste til de rigeste, alle ønsker at se smukke ud. Nutidens samfund lægger for meget vægt på det ydre; på grund af indre usikkerhed bruger kvinder i alle aldre makeup.

Mange er deprimerede over deres udseende; de forsøger endda at begå selvmord. Skønhed er en af de mest beundrede ting for denne generation. Nogle mennesker går med makeup, så snart de vågner. De kan ikke lide deres naturlige udseende. Make-up har besat dem så meget, at de føler sig uønskede uden. Det forårsager depression hos vores yngre generation og selv hos små børn.

Tænk nu på de mest kendte retfærdige kvinder i Det Gamle eller Det Nye Testamente. Du vil ikke finde en eneste, der gik med makeup. Der er ingen omtale af Sarah, Ruth, Abigail, Naomi, Mary, Deborah,

Esther, Rebecca, Feebie eller nogen anden dydig og ydmyg kvinde, der nogensinde har brugt makeup.

Han vil forskønne de sagtmodige med frelse (Salme 149,4b).

Faktisk er de eneste eksempler i Guds ord på dem, der gik med makeup, ægteskabsbrydere, skøger, oprørere, frafaldne og falske profetinder. Dette bør tjene som en stor advarsel til alle, der bekymrer sig om Guds ord og ønsker at følge et bibelsk retfærdigt eksempel i stedet for at vælge at følge ugudelige kvinders eksempel.

__Iklæd jer__ derfor, som Guds udvalgte, hellige og elskede, barmhjertighed, venlighed, ydmyghed, sagtmodighed og langmodighed (Kolossenserne 3:12).

Nej, men, o menneske, hvem er du, som er vred på Gud? Skal det, der er skabt, sige til ham, der skabte det: Hvorfor har du skabt mig sådan? (Romerne 9:20)

Vores krop er Guds tempel; vi bør ønske at søge efter Guds retfærdige veje. Dette gøres ved, at kvinder præsenterer sig i hellig klædedragt, med åbent ansigt (rent ansigt), og afspejler Guds dyrebare herlighed i vores kroppe.

Hvad? Ved I ikke, at jeres legeme er Helligåndens tempel, som er i jer, og som I har af Gud, og at I ikke er jeres eget? (1. Korintherbrev 6:19)

Du og jeg er købt med en pris, og Gud har også skabt os i sit billede. Guds love er til for at beskytte os og bør være skrevet i vores hjerter. Du og jeg har regler og retningslinjer at leve efter, ligesom vi, der er forældre, har regler og retningslinjer for vores børn. Når vi vælger at adlyde Guds love og retningslinjer, vil vi blive velsignet og ikke straffet.

> *"Jeg lader i dag himmel og jord skrive om dig, at jeg har sat liv og død, velsignelse og forbandelse foran dig; vælg derfor livet, så både du og din slægt kan leve"* (5. Mosebog 30,19).

Stolthed og oprør vil bringe sygdom, økonomi, undertrykkelse og dæmonisk besættelse over os. Når vi stræber efter denne verdens ting gennem stolthed og oprør, så er vi på vej til at fejle. Det er djævelens ønske at ødelægge vores liv med stolthedens synd. Det er ikke Guds vilje med vores liv!

Jeg har set forandringerne, når verdslige kvinder bliver gudfrygtige kvinder. De forvandles fra at se gamle, deprimerede, stressede, plagede og ulykkelige ud til at se mere ungdommelige, smukke, levende, fredfyldte og strålende kvinder ud.

Vi har ét liv at leve! Lad os derfor repræsentere Abrahams, Jakobs og Isaks Gud .... ved at frembære vores legemer som et levende offer, helligt og velbehageligt for ham. Dette er vores rimelige tjeneste i det indre og i det ydre, ulastelige i alle ting!

Når vi ikke adlyder Guds ord gennem stolthed og oprør, bringer vi forbandelser over os selv, vores børn og vores børns børn. Dette kan ses i Evas ulydige og oprørske handlinger; resultatet var syndfloden, der kom over jorden, og alt blev ødelagt. Samson og Saul bragte ødelæggelse over sig selv og deres familie ved deres ulydighed. Elis ulydighed medførte døden for hans sønner og fjernelse fra præsteembedet.

Historien gennem Guds ord fortæller os, at før ødelæggelsen var menneskeslægtens mentalitet hovmodig, selvcentreret, og de søgte deres egen fornøjelse.

> *Og HERREN siger: "Fordi **Zions døtre** er hovmodige og går med strakte halse og skødesløse øjne, går og hakker, mens de går, og larmer med deres fødder: Derfor vil Herren slå Zions døtres hovedkrone med en skorpe, og Herren vil afsløre deres hemmeligheder. På den Dag vil HERREN tage deres pragtfulde,*

klingende Pynt om Fødderne fra dem, og deres Kæler og deres runde Dæk som Månen, Kæderne og Armbåndene og Kælerne, Hætterne og Benpynten, og pandebåndene og tavlerne og øreringene, ringene og næsesmykkerne, de omskiftelige klædedragter og kapperne og kapperne og de sprøde nåle, brillerne og det fine linned og hætterne og vailerne. Og det skal ske, at i stedet for en sød duft skal der være stank, og i stedet for et bælte en revne, og i stedet for et velplejet hår skaldethed, og i stedet for en mave skal der være et bælte af sækkelærred, og brænding i stedet for skønhed. Dine mænd skal falde for sværdet, og dine mægtige i krigen. Og hendes porte skal klage og sørge, og hun, der er øde, skal sidde på jorden.
(Esajas 3:16-26)

Vores valg i livet er meget vigtige. At træffe valg, der er baseret på Bibelen og ledet af Ånden, vil bringe velsignelse over os og vores børn. Vælger du at gøre oprør mod Guds ord og søge din egen selviske fornøjelse, så vil du gentage historien om:

1. Den ulydige Eva, der forårsagede syndfloden.

Og Gud så, at menneskets ondskab var stor på jorden, og at enhver indbildning i dets hjertes tanker kun var ondskab. Og det angrede Herren, at han havde skabt mennesket på jorden, og det bedrøvede ham i hans hjerte. Og HERREN sagde: Jeg vil udrydde de mennesker, jeg har skabt, fra jordens overflade, både mennesker og dyr, kryb og kravl og himlens fugle, for det angrer mig, at jeg har skabt dem.
(1. Mosebog 6:5-7)

2. Oprøret i Sodoma og Gomorra:

Da lod Herren svovl og ild regne ned over **Sodoma** *og Gomorra fra himlen; (1 Mosebog 19:24)*

Dette er et par eksempler fra Bibelen. Du ved, at du gør en forskel i denne verden. Du ønsker ikke at genoplive ond gammel historie.

Det er, hvad Gud har at sige om oprør og ulydighed:

*Og jeg vil sende sværd, hungersnød og pest iblandt dem, indtil de
er udryddet af det land, som jeg gav dem og deres fædre
(Jeremias 24,10).*

Men til de lydige:

*Og du skal vende om og adlyde Herrens røst og gøre alle hans bud,
som jeg befaler dig i dag. Og HERREN din Gud vil gøre dig rig på
alt, hvad din hånd gør, på frugten af dine
i din krop og i frugten af dit kvæg og i frugten af dit land til gavn; for
HERREN vil igen glæde sig over dig til gavn, som han glædede sig
over dine fædre: hvis du lytter til HERREN din Guds røst og holder
hans bud og hans love, som er skrevet i denne lovbog, og hvis du
vender dig til HERREN din Gud af hele dit hjerte og af hele din sjæl.
For dette bud, som jeg befaler dig i dag, det er ikke skjult for dig, og
det er ikke langt borte. (Femte Mosebog 30:8-11)*

Kapitel 17

Rejseministeriet: Kaldet til at undervise og sprede evangeliet

Jeg er ikke præst i den forstand, man kalder en præst, en pastor eller en prædikant. Når vi modtager Helligånden og ilden, bliver vi tjenere for hans ord og spreder de gode nyheder. Uanset hvor jeg går hen, beder jeg Gud om muligheden for at være et vidne og underviser i Hans Ord. Jeg bruger altid KJV-bibelen, da det er den eneste kilde, der vækker menneskets hjerte og sind til live. Når frøene er plantet, er det umuligt for Satan at fjerne dem, hvis vi kontinuerligt vander dem med bøn.

Når folk accepterer denne vidunderlige sandhed, får jeg dem i kontakt med en lokal kirke, så de kan blive døbt i **_Jesu navn,_** og så de kan være i discipelskab med en pastor, der holder kontakt med dem. Det er vigtigt at have en pastor, der vil undervise i Guds ord og våge over dem.

*"Gå derfor hen og undervis alle folkeslag, idet I døber dem i Faderens og Sønnens og Helligåndens **navn**."*
(Matthæusevangeliet 28:19)

Jeg gjorde det på "hans måde"

> *"Og jeg vil give jer præster efter mit hjerte, som skal mætte jer med kundskab og forstand." (Jeremias 3:15)*

Når Herren giver os instruktioner om at gøre hans vilje, kan det være hvor som helst og når som helst. Hans veje giver måske ikke mening til tider, men jeg har lært af erfaring, at det ikke betyder noget for mig. Fra jeg vågner, til jeg går ud af mit hus, ved jeg aldrig, hvad Gud har forberedt til mig. Som troende må vi vokse i vores tro ved at studere Ordet, så vi kan blive modne lærere. Vi fortsætter med at nå højere niveauer af modenhed ved aldrig at gå glip af en mulighed for at vidne for andre; især når Gud har åbnet døren.

> *"For når I nu burde være lærere, har I brug for, at nogen lærer jer igen, hvad der er de første principper i Guds orakler; og I er blevet sådan, at I har brug for mælk og ikke for stærkt kød. For enhver, der bruger mælk, er ukyndig i retfærdighedens ord, for han er et spædbarn. Men det stærke kød hører dem til, som er modne, ja, dem, som ved brug har fået deres sanser trænet til at skelne mellem godt og ondt." (Hebræerne 5:12-14)*

I dette kapitel deler jeg et par af mine rejseoplevelser med dig med et par vigtige historiske punkter, der er blevet indskudt for at forklare den tidlige kirke og efterfølgende doktrinære overbevisninger.

Gud bragte mig tilbage for at besøge Californien ved hjælp af en "ulogisk flyveplan". På grund af helbredsproblemer foretrækker jeg altid direkte flyvninger. Denne gang købte jeg et fly fra Dallas - Ft. Worth, Texas til Ontario, Californien med en mellemlanding i Denver, Colorado. Jeg kan ikke forklare, hvorfor jeg gjorde det, men senere gav det mening. Mens jeg var på flyet, gjorde jeg stewardessen opmærksom på, at jeg havde smerter og satte mig i nærheden af et hvilerum. I løbet af den sidste del af flyveturen spurgte jeg stewardessen, om hun kunne finde et sted, hvor jeg kunne ligge ned. Hun førte mig til den bageste del af flyet. Smerten forsvandt senere. Stewardessen kom tilbage for at se, hvordan jeg havde det, og fortalte mig, at hun havde bedt for mig.

Herren åbnede døren for mig, så jeg kunne dele, hvad han havde gjort for mig. Jeg fortalte hende om mine skader, sygdomme og helbredelser.

Hun var så forbløffet over, at jeg havde udholdt alt dette uden medicin og kun stolede på Gud. Da vi talte om Bibelen, fortalte hun mig, at hun aldrig havde hørt, at nogen kunne modtage Helligånden. Jeg forklarede, at ifølge Skriften er det muligt for os selv i dag. Jeg fortalte hende min grund til at forlade mit hjem i Indien; når vi søger Gud af hele vores hjerte, vil han besvare vores bønner. Hun var meget sød og omsorgsfuld over for mig, ligesom mange andre gange, når jeg har fløjet, synes der altid at være nogen på flyet, der har vist mig en sådan venlighed og omsorg. Jeg fortsatte med at fortælle hende om Helligånden og beviset på at tale i tunger. Hun sagde hårdnakket, at hun ikke troede på det. Jeg talte med hende om dåb i Herren Jesu navn, og hun indrømmede, at hun heller aldrig havde hørt om det. Apostlenes dåb, som den omtales i Apostlenes Gerninger kapitel 2, forkyndes ikke af de fleste kirker, da de fleste har vedtaget treenighedslæren om tre personer i Guddommen og påkalder titlerne: Faderen, Sønnen og Helligånden, når man døber.

*"Og Jesus kom og talte til dem og sagde: Mig er givet al magt i himlen og på jorden. Gå derfor hen og lær alle folkeslag, idet I døber dem i Faderens og Sønnens og Helligåndens **navn.**"*
(Matthæus 28,18-19)

Når disciplene døbte i Jesu navn, opfyldte de Faderens og Sønnens og Helligåndens dåb, når personen gik ned i vandet og blev helt nedsænket. Det var ikke en forvirring; de opfyldte det, Jesus havde befalet dem at gøre, som skrifterne viser.

*For der er tre, der bærer regnskab i himlen, Faderen, Ordet og Helligånden, og disse **tre er én**. (1. Johannesbrev 5:7)*

(Dette skriftsted er blevet fjernet fra NIV og alle moderne oversættelser af Bibelen)

*"Da de nu hørte det, blev de stødt i hjertet og sagde til Peter og de andre apostle: Mænd og brødre, hvad skal vi gøre? Da sagde Peter til dem: Omvend jer, og lad jer hver især døbe i **Jesu Kristi navn** til syndernes forladelse, så skal I få Helligåndsgaven."*

(Apostlenes Gerninger 2:37-38)

*"Da de hørte det, blev de **døbt i Herren Jesu navn**. Og da Paulus havde lagt hænderne på dem, kom Helligånden over dem, og de talte i tunger og profeterede. Og alle mændene var omkring tolv."*
(Apostlenes Gerninger 19:5-7)

*"For de hørte dem tale i tunger og lovprise Gud. Da svarede Peter: Kan nogen forbyde vand, at disse ikke skal være døbte, som har modtaget Helligånden lige så vel som vi? Og han befalede dem at blive **døbt i Herrens navn**. Så bad de ham om at blive nogle dage". (Apostlenes Gerninger 10:46-48)*

Apostlene var ikke ulydige mod Jesus. Pinsedagen var begyndelsen på kirkens tidsalder, efter at Jesus var opstået fra de døde og modtaget til herlighed. Han havde vist sig for apostlene og irettesat dem for deres vantro og var sammen med dem i fyrre dage. I løbet af den tid lærte Jesus dem mange ting. Bibelen siger, at de troende skal døbes.

"Bagefter viste han sig for de elleve, mens de sad til bords, og bebrejdede dem deres vantro og hårdhed i hjertet, fordi de ikke troede dem, der havde set ham, efter at han var opstået. Og han sagde til dem: Gå ud i alverden og prædik evangeliet for enhver skabning. Den, der tror og bliver døbt, skal blive frelst; men den, der ikke tror, skal blive fordømt." (Markus 16:14-16)

Mennesket vedtog senere forskellige dåbsformler, herunder "overbrusning" i stedet for fuld nedsænkning. (Nogle argumenterer med, at Bibelen ikke siger, at man ikke må drysse, og at Romerkirken døbte spædbørn). Dåben i Jesu navn blev ændret af Romerkirken, da de vedtog treenighedsopfattelsen.

Før jeg fortsætter, vil jeg først sige, at jeg ikke betvivler oprigtigheden hos mange vidunderlige troende, der søger en personlig vandring med Herren, som elsker Gud og tror på det, de mener, er den tidlige bibelske lære. Det er derfor, det er så vigtigt selv at læse og studere skrifterne, herunder historien om den tidlige apostoliske kirkes lære i Bibelen. "Kirkens doktrin går i frafald."

Frafald betyder at falde væk fra sandheden. En frafalden er en, der engang troede på Guds sandhed og derefter forkastede den.

I 312 e.Kr., da Konstantin var kejser, blev kristendommen vedtaget af Rom som den foretrukne religion. Konstantin annullerede Diocletians (latin: Gaius Aurelius Valerius Diocletianus Augustus ;) forfølgelsesdekreter, som var begyndt i 303 e.Kr. Diokletian var romersk kejser fra 284-305 e.Kr. Forfølgelsesdekreterne fratog de kristne deres rettigheder og krævede, at de skulle følge "traditionel religiøs praksis", hvilket inkluderede ofringer til de romerske guder. Dette var den sidste officielle forfølgelse af kristendommen sammen med drabene og skræmmekampagnerne mod dem, der ikke ville indordne sig. Konstantin "kristnede" det romerske imperium og gjorde det til statens religion, dvs. den officielle religion. Under hans styre opmuntrede han også hedenske religioner i Rom. Det styrkede Konstantins plan om at skabe enhed og fred i sit imperium. Således blev det"kristnede Rom" og en politisk kirke sat til at regere. Med alt dette havde Satan designet en meget stærk plan for at korrumpere kirken indefra, så den tidlige kirke ikke blev anerkendt nogen steder. Kristendommen blev nedbrudt, forurenet og svækket med et hedensk system, der blev en del af datidens verdenspolitiske system. Ifølge dette system gjorde dåben enhver til kristen, og de bragte deres hedenske religion, helgener og billeder ind i kirken. På et senere tidspunkt blev treenighedslæren også etableret i deres koncil. Den frafaldne kirke anerkendte, prædikede eller tænkte ikke længere på vigtigheden af Helligånden eller tungetale. I 451 e.Kr., på koncilet i Chalcedon, blev Nicene/Konstantinopel Trosbekendelsen, med pavens godkendelse, gjort autoritativ. Ingen fik lov til at debattere sagen. At tale imod treenigheden blev nu betragtet som blasfemi. Hårde straffe fra lemlæstelse til døden blev uddelt til dem, der ikke adlød. Der opstod trosforskelle mellem de kristne, og det resulterede i lemlæstelse og nedslagtning af tusinder. De sande troende havde intet andet valg end at gå under jorden og gemme sig for deres forfølgere, som slagtede i kristendommens navn.

Jeg fortalte hende, at troen på treenigheden kom fra hedningerne, som ikke kendte til Guds forordninger, love og bud, og at den blev etableret

Jeg gjorde det på "hans måde"

i 325 e.Kr., da det første koncil i Nikæa etablerede læren om treenigheden som ortodoksi og vedtog den romerske kirkes Niceanske trosbekendelse.

Treenigheden blev sammensat, efter at 300 biskopper mødtes og fandt frem til den efter seks uger.

Ingen kan nogensinde ændre et bud! Den tidlige kirke i Apostlenes Gerninger begyndte på Det Gamle Testamentes tro på Guds absolutte enhed sammen med Det Nye Testamentes åbenbaring af Jesus Kristus, som den ene inkarnerede Gud. Det Nye Testamente var færdigt, og den sidste af apostlene var død i slutningen af det første århundrede. I begyndelsen af det fjerde århundrede var den primære doktrin om Gud i kristenheden gået fra den bibelske enhed af Gud til en tilsyneladende tro på trinitarisme.

Jeg undrer mig over, at I så hurtigt er fjernet fra ham, der kaldte jer til Kristi nåde, til et andet evangelium: Det er ikke et andet, men der er nogle, der bekymrer jer og vil fordreje Kristi evangelium. Men hvis vi eller en engel fra himlen prædiker et andet evangelium for jer end det, vi har prædiket for jer, så lad ham være forbandet. Som vi før har sagt, siger jeg nu igen: Hvis nogen prædiker et andet evangelium for jer end det, I har modtaget, skal han være forbandet.
(Galaterne 1:6-9)

Forfatterne i den postapostoliske tidsalder (90-140 e.Kr.) var loyale over for det bibelske sprog, hvordan det blev brugt og tænkt. De troede på monoteisme, som er Jesu Kristi absolutte guddommelighed og Guds manifestation i kødet.

Hør, o Israel: <u>HERREN vor Gud er én HERRE</u>: (5. Mosebog 6,4)

*Og uden strid er gudsfrygtens mysterium stort: **<u>Gud blev åbenbaret i kødet</u>**, retfærdiggjort i Ånden, set af engle, prædiket for hedningerne, troet på i verden, taget op til herlighed.*
(1 Timoteus 3:16)

De tillagde Guds navn stor betydning og troede på dåb i Jesu navn. De tidlige kirkekonvertitter var jøder; de vidste, at Jesus var "Guds lam". Gud tog kød på sig, så han kunne udgyde blod.

> *"Tag jer derfor i agt for jer selv og for hele den hjord, som Helligånden har gjort jer til tilsynsmænd for, for **at I skal vogte Guds kirke**, som han har købt med sit **eget blod** (ApG 20,28).*

Navnet Jesus betyder: Hebraisk Yeshua, græsk Yesous, engelsk Jesus. Det er derfor, Jesus sagde.

> *Jesus siger til ham: Har jeg været så længe hos dig, og alligevel har du ikke kendt mig, Filip? Den, der har set mig, har set Faderen; og hvordan kan du så sige: Vis os Faderen? (Johannes 14:9)*

De støttede ikke nogen idé om en treenighed eller et trinitarisk sprog, som senere blev adopteret af Romerkirken. Selvom de fleste kristne kirker i dag følger læren om treenigheden, er det stadig den apostoliske lære fra pinsedagen, der er fremherskende i den tidlige kirke. Gud advarede os om ikke at vende os bort fra troen. Der er én Gud, én tro og én dåb.

> *"Én Herre, én tro, én **dåb**, én Gud og alles Fader, som er over alle og gennem alle og i jer alle." (Efeserne 4:5-6)*

> *"Og Jesus svarede ham: Det første af alle budene er: Hør, Israel: **Herren vor Gud er én Herre.**" (Mark 12,29)*

> *"Men jeg er Herren, din Gud fra Egyptens land, og du skal ikke kende nogen anden gud end mig, for der er **ingen frelser ved siden af mig**." (Hoseas 13:4)*

Kristendommen afveg fra konceptet om Guds enhed og antog den forvirrende treenighedslære, som fortsat er en kilde til kontroverser inden for den kristne religion. Treenighedslæren siger, at Gud er en forening af tre guddommelige personer - Faderen, Sønnen og Helligånden. De afveg fra sandheden og begyndte at vandre væk.

Da denne praksis med treenighedslæren begyndte, skjulte den "Jesu navn" fra at blive anvendt i dåben. Navnet JESUS er så kraftfuldt, fordi vi bliver frelst ved dette navn:

Der er heller ikke frelse i noget andet navn end JESUS:

> *Der er heller ikke frelse i noget andet, for der er **ikke** givet **noget andet navn** under himlen blandt mennesker, hvorved vi skal blive frelst. (Apostlenes Gerninger 4:12)*

Der var jødiske og ikke-jødiske kristne, som ikke ville tage imod denne dåb med titlerne (Faderen, Sønnen og Helligånden). Kirkens tidsalder gik ind i frafald. (Hvad betød det? at falde bort fra sandheden).

Frafald er et oprør mod Gud, fordi det er et oprør mod sandheden.

Lad os sammenligne, hvad NASB- og KJV-biblerne siger om dette vigtige emne.

Den understregede sætning er fjernet fra NIV, NASB og andre oversættelser af Bibelen.

> *"Lad ingen på nogen måde bedrage jer, for den [Jesu genkomst] vil ikke komme, medmindre **frafaldet** kommer først, og lovløshedens menneske åbenbares, ødelæggelsens søn,"*
> *(2 Thess 2:3 **NASB Version**)*

> *"Lad ingen forføre jer på nogen måde; for den dag (Jesu genkomst) skal ikke komme, **før der først sker et frafald**, og syndens menneske bliver åbenbaret, fortabelsens søn."*
> *(2 Thessaloniker 2:3 **KJ Version**)*

Stewardessen var meget interesseret i, hvad jeg lærte hende. Men på grund af tidspres forklarede jeg Guds enhed for at give hende en fuld forståelse på den korte tid, jeg havde.

"Tag jer i agt for, at ikke nogen skal ødelægge jer ved filosofi og forfængeligt bedrag, efter menneskers tradition, efter verdens rudimenter, og ikke efter Kristus.

For i ham bor hele Guddommens fylde legemligt."
(Kolossenserne 2:8-9)

Satans sæde (også kendt som Pergamos, Pergos eller Pergemon):

Jeg forklarede også stewardessen den nøglerolle, som landet Tyrkiet spiller i vores moderne tid og sluttid. Pergamon eller Pergamum var en gammel græsk by i det nuværende Tyrkiet, som blev hovedstad i kongeriget Pergamon i den hellenistiske periode under Attaliddynastiet, 281-133 f.Kr. Byen ligger på en bakke, hvor man finder templet for deres hovedgud Asklepios. Der er en statue af Asklepios, der sidder og holder en stav med en slange, der snor sig omkring den. Johannes' Åbenbaring taler om Pergamum, en af de syv kirker. Johannes af Patmos omtalte den som "Satans sæde" i sin Åbenbaringsbog.

*"Og skriv til englen for menigheden i Pergamon: Dette siger han, som har det skarpe sværd med to ægge: Jeg kender dine gerninger, og hvor du bor, hvor **Satans sæde** er, og du holder fast ved mit navn og har ikke fornægtet min tro, heller ikke i de dage, hvor Antipas var min trofaste martyr, som blev dræbt iblandt jer, hvor Satan bor. Men jeg har et par ting imod dig, fordi du har dem, der holder Bileams lære, som lærte Balak at kaste en anstødssten foran Israels børn, at spise ting, der ofres til afguder, og at begå utugt."*
(Johannes' Åbenbaring 2:12-14)

Hvorfor er denne by så vigtig i dag? Da Kyros den Store overtog Babylon i 457 f.Kr., tvang kong Kyros det hedenske babyloniske præsteskab til at flygte mod vest til PERGAMOS i det nuværende Tyrkiet.

{Note: Vi er nødt til at se på Israel og opfyldelsen af profetier. Er det ikke underligt, at den syriske præsident Assad den 6. juli 2010 i

Jeg gjorde det på "hans måde"

Madrid advarede om, at Israel og Tyrkiet er tæt på at gå i krig? Guds elskede Israel og Satans (sæde)trone mødes i dagens nyheder

Efter at have talt om Pergamon med flyselskabets værtinde, begyndte jeg at undervise om den nye fødsel. Hun havde aldrig hørt nogen tale i tunger (Helligånden). Jeg gav hende al information, skriftsteder og en liste over, hvor hun kunne finde en bibeltro kirke. Hun var så begejstret for denne sandhed og åbenbaring. Nu forstod jeg, hvorfor jeg på uforklarlig vis havde købt en flybillet til Californien, som ikke var direkte. Gud ved altid, hvad han gør, og jeg lærte, at jeg ikke altid kender hans hensigt, men senere kan se tilbage og se, at han havde en plan hele tiden. Så snart jeg ankom til Californien, gik jeg ud af flyet smertefri og uden feber.

Spørgsmålet: Hvad er apostolisk?

Jeg var på et andet fly fra Dallas-Ft. Worth til Ontario i Californien. Efter en kort lur lagde jeg mærke til, at damen ved siden af mig sad og læste. Hun havde svært ved at se ud, så jeg løftede persiennen for mit vindue, og hun blev glad. Jeg var på udkig efter en mulighed for at tale med hende, så denne gestus indledte vores samtale, som varede næsten en time. Jeg begyndte at fortælle hende om mit vidnesbyrd.

Hun sagde, at hun ville se den, når hun tjekkede ind på sit hotelværelse. Vi begyndte at tale om kirken, og hun indrømmede, at hun kun gik i kirke en gang imellem. Hun fortalte mig også, at hun var gift og havde to døtre. Jeg fortalte hende så, at jeg gik i en apostolisk pinsekirke. Det var her, jeg bemærkede, at hendes øjne åbnede sig på vid gab. Hun fortalte mig, at hun og hendes mand for nylig havde set en plakat om en apostolsk kirke. Vi vidste ikke, hvad det ord (apostolisk) betød, sagde hun. Jeg forklarede hende, at det var den doktrin, som Jesus etablerede i Johannes 3:5, og som anvendes i Apostlenes Gerninger, der beskriver den tidlige kirke i den apostoliske tidsalder. Jeg tror fuldt og fast på, at Gud satte mig ved siden af denne dame for at besvare netop dette spørgsmål. Det var for meget af et tilfælde til at være tilfældigt.

Elizabeth Das

Den apostoliske tidsalder:

Det antages, at Kristus blev født før 4 f.Kr. eller efter 6 e.Kr. og blev korsfæstet mellem 30 og 36 e.Kr. i en alder af 33 år. Den kristne kirkes grundlæggelse blev således anslået til at være på pinsefesten i maj 30 e.Kr.

Den apostoliske tidsalder dækker omkring halvfjerds år (30-100 e.Kr.) og strækker sig fra pinsedagen til apostlen Johannes' død.

Da Johannes' breve blev skrevet, var det første århundrede på vej væk fra sandheden. Mørket kom ind i menighederne i det første århundrede. Bortset fra det ved vi meget lidt om denne periode i kirkens historie. Apostlenes Gerninger (2:41) fortæller, at tre tusind mennesker blev omvendt i pinsen på én dag i Jerusalem. Historien fortæller om massemord under Nero. De kristne konvertitter var for det meste fra middel- og underklassen, såsom analfabeter, slaver, handelsfolk osv. Det anslås, at på tidspunktet for Konstantins omvendelse kan antallet af kristne under dette romerske dekret have nået over elleve millioner, en tiendedel af den samlede befolkning i det romerske imperium, hvilket er en massiv og hurtig succes for kristendommen. Det resulterede i en grusom behandling af de kristne, der levede i en fjendtlig verden.

Jesus lærte os, at vi skulle elske hinanden som os selv, og at frelse og omvendelse fra synd ville komme i hans navn.

Og at omvendelse og syndernes forladelse skulle forkyndes i hans navn blandt alle folkeslag, begyndende i Jerusalem. (Lukas 24:47)

Apostlene tog Jesu lære og anvendte den på pinsedagen, hvorefter de gik ud og prædikede Jesus for jøderne først og derefter for hedningerne.

*"Tag jer derfor i agt for jer selv og for hele den hjord, som Helligånden har gjort jer til tilsynsmænd over, for **at I skal vogte Guds kirke, som han har købt med sit eget blod**. For jeg ved, at efter min bortgang vil der komme ulve ind iblandt jer, som ikke skåner hjorden. Også af jer selv skal der opstå mænd, der taler*

forvrængende ting for at drage disciple efter sig. Våg derfor, og husk, at jeg i løbet af tre år ikke holdt op med at advare hver enkelt nat og dag med tårer." (Apostlenes Gerninger 20:28-31)

Ikke alle underkastede sig Konstantins dekret om det romerske imperium.

Der var dem, der fulgte apostlenes oprindelige lære, som ikke ville acceptere den "omvendelse", der var beskrevet i Konstantins dekret. Dekretet omfattede de religiøse traditioner, der blev skabt under de romerske kirkemøder, sammen med ændringer, der blev foretaget for at fordreje sandheden om den tidlige kirke. Disse mennesker, som udgjorde de råd, der udformede Konstantins dekret, var ikke sande genfødte troende.

Det er derfor, mange kirker i dag kalder sig apostoliske eller pinsekirker, der følger apostlenes lære.

"Ikke mange kloge efter kødet, ikke mange mægtige, ikke mange ædle blev kaldet, men Gud udvalgte verdens tåbelige, for at han kunne gøre de kloge til skamme; og Gud udvalgte verdens svage, for at han kunne gøre de stærke til skamme; og verdens usle ting og de foragtede ting udvalgte Gud, ja, og de ting, der ikke er, for at han kunne gøre de ting, der er, til intet; for at intet kød skulle rose sig over for Gud." (1. Kor. 1:26-29)

Interreligiøs

I dag har vi en ny trussel mod Guds principper. Den kaldes "interreligiøs". "Interfaith siger, at det er vigtigt at give respekt til **alle guder.** Delt loyalitet og delt ærbødighed er acceptabelt for interreligiøse. Vi kan have respekt for hinanden som individer og elske hinanden, selv når vi er uenige; men Bibelen er krystalklar omkring "Guds jalousi", der kræver eksklusiv hengivenhed til ham, og at vise andre guder ærbødighed er en fælde.

"Tag dig i agt, så du ikke indgår en pagt med indbyggerne i det land, du går ind i, så det ikke bliver en snare midt iblandt dig; men I skal

> *ødelægge deres altre, knuse deres billeder og hugge deres lunde ned: For du skal ikke dyrke nogen anden gud; thi HERREN, hvis navn er Jalousi, er en nidkær Gud: For at du ikke skal slutte en pagt med landets indbyggere, så de går løs på deres guder og ofrer til deres guder, og en af dem kalder på dig, og du spiser af hans offer."*
> ***(2. Mosebog 34,12-15)***

Djævelen har opfundet den vildledende tro "mellem trosretninger" for at narre de udvalgte. Han ved, hvordan man manipulerer det moderne menneske med sin egen politiske korrekthed, når man i virkeligheden indgår en pagt ved at anerkende eller ære deres falske guder, afguder og billeder.

Kapitel 18

Ministerium i Mumbai, Indien "En mand af stor tro"

Engang før 1980 tog jeg til Mumbai i Indien for at få et visum, så jeg kunne rejse ud af landet. Da jeg rejste gennem Mumbai med toget, lagde jeg mærke til, at vi kørte gennem et slumområde med meget fattige mennesker og hytter. Jeg havde aldrig set så elendige levevilkår med mennesker, der levede i forfærdelig fattigdom.

Jeg sagde i begyndelsen, at jeg er vokset op i en strengt religiøs familie. Min far var læge, og min mor var sygeplejerske. Selvom vi var religiøse, og jeg læste meget i Bibelen, havde jeg ikke Helligånden i den periode af mit liv. Mit hjerte blev bedrøvet, da Herrens byrde kom over mig. Fra den dag bar jeg denne byrde for disse mennesker, som var uden håb i slummen. Jeg ønskede ikke, at nogen skulle se mine tårer, så jeg lagde hovedet ned og skjulte mit ansigt. Jeg ønskede bare at falde i søvn, men min byrde for disse mennesker føltes, som om den var større end en nation. Jeg bad og spurgte Gud: "Hvem vil tage af sted og forkynde evangeliet for disse mennesker?" Jeg tænkte, at jeg ville være bange for selv at komme til dette område. På det tidspunkt forstod jeg ikke, at Guds hånd var så stor, at han kunne nå hvem som helst, hvor som helst. Dengang vidste jeg ikke, at Gud ville bringe mig tilbage til dette sted i de kommende år. Tilbage i Amerika og 12 år senere var min byrde for de mennesker, der boede i Mumbais slum, stadig i mit hjerte.

Indianerne og vores familie havde for vane altid at modtage præster i vores hjem, give dem mad, opfylde deres behov og give dem en donation. Jeg plejede at være metodist, men nu havde jeg fået sandheden åbenbaret, og der var ikke noget kompromis. Min familie ventede på, at en indisk præst, som var på besøg i Amerika, skulle ankomme. Vi ventede, men han kom ikke til tiden. Jeg var nødt til at tage på arbejde og gik glip af muligheden for at møde ham, men min mor fortalte mig senere, at han var meget ægte. Året efter, i 1993, kom den samme præst hjem til os i West Covina i Californien for anden gang. Denne gang fortalte min bror ham, at han var nødt til at møde hans søster, fordi hun var tro mod Guds ord, og familien respekterede hendes tro og tro på Gud. Det var den dag, jeg mødte pastor Chacko. Vi begyndte at diskutere dåb og hans tro på Guds ord. Pastor Chacko fortalte mig, at han døbte ved fuld nedsænkning i Jesu navn, og at han ikke ville gå på kompromis med nogen anden form for dåb. Jeg var meget glad og begejstret over at vide, at denne Guds mand gjorde det på den bibelske måde, som den apostolske oldkirke gjorde. Derefter inviterede han mig til at besøge Mumbai i Indien, hvor han bor.

Jeg fortalte min præst om pastor Chackos stærke overbevisning om Guds ord og hans besøg i vores hjem. Den aften kom pastor Chacko på besøg i vores kirke, og min pastor bad ham om at sige et par ord til menigheden. Der var stor interesse for det arbejde, som pastor Chacko udførte i Mumbai, og min kirke begyndte at støtte ham økonomisk og med vores bønner. Vores kirke var missionsbevidst. Vi betalte altid mission, som vi betaler tiende. Det var fantastisk, hvordan alt begyndte at falde på plads, og Mumbai havde nu støtte fra min lokale kirke i Californien.

Året efter sendte Gud mig til Indien, så jeg tog imod pastor Chackos tilbud om at besøge kirken og hans familie i Mumbai. Da jeg først ankom, kom pastor Chacko og hentede mig i lufthavnen. Han kørte mig

Jeg gjorde det på "hans måde"

til mit hotel. Det var også der, de mødtes i kirken, og i det samme slumkvarter, som jeg havde rejst igennem med toget i 1980. Det var nu 1996, og min inderlige bøn om håb for disse smukke sjæle blev besvaret. Pastor Chacko var meget gæstfri og delte sin byrde og sit ønske om at bygge en kirke med mig. Jeg fik mulighed for at besøge andre kirker og blev bedt om at tale for menigheden, inden jeg rejste til min bestemmelsesby, Ahmadabad. Jeg blev så ked af det over levevilkårene for kirken i Mumbai. En katolsk far gav pastor Chacko et klasseværelse til søndagens gudstjeneste.

Folk var så fattige, men jeg havde den glæde at se de små smukke børn, som lovpriste og tjente Gud. De spiste sammen med kun et lille stykke brød, der blev sendt rundt, og vand at drikke. Jeg blev rørt af medfølelse og købte mad til dem og bad dem om at give mig en liste over ting, de havde brug for. Jeg gjorde, hvad jeg kunne for at opfylde behovene på den liste. De nåde mig med deres bønner efter min lange flyvetur til Indien. En bror fra kirken bad for mig, og jeg følte Helligåndens kraft som elektricitet, der øjeblikkeligt kom over min svækkede og søvnløse krop. Jeg følte mig forfrisket, da styrken vendte tilbage, og mine smerter var væk i hele kroppen. Deres bønner var så kraftfulde, at jeg blev velsignet ud over alt, hvad jeg kan forklare. De gav mig mere, end jeg havde givet dem. Før jeg fløj tilbage til Amerika, forlod jeg Ahmadabad og vendte tilbage til Mumbai for at besøge pastor Chacko endnu en gang. Jeg gav ham alle de rupees, jeg havde tilbage, som en donation til ham og hans familie.

Heldigvis vidnede han for mig om sin kone, som skammede sig meget, når hun gik forbi den butik, hvor de skyldte penge. Hun gik med hovedet skamfuldt nedad, fordi de ikke var i stand til at betale denne gæld. Pastor Chacko fortalte mig også om sin søns uddannelse. Han skyldte penge til skolen, og hans søn ville ikke kunne fortsætte i skolen. Jeg kunne se, at situationen var overvældende for familien. Gud havde bevæget mig til at give, og den donation, jeg havde givet, var mere end tilstrækkelig til at tage sig af begge sager og rigeligt mere. Gud være lovet!

"Forsvar de fattige og faderløse, gør retfærdighed mod de plagede og nødlidende. Frels de fattige og trængende, befri dem fra de ondes hånd." (Salmernes Bog 82:3-4)

Da jeg vendte tilbage til Californien, bad og græd jeg over denne lille kirke og dens folk. Jeg var så knust, at jeg bad Gud om to eller tre menneskers samtykke til at røre ved alt, hvad de beder om.

"Sandelig siger jeg jer: Alt, hvad I binder på jorden, skal være bundet i himlen, og alt, hvad I løser på jorden, skal være løst i himlen. Jeg siger jer også, at hvis to af jer bliver enige på jorden om noget, de beder om, skal det ske for dem hos min Fader i himlen. For hvor to eller tre er forsamlet i mit navn, der er jeg midt iblandt dem." (Matthæus 18:18-20)

Det var min byrde og min bekymring at hjælpe Guds kirke i Mumbai, men jeg havde brug for at dele min byrde med nogen. En dag spurgte min kollega, Karen, mig, hvordan jeg kunne bede i så lang tid? Jeg spurgte Karen, om hun også ville lære at bede i længere perioder, opbygge sit bønsliv og faste sammen med mig. Hun indvilligede og blev min bønnepartner. Karen delte også min byrde for Mumbai. Da vi begyndte at bede og faste, blev hun ivrig efter at bede i længere perioder og faste mere. Hun gik ikke i nogen kirke på det tidspunkt, men var meget seriøs og oprigtig i det, hun gjorde åndeligt. Vi bad i vores frokostpauser, og efter arbejde mødtes vi for at bede i 1½ time i bilen. Et par måneder senere fortalte Karen mig, at hun havde fået nogle penge fra en forsikring, fordi hendes onkel var gået bort. Karen er meget godhjertet og gavmild, og hun sagde, at hun ville betale tiende af disse penge ved at give dem til arbejdet i Mumbai. Pengene blev sendt til pastor Chacko for at købe et lokale, hvor de kan have deres egen kirke. De købte et lille rum, der havde været brugt til satanisk tilbedelse. De ryddede op og restaurerede det til deres kirke. Året efter tog Karen og jeg til Mumbai for at være med til indvielsen af kirken. Det var en bøn, der blev besvaret, for Karen, som nu tjener Herren, er stærk i troen. Gud være lovet!

Jeg gjorde det på "hans måde"

Da kirken i Mumbai voksede, bad pastor Chacko om hjælp til at købe en lille grund ved siden af kirken. Pastor Chacko havde stor tiltro til kirkens vækst og til Guds arbejde. Denne jord tilhørte den katolske kirke. Pastor Chacko og præsten havde et venskabeligt forhold, og præsten var villig til at sælge grunden til pastor Chacko. Pastor Chacko modtog ikke den donation, som han troede, Gud ville give ham. Gud ved alt, og han gør tingene på sin måde og bedre, end vi overhovedet kan forestille os!

Et par år senere var der optøjer mellem hinduer og kristne over hele Indien. Hinduerne forsøgte at slippe af med de kristne fra Indien. Oprørerne kom ind i kirken om morgenen med politiet til at støtte sig til dem. De begyndte at ødelægge kirken, men pastor Chacko og kirkens medlemmer tiggede dem om at lade være for deres egen skyld, fordi det var farligt for dem at ødelægge den almægtige Guds hus. Oprørerne fortsatte med at ødelægge alt, hvad de kunne se, og lyttede ikke til folks advarsler og bønner, indtil kirken var helt ødelagt. Resten af dagen var kirkens medlemmer bange for denne meget berygtede og ondskabsfulde gruppe, fordi de vidste, at deres eget liv var i fare.

De følte sorg over ikke at have deres kirke længere efter at have bedt så længe om at få deres eget sted at tilbede Gud. Det var her, de så Gud udføre mirakler, dæmoner blev drevet ud, og frelse blev forkyndt for syndere. Samme aften, omkring midnat, bankede det på pastor Chackos dør. Han blev bange, da han så, at det var lederen af den berygtede gruppe, som tidligere havde ødelagt kirken. Pastor Chacko troede, at han med sikkerhed ville blive dræbt, og at det var hans endeligt. Han bad Gud om at give ham mod til at åbne døren og om beskyttelse. Da han åbnede døren, så han til sin overraskelse manden med tårer i øjnene, der bad pastor Chacko om at tilgive dem for det, de havde gjort tidligere den dag mod hans kirke.

Manden fortsatte med at fortælle pastor Chacko, at lederens kone var død efter ødelæggelsen af kirken. En af oprørerne havde fået sin hånd skåret af af en maskine. Tingene var på vej imod de mennesker, der ødelagde kirken. Der var frygt blandt oprørerne for, hvad de havde gjort mod pastor Chackos og hans Gud! Gud sagde, at han ville kæmpe vores kampe, og det gjorde han. Religiøse hinduer og kristne i Indien er gudfrygtige mennesker, der vil gøre alt for at rette op på tingene. På grund af det, der skete med hinduerne, fordi de havde deltaget i ødelæggelsen af kirken, vendte de samme oprørere tilbage for at genopbygge kirken af frygt. De tog også den ejendom, der tilhørte den katolske kirke, i besiddelse. Ingen kom imod dem eller klagede. Oprørerne genopbyggede selv kirken, leverede materialerne og alt arbejdet uden hjælp fra kirken. Da kirken stod færdig, var den større med to etager i stedet for én.

Gud besvarede pastor Chackos bøn, og han siger: "Jesus svigter aldrig." Vi har fortsat med at bede for Mumbai. I dag er der 52 kirker, et børnehjem og to daginstitutioner, takket være troen og bønnerne fra mange, der har en byrde for Indien. Jeg begyndte at tænke på, hvordan mit hjerte var blevet dybt rørt, mens jeg sad i toget tilbage i 1980. Lidet anede jeg, at Gud havde sine øjne rettet mod denne del af mit land og bragte kærlighed og håb til folk i Mumbais slumkvarterer gennem utrættelige bønner og en Gud, der lytter til hjertet. I begyndelsen sagde jeg, at min byrde var lige så stor som en nations. Jeg takker Gud for at have givet mig denne byrde. Gud er den store strateg. Det skete ikke med det samme, men i løbet af seksten år skete der ting, som jeg ikke vidste, mens Han lagde grunden til resultater af besvarede bønner, alt imens jeg boede i Amerika.

Bibelen siger, at man skal bede uden ophør. Jeg bad konsekvent og fastede for vækkelse over hele Indien. Mit land var ved at gennemgå en åndelig metamorfose for Herren Jesus.

Pastor Chackos hjemmeside er: http://www.cjcindia.org/index.html

Kapitel 19

Ministerium i Gujarat!

I slutningen af 1990'erne besøgte jeg byen Ahmedabad i delstaten Gujarat. Under mit sidste besøg i Mumbai, Indien, følte jeg en tilfredsstillelse ved arbejdet der. Senere på turen besøgte jeg byen Ahmedabad og var vidne til det. Jeg vidste, at de fleste mennesker var trinitariske. Alle mine kontakter var trinitarier. Jeg bad i mange år om at bringe denne sandhed til landet Indien. Min første bøn var, at jeg ville vinde nogen som Paulus eller Peter, så mit arbejde ville blive lettere og fortsætte. Jeg beder altid med en plan og en vision. Før jeg besøger et sted, beder og faster jeg, især når jeg skal til Indien. Jeg beder og faster altid i tre dage og nætter uden mad eller vand, eller indtil jeg bliver fyldt med ånd. Det er den bibelske måde at faste på.

Ester 4:16 Gå hen og saml alle de jøder, der er i Sushan, og fast for mig; i tre dage må I hverken spise eller drikke, hverken dag eller nat: Jeg og mine piger vil også faste, og sådan vil jeg gå ind til kongen, hvilket ikke er i overensstemmelse med loven; og hvis jeg går til grunde, går jeg til grunde.

Jonas 3:5 Så troede folket i Nineve Gud og udråbte en faste og tog sækkelærred på, fra den største af dem til den mindste af dem. 6 For ordet kom til kongen af Nineve, og han rejste sig fra sin trone og lagde sin kappe fra sig og dækkede sig med sækkelærred og satte sig i aske. 7 Og han lod det proklamere og offentliggøre i Nineve ved kongens og hans adels dekret og sagde: Lad hverken menneske eller dyr, flok eller hjord, smage noget; lad dem ikke fodre eller drikke vand:

Indien har været opslugt af åndeligt mørke. Man turde ikke tage derhen, medmindre man var fuld af Guds Ånd. For nogle år siden, i 1990'erne, introducerede de mig til Bro. Christian på en eller anden trinitarisk teologisk universitetscampus. Under det besøg blev jeg angrebet af de fleste af treenighedens præster. Det var mit første møde med Broder Christian. I stedet for at sige pris Herren! spurgte jeg ham: "Hvad prædiker du?" "Døber du i Jesu navn"? Han svarede: "Ja". Jeg ville vide, hvordan han var kommet til at kende denne sandhed. Så han sagde: "Gud åbenbarede sandheden, mens jeg tilbad Gud en tidlig morgen på det sted, der hedder Malek Saben Stadium. Gud talte tydeligt til mig om Jesus' navnedåb.

Under dette besøg printede og uddelte jeg over et par tusinde brochurer, der forklarede vanddåben i Jesus. Det gjorde de religiøse kirkelige autoriteter vrede. Religiøse ledere begyndte at prædike imod mig. De sagde: "Absolut, smid hende ud af dit hus. Uanset hvor jeg gik hen, talte de alle imod mig. Sandheden gør djævelen vred, men Guds ord siger: "Og I skal kende sandheden, og sandheden skal sætte jer fri". Mødet med Bro. Christian hjalp mig med at sprede sandheden. Pris Gud for at sende en enhedspræst, der ville undervise og forkynde det sande evangelium til Indien.

Efter dette besøg i Indien i 1999 blev jeg handicappet, og jeg kunne ikke tage tilbage til Indien. Men arbejdet var ved at **blive etableret**. Snart glemte alle de mennesker, der havde talt imod mig, mig, og de er nu gået bort. Mens jeg var fysisk handicappet, indspillede jeg alle Search for Truth-, oneness- og doktrinære cd'er og gav dem væk gratis. Jeg sad i kørestol og mistede min hukommelse, så jeg udvidede min tjeneste ved at indspille bøger. Det var svært at sidde ned, men med Herrens hjælp gjorde jeg, hvad jeg ikke kunne fysisk. At stole på Herren vil føre dig til nye veje og motorveje. Vi står over for alle udfordringer. Guds kraft er så fantastisk, at intet kan stoppe salvelsen. Det budskab, der blev kæmpet så hårdt imod, blev nu spillet i hjemmene på indspillede cd'er. Gud være lovet! Det var til min glæde og forbløffelse, at mange mennesker kendte til den bibelske lære og Guds enhed.

Jeg havde bedt og fastet i mange år for, at Indien skulle få kærlighed til sandheden. Og at evangeliet om Jesus ville blive forkyndt frit i alle Indiens stater. Jeg havde et stærkt ønske om at bringe viden om sandheden til dem gennem oversættelse af bibelstudier fra engelsk til gujarati. Gujarati er det talte sprog i denne stat. Jeg fandt oversættere i Indien, som var ivrige efter at hjælpe mig med oversættelsen af disse bibelstudier. En af disse oversættere, som selv var præst, ønskede at ændre skriften fra den bibelske dåb i den apostolske oldkirke ved at udelade navnet Jesus til Fader, Søn og Helligånd. Det er titlen på den ene sande Gud. Det blev svært at stole på, at min oversætter ville holde Guds ord korrekt. Bibelen advarer os tydeligt om ikke at tilføje eller fjerne noget fra de hellige skrifter. Fra Det Gamle Testamente til Det Nye Testamente må vi ikke ændre Guds ord på grund af menneskers fortolkning. Vi må kun følge Jesu eksempler og apostlenes og profeternes lære.

Efeserne 2:20 og er bygget på apostlenes og profeternes grundvold, idet Jesus Kristus selv er hovedhjørnestenen;

Det var disciplene, der gik ud og prædikede og underviste i evangeliet om Jesus. Vi må følge apostlenes lære og tro på, at Bibelen er Guds ufejlbarlige og autoritative ord.

4 Mosebog 1 Hør nu, Israel, på de love og domme, som jeg lærer dig at holde, så du kan leve og drage ind og tage det land i besiddelse, som Herren, dine fædres Gud, giver dig. 2 I skal ikke lægge noget til det ord, jeg befaler jer, og I skal ikke tage noget fra det, for at I kan holde Herren jeres Guds bud, som jeg befaler jer.

Jeg vælger her at sige, at der er stor forskel på, hvad vi tror er sandheden i dag, og hvad den tidlige kirke lærte. Selv i den tidlige kirkehistorie var der allerede nogle, der vendte sig væk fra den sunde lære ifølge Paulus' breve til menighederne. Mange versioner af Bibelen er blevet ændret, så de passer til djævelens doktrin. Jeg foretrak KJV, da det er en 99,98% nøjagtig oversættelse tæt på de originale skriftruller.

Læs og undersøg omhyggeligt de følgende skriftsteder:

2 Peter 2:1 Men der var også falske profeter blandt folket, ligesom der skal være falske lærere blandt jer, som i al hemmelighed skal komme med fordømmelige kætterier, ja, fornægte Herren, som har købt dem, og bringe hurtig fortabelse over sig selv. 2 Og mange skal følge deres skadelige veje; på grund af dem skal sandhedens vej blive talt ondt om. 3 Og gennem begærlighed skal de med falske ord gøre handel med jer; hvis dom nu i lang tid ikke trækker ud, og deres fortabelse ikke slumrer ind.

Med åbenbaringen af Jesu identitet gav den apostlen Peter nøglerne til Riget og holdt sin første prædiken på pinsedagen. De advarede os om bedragere, der har en form for gudsfrygt og ikke følger apostlenes og profeternes lære. En gudstroende kan ikke være Antikrist, da de vidste, at Jehova vil komme i kød en dag.

2 John 1:7 For der er kommet mange bedragere til verden, som ikke bekender, at Jesus Kristus er kommet i kødet. Dette er en bedrager og en antikrist. 8 Se til jer selv, at vi ikke mister det, vi har gjort, men at vi får en fuld belønning. 9 Den, der overtræder og ikke forbliver i Kristi lære, har ikke Gud. Den, der bliver i Kristi lære, han har både Faderen og Sønnen. 10 Hvis der kommer nogen til jer og ikke bringer denne lære, så tag ikke imod ham i jeres hus, og sig ham ikke god vind. 11 For den, der siger ham god vind, er delagtig i hans onde gerninger.

Der var mange konferencer i Indien, hvor prædikanter kom fra Stockton Bible College og andre stater for at levere budskabet om at blive født på ny. Pastor McCoy, som havde et kald til at prædike i Indien, gjorde et vidunderligt stykke arbejde med at prædike mange steder i Indien. Med mange timers bøn og faste er succesen for den indiske tjeneste fortsat siden år 2000. Jeg huskede, at jeg ringede til en præst, pastor Miller, som lederen af Foreign Mission Asia havde henvist mig til. Da jeg ringede hjem til ham, fortalte han mig, at han var ved at ringe til mig for at fortælle mig, at han havde været i Calcutta og Vestbengalen seks måneder tidligere. Han ville også gerne have været i Ahmedabad, men på grund af sygdom var han vendt tilbage til USA. Pastor Miller sagde nådigt, at han gerne ville tilbage til Indien, men at han måtte bede om det og spørge Gud, om hans kald var til dette land. Han vendte tilbage til Indien for anden gang og prædikede ved to generalkonferencer. Gud bevægede sig mægtigt med gujarati-folket i denne stat.

Pastor Christian sagde, at det var meget svært at etablere Guds arbejde i denne stat. Bed for prædikanterne, som står over for en enorm kamp. Herren udfører et stort arbejde i delstaten Gujarat. Djævelen kæmper ikke mod de vantro, for han har dem allerede! Han angriber dem, der har sandheden; Herrens trofaste udvalgte. Jesus betalte prisen med sit blod, så vi kan få forladelse eller tilgivelse for vores synder. Djævelen vil kæmpe endnu stærkere mod ministeriet (præsterne) ved at angribe både mænd og kvinder. Djævelen bruger alle perverterede midler til at bringe dem i en falden tilstand af synd og fordømmelse.

Johannes 15:16 I har ikke udvalgt mig, men jeg har udvalgt jer og indsat jer, for at I skal gå ud og bære frugt, og for at jeres frugt skal blive, for at alt, hvad I beder Faderen om i mit navn, skal han give jer.

En gang frelst, altid frelst er også en af djævelens løgne. Mellem 1980 og 2015 besøgte jeg Indien et par gange. Der var sket mange forandringer i dette land. Når du starter et arbejde for Gud, skal du huske, at du gør Jesu disciple, hvilket er fortsættelsen af det arbejde, som Jesus og hans disciple startede. Vi ville have vundet verden nu, hvis vi fortsatte med at følge Jesu Kristi evangelium.

I 2013 flyttede han mig efter Guds plan til en kirke i Dallas, Tax. Jeg sad under Guds sande profet. Han havde ni gaver fra Guds Ånd. Han får viden om dit navn, adresse, telefonnummer osv. nøjagtigt ved hjælp af Helligånden. Det var nyt for mig. I 2015, en søndag morgen, kiggede min præst i Dallas, Texas, på mig og sagde: Jeg ser en engel, der åbner en stor dør, som ingen kan lukke. Han kaldte mig ud og spurgte, om jeg skulle til Filippinerne? Han sagde, at jeg hverken så sorte eller hvide mennesker der. Da han fik yderligere information fra Helligånden, spurgte han så, om du skulle til Indien? Helligånden talte til ham og sagde, at jeg ville prædike for hinduerne. På det tidspunkt var de kristne i Indien i fare. Hinduerne angreb de kristne ved at brænde deres helligdomme og banke Jesu præster og helgener.

Jeg troede på profetien, så jeg adlød Guds stemme og rejste til Indien. Da jeg nåede frem til Badlapur College, var 98% af de studerende hinduer, der var konverteret til kristendommen. Det forbløffede mig at høre deres vidnesbyrd om, hvordan Gud bringer mennesker ud af mørket til lyset. Gennem deres vidnesbyrd lærte jeg en masse om hinduismen. Det forbløffede mig at høre, at de tror på 33 millioner og flere guder og gudinder. Jeg kunne ikke forstå, hvordan man kan tro, at der er så mange guder og gudinder.

I 2015 vendte jeg tilbage til Badlapur i Bombay efter 23 år for at undervise på bibelskolen. Der var jeg præst for bibelskolens oversætter, broder Sunil. Broder Sunil var i en overgangsfase. Bror Sunil var modløs og vidste ikke, at Gud var ved at ændre hans retning, og han var modløs. Mens jeg arbejdede med ham, vidste jeg, at han havde sandheden og en kærlighed til den. Afvig aldrig fra Bibelens sandhed. Lad Helligånden lede, vejlede, undervise og give dig kraft til at bevidne mirakler og helbredelser. Indien har stadig brug for mange arbejdere, sande profeter og lærere. Bed venligst om, at Gud sender mange arbejdere til Indien.

På denne missionstur besøgte jeg en by ved navn Vyara i det sydlige Gujarat. Jeg hørte om en stor vækkelse, der var i gang i det sydlige Gujarat. Gud åbnede døren for mig, så jeg kunne besøge byen. Jeg var meget begejstret for at være der, og jeg mødte mange afgudsdyrkere, som nu vender sig til den eneste sande Gud. Det er, fordi de har modtaget helbredelse, udfrielse og frelse gennem Jesu navn. Hvor er vores Gud dog stor!

Mange mennesker beder og faster for Indien. Bed venligst for en vækkelse. Under besøget i Vyara inviterede pastoren mig hjem til sig selv. Jeg bad for ham, og mange af de ånder, der stod i vejen, forsvandt. Efter det var han fri for bekymring, tvivl, tunghed og frygt. Gud profeterede gennem mig, at vi skulle bygge et hus til bøn. Præsten sagde, at vi ikke havde nogen penge. Gud fortalte mig, at han ville sørge for det. Inden for et år havde de et stort, smukt bedehus, og vi betalte det af. Guds ord kommer ikke ugyldigt tilbage.

Jeg gjorde det på "hans måde"

Under mit sidste besøg i Indien i 2015, talte jeg med mange hinduer, der var konverteret til kristendommen i forskellige stater. Jeg tjente også mange ikke-kristne, som oplevede tegn og undere i Jesu navn og blev forbløffede. Jeg så mange års bøn med fastesvar for Indien. Gud være lovet! Siden jeg modtog åbenbaringen af denne sandhed, har jeg arbejdet uafbrudt for at give denne information gennem cd'er, lyd, video, YouTube-kanal og bøger til landet Indien. Vores hårde arbejde er ikke forgæves!

Senere hørte jeg, at bror Sunil havde accepteret sit kald som pastor for Bombay og de omkringliggende byer. Nu arbejder jeg sammen med pastor Sunil og andre steder, jeg besøgte i 2015. Vi har etableret mange fristeder i delstaterne Maharashtra og Gujarat. Selv i dag fortsætter jeg med at oplære de nyomvendte i disse stater. Jeg støtter dem gennem bøn og undervisning. Jeg støtter Guds arbejde i Indien økonomisk.

Mange af disse mennesker går til heksedoktorer, når de er syge, men de bliver ikke helbredt. Så de ringer til mig hver morgen, og jeg prædiker, beder og driver dæmonerne ud i Jesu navn. De bliver helbredt og udfriet i Jesu navn. Vi har mange nyomvendte i forskellige stater. Efterhånden som de bliver helbredt og udfriet, går de ud og vidner over for deres familier, venner og landsbyer for at bringe andre til Kristus. Mange af dem beder mig om at sende et billede af Jesus. De siger, at vi gerne vil se Gud, som helbreder, udfrier, sætter fri og giver frelse gratis. Guds arbejde kan fortsætte, hvis vi har arbejdere. Mange af dem arbejder på gården. Mange er analfabeter, så de lytter til optagelser af Det Nye Testamente og bibelstudier. Det hjælper dem til at kende og lære om Jesus.

Den sidste lørdag i november 2015 i Indien kom jeg sent hjem fra min tjeneste. Jeg var fast besluttet på at blive hjemme søndag og mandag for at pakke og forberede mig på min videre rejse til De Forenede Arabiske Emirater. Som præsten i Dallas profeterede over mig: "Jeg så en engel åbne en enorm dør, som ingen kan lukke". Det viste sig, at selv jeg ikke kunne lukke den dør. Sent lørdag aften modtog jeg et telefonopkald med en invitation til at deltage i søndagens gudstjeneste, men det passede ikke ind i min kalender, så jeg prøvede at forklare dem det, men de ville ikke tage et nej for et nej. Jeg havde intet andet valg end at tage af sted. Næste morgen satte de mig af ved helligdommen kl. 9, men den startede kl. 10. Jeg var alene, og en musiker var i gang med at øve sine sange.

Mens jeg bad, så jeg mange ånder fra de hinduistiske guder og gudinder i helligdommen. Jeg undrede mig over, hvorfor der var så mange af dem på dette sted. Omkring klokken 10 begyndte præsten og medlemmerne at ankomme. De hilste på mig ved at give mig hånden. Da pastoren gav mig hånden, fik jeg det med det samme mærkeligt i hjertet. Jeg følte, at jeg var ved at kollapse. Senere fortalte Helligånden mig, at pastoren var under angreb af de dæmoner, du så tidligere. Jeg begyndte at bede og bad Gud om at give mig lov til at tjene denne pastor. Midt i gudstjenesten bad de mig om at komme op og tale. Mens jeg gik hen mod prædikestolen, bad jeg og bad Herren om at tale gennem mig. Da jeg fik mikrofonen, forklarede jeg, hvad Gud havde vist mig, og hvad der var sket med pastoren. Da pastoren knælede, bad jeg menigheden om at række hånden frem mod ham for at bede. I mellemtiden lagde jeg min hånd på ham og bad, og alle dæmonerne forlod ham. Han vidnede om, at han havde været på skadestuen aftenen før. Han havde fastet og bedt for unge mennesker. Det var derfor, han var under dette angreb. Ære være Gud! Hvor er det vigtigt at være i pagt med Guds Ånd! Hans ånd taler til os.

Derfra tog jeg til De Forenede Arabiske Emirater den 1. december 2015. Jeg prædikede i Dubai og Abu Dhabi for hinduerne, og de oplevede også Guds kraft. Efter at have afsluttet min opgave vendte jeg tilbage til Dallas, Texas.

Gud være lovet!

Mine YouTube-kanaler:Daglig spirituel kost:

1. youtube.com/@dailyspiritualdietelizabet7777/videos
2. youtube.com/@newtestamentkjv9666/videos mp3
3. Hjemmeside: https://waytoheavenministry.org

Kapitel 20

Vor sjæls hyrde: Lyden af trompeten

Jeg er den gode hyrde og kender mine får og er kendt af mine får.
(Johannes 10,14)

Jesus er vores sjæls hyrde. Vi er kød og blod med en levende sjæl. Vi er kun på denne jord et øjeblik i Guds tid. Om et øjeblik, i et glimt af et øje, vil det hele være forbi med lyden af "trompeten", når vi vil blive forvandlet.

"Men jeg vil ikke have, at I skal være uvidende, brødre, om dem, der er sovet ind, så I ikke sørger som andre, der ikke har noget håb. For hvis vi tror, at Jesus døde og opstod, så vil Gud også føre dem, der sover i Jesus, sammen med ham. For det siger vi jer ved Herrens ord, at vi, der lever og bliver tilbage til Herrens komme, ikke skal forhindre dem, der er sovet ind. For Herren selv skal stige ned fra himlen med et råb, med ærkeenglens røst og med Guds basun, og de døde i Kristus skal opstå først: Derefter skal vi, som lever og bliver tilbage, rykkes op sammen med dem i skyerne for at møde Herren i luften, og sådan skal vi altid være sammen med Herren. Trøst derfor hinanden med disse ord." (1. Thessalonikerbrev 4:13-18)

Kun de, der har Guds Ånd (Helligånden), vil blive levendegjort og oprejst for at være sammen med Herren. De døde i Kristus vil blive kaldt op først, og derefter vil de, der er i live, blive rykket op i luften for at møde vores Herre Jesus i skyerne. Vores dødelige kroppe vil blive forvandlet til at være sammen med Herren. Når hedningernes tid er forbi, vil de, der ikke har Helligånden, blive efterladt og gå en tid med stor sorg og trængsel i møde.

"Men i de dage, efter den trængsel, skal solen formørkes, og månen skal ikke give sit lys, og himlens stjerner skal falde, og de kræfter, der er i himlen, skal rystes. Og så skal de se Menneskesønnen komme i skyerne med stor kraft og herlighed. Og Da skal han sende sine engle og samle sine udvalgte fra de fire vinde, fra jordens yderste kant til himlens yderste kant." (Markus 13:24-27)

Mange vil gå fortabt, fordi de ikke havde frygt (respekt) for Gud til at tro på hans ord, så de kunne blive frelst. Frygt for Herren er begyndelsen til visdom. Kong David skrev: "Herren er mit lys og min frelse, hvem skal jeg frygte? Herren er mit livs styrke, hvem skal jeg være bange for? David var i sandhed en mand efter Guds hjerte. Da Gud formede mennesket af jordens støv, blæste han livets ånde ind i dets næsebor, og mennesket blev en levende sjæl. Kampen står om sjælen; ens sjæl kan være på vej til Gud eller til helvede.

*"Og frygt ikke dem, der dræber kroppen, men ikke er i stand til at dræbe **sjælen**; men frygt snarere ham, der er i stand til at ødelægge både sjæl og krop i **helvede**." (Matthæus 10:28)*

På den dag vil mange vide, hvad der var for svært for dem at acceptere i dag. Det vil være for sent at vende livets sider, da mange vil stå foran den levende Gud for at aflægge regnskab.

"Nu siger jeg jer, brødre, at kød og blod ikke kan arve Guds rige, og at forkrænkelighed ikke kan arve uforkrænkelighed. Se, jeg siger jer en gåde: Vi skal ikke alle sove, men vi skal alle forvandles, på et øjeblik, på et øjeblik, ved den sidste basun; for basunen skal lyde, og de døde skal opstå uforgængelige, og vi skal forvandles. For dette

forgængelige skal blive til uforgængelighed, og dette dødelige skal blive til udødelighed. Så når dette forgængelige er blevet til uforgængelighed, og dette dødelige er blevet til udødelighed, da skal det ske, som der står skrevet: Døden er opslugt af sejr. O død, hvor er din brod? O grav, hvor er din sejr? Dødens brod er synden, og syndens styrke er loven. Men Gud ske tak, som giver os sejren ved vor Herre Jesus Kristus." (Første Korintherbrev 15:50-57)

Hvad vil vi blive "reddet" fra? Et evigt helvede i en sø, der brænder med ild. Vi tager sjæle væk fra djævelens kløer. Dette er en åndelig krigsførelse, som vi kæmper på denne jord. Vi vil blive dømt af Guds Ord (Bibelens 66 bøger), og Livets Bog vil blive åbnet.

"Og jeg så en stor hvid trone og ham, der sad på den, for hvis ansigt jorden og himlen flygtede bort, og der blev ikke fundet plads til dem. Og jeg så de døde, små og store, stå for Gud; og bøgerne blev åbnet; og en anden bog blev åbnet, som er livets bog; og de døde blev dømt ud fra det, der var skrevet i bøgerne, efter deres gerninger. Og havet opgav de døde, som var i det, og døden og helvede opgav de døde, som var i dem, og de blev dømt hver især efter deres gerninger. Og døden og helvede blev kastet i ildsøen. Dette er den anden død. Og enhver, som ikke fandtes skrevet i livets bog, blev kastet i ildsøen." (Johannes' Åbenbaring 20:11-15)

Jeg begyndte at tænke på mænd som Moses, kong David, Josef, Job og listen fortsætter. Jeg nød ikke al den smerte, jeg oplevede, og jeg forstår ikke, hvorfor der er så megen lidelse i kristendommen. Jeg er langt fra at være som disse mænd, som er vores eksempler, og som giver os inspiration til at gå troens vej. Guds ord sejrer selv midt i lidelse og smerte. I prøvelsens, sygdommens og nødens stund kalder vi mest på Gud. Det er en mærkelig, men vidunderlig tro, at kun Gud ved, hvorfor han har valgt denne vej. Han elsker os så højt, og alligevel har han givet os muligheden for selv at vælge, om vi vil tjene og elske ham. Han leder efter en lidenskabelig brud. Ville du gifte dig med en, der ikke var passioneret omkring dig? Dette kapitel er skrevet som en opmuntring til at overvinde de ting, der vil forhindre dig i at opnå evigt liv. Kærlighedens, barmhjertighedens og nådens Gud vil blive til dommens Gud. Nu er det tid til at sikre din frelse og undslippe helvedes flammer. Vi må vælge, som Josva valgte i Josvas bog.

Og hvis det forekommer jer ondt at tjene Herren, så vælg i dag, hvem I vil tjene, enten de guder, som jeres fædre tjente på den anden side af syndfloden, eller amoritternes guder, i hvis land I bor; men jeg og mit hus vil tjene Herren. (Josva 24:15)

"Og se, jeg kommer snart, og min løn er med mig, for at give enhver, hvad han har gjort. Jeg er Alfa og Omega, begyndelsen og enden, den første og den sidste. Salige er de, som holder hans bud, for at de kan få ret til livets træ og gå ind gennem porten til byen." (Johannes' Åbenbaring 22:12-14)

Alle ønsker at gå gennem porten ind til den by, som Gud har forberedt til os, men vi skal have en klædning, der er pletfri og uden fejl, før vi kan komme ind. Dette er åndelig krigsførelse, "kæmpet og vundet" på vores knæ i bøn. Vi har kun ét liv på denne jord og kun én god kamp! Det eneste, vi kan tage med os til den by, er sjælene af dem, vi har vidnet for, som accepterede evangeliet om vores Herre og Frelser Jesus Kristus, og som adlød Kristi lære. For at kende Ordet må vi læse det, og at læse Ordet er at forelske sig i ophavsmanden til vores frelse. Jeg takker min Herre og Frelser for at lede mine skridt fra Indien til Amerika og vise mig sine veje, for de er fuldkomne.

Dit ord er en lygte for mine fødder og et lys på min sti.
(Salme 119:105)

Kapitel 21

Ministerium på arbejde

Da jeg modtog Helligånden, skete der store forandringer i mit liv.

Men I skal få kraft, efter at Helligånden er kommet over jer, og I skal være mine vidner både i Jerusalem og i hele Judæa og i Samaria og indtil jordens yderste grænser. (Apostlenes Gerninger 1:8)

Jeg forsøgte at være præst på mit arbejde for mine kolleger; jeg vidnede, og hvis de havde et problem, bad jeg for dem. Mange gange kom de hen til mig og fortalte mig om deres situation, og jeg bad for dem. Hvis de var syge, lagde jeg hænderne på dem og bad for dem. I mange år vidnede jeg for dem. Mit eget liv var et stort vidnesbyrd, og Gud arbejdede med mig og bekræftede gennem helbredelse, udfrielse, rådgivning og trøst til dem.

Og han sagde til dem: Gå ud i alverden og prædik evangeliet for hver skabning. Den, der tror og bliver døbt, skal blive frelst; men den, der ikke tror, skal blive fordømt. Og disse tegn skal følge dem, der tror: I mit navn skal de uddrive djævle, de skal tale med nye tunger, de skal optage slanger, og hvis de drikker noget dødbringende, skal det ikke skade dem, de skal lægge hænderne på de syge, og de skal blive raske. Og da Herren havde talt til dem, blev han taget op til himlen og satte sig på Guds højre side. Og de gik ud og prædikede overalt, Herren arbejdede med dem og bekræftede ordet med tegn, der fulgte. Amen. (Markus 16:15-20)

Uanset hvor jeg bad, om de blev helbredt eller udfriet, talte jeg med dem om evangeliet. Evangeliet er Jesu død, begravelse og opstandelse. Det betyder, at vi skal omvende os fra alle synder, eller at vi dør til vores kød ved at omvende os. Det andet trin er, at vi bliver begravet i Jesu navn i dåbens vand for at modtage syndernes forladelse eller tilgivelse for vores synd. Vi kommer op af vandet og taler i nye tunger ved at modtage hans ånd, som også kaldes Åndens dåb eller Helligånden.

Mange hørte og adlød det også.

Jeg vil gerne opmuntre dig ved at give dig mit vidnesbyrd om, hvordan Jesus virkede mægtigt på min arbejdsplads. Vores arbejdsplads, hvor vi bor eller hvor som helst, er en mark, hvor vi kan plante frøet af Guds ord.

En veninde blev helbredt for kræft, og hendes mor vendte sig til Herren, da hun døde.

Jeg havde en god veninde ved navn Linda på mit arbejde. I år 2000 var jeg meget syg. En dag ringede min veninde til mig og sagde, at hun også var meget syg og havde gennemgået en operation. I det første år af vores venskab afviste hun evangeliet og sagde til mig, at jeg ikke ville have din bibel eller dine bønner, jeg har min egen gud. Jeg blev ikke såret, men hver gang hun klagede over sygdom, tilbød jeg at bede, og hun sagde altid "nej". Men en dag havde hun en uudholdelig smerte i ryggen, og pludselig fik hun også en smerte i knæet. Det var en endnu større smerte end i hendes ryg. Hun klagede, og jeg spurgte, om jeg måtte bede for hende. Hun sagde: "Gør, hvad der skal til". Jeg benyttede lejligheden til at lære hende, hvordan man irettesætter denne smerte i Herren Jesu navn. Hendes smerte var uudholdelig; hun begyndte straks at irettesætte smerten i Herren Jesu navn, og smerten forsvandt med det samme.

Jeg gjorde det på "hans måde"

Men denne helbredelse ændrede ikke hendes hjerte. Gud bruger lidelse og problemer til at blødgøre vores hjerte. Det er den tugtelsesstav, han bruger til sine børn. En dag ringede Linda til mig og græd over, at hun havde et stort sår på halsen, og at det gjorde meget ondt. Hun tiggede mig om at bede. Jeg var mere end glad for at bede for min gode ven. Hun blev ved med at ringe til mig hver time for at få trøst og sagde: "Kan du komme hjem til mig og bede"? Den eftermiddag modtog hun et telefonopkald, der fortalte hende, at hun havde fået konstateret kræft i skjoldbruskkirtlen. Hun græd meget, og da hendes mor hørte, at hendes datter havde kræft, brød hun bare sammen. Linda var fraskilt og havde en lille søn.

Hun insisterede på, at jeg skulle komme og bede for hende. Jeg blev også så såret over at høre denne beretning. Jeg begyndte inderligt at lede efter nogen, der kunne køre mig hjem til hende, så jeg kunne bede for hende. Gud være lovet, at hvis der er en vilje, så er der en vej.

Min bønnepartner kom fra arbejde og tog mig med hjem til hende. Linda, hendes mor og hendes søn sad og græd. Vi begyndte at bede, og jeg følte ikke så meget, men jeg troede på, at Gud ville gøre noget. Jeg tilbød at bede igen. Hun sagde" :*Ja, bed hele natten*, jeg har ikke noget imod det." Mens jeg bad anden gang, så jeg et stærkt lys komme fra døren, selv om døren var lukket, og mine øjne var lukkede. Jeg så Jesus komme gennem døren, og jeg ville åbne mine øjne, men han sagde bliv"*ved med at bede*".

Da vi var færdige med at bede, smilede Linda. Jeg vidste ikke, hvad der var sket, siden hendes ansigtsudtryk havde ændret sig. Jeg spurgte hende: "*Hvad skete der?*" Hun sagde: "*Liz, Jesus er den sande Gud.*" Jeg sagde: "*Ja, det har jeg sagt til dig de sidste 10 år, men jeg vil gerne vide, hvad der er sket.*" Hun sagde: "*Min smerte er helt væk.*" "*Vær sød at give mig kirkens adresse, jeg vil gerne døbes.*" Linda gik med til at lave et bibelstudie med mig, og så blev hun døbt. Jesus brugte denne lidelse til at få hendes opmærksomhed.

Se på min lidelse og min smerte, og tilgiv alle mine synder.
(Salme 25,18).

Gud være lovet! Du må ikke give op på din elskede. Bliv ved med at bede dag og nat, en dag vil Jesus svare, hvis vi ikke svigter.

Og lad os ikke blive trætte af at gøre godt; for når tiden er inde, skal vi høste, hvis vi ikke svigter. (Galaterne 6:9)

På sin mors dødsleje ringede Linda til mig, så jeg kunne besøge hende. Hun skubbede mig i min kørestol ind på hendes hospitalsstue. Da vi tog os af hendes mor, omvendte hun sig og råbte til Herren Jesus om tilgivelse. Næste dag var hendes stemme helt væk, og den tredje dag døde hun.

Min veninde Linda er en god kristen nu. Lovet være Herren!

Min kollega fra Vietnam:

Hun var en sød dame og havde altid en meget smuk ånd over sig. En dag var hun syg, og jeg spurgte, om jeg måtte bede for hende. Hun tog imod mit tilbud med det samme. Jeg bad, og hun blev helbredt. Den næste dag sagde hun: "Hvis det ikke er for meget besvær, så bed for min far." Hendes far havde været syg hele tiden i de sidste par måneder. Jeg fortalte hende, at jeg med glæde ville bede for hendes far. Jesus i sin barmhjertighed rørte ved ham og helbredte ham fuldstændigt.

Senere så jeg hende syg og tilbød at bede for hende igen. Hun sagde: Du skal"*ikke gøre dig den ulejlighed at bede for mig*", men hendes ven, der arbejder som mekaniker på et andet skift, har brug for bøn. Han kunne ikke sove hverken dag eller nat; denne sygdom kaldes Fatal Insomnia. Hun fortsatte med at give mig oplysninger og var meget bekymret for denne herre. Lægen havde givet ham høje doser medicin, men intet hjalp. Jeg sagde: "*Jeg er mere end glad for at bede.*" Hver aften efter arbejde bad jeg næsten halvanden time for alle bønneønskerne og for mig selv. Da jeg begyndte at bede for denne mand, lagde jeg mærke til, at jeg ikke sov godt. Jeg kunne pludselig høre nogen klappe i mit øre eller en høj lyd, som vækkede mig næsten hver nat, siden jeg var begyndt at bede for ham.

Jeg gjorde det på "hans måde"

Et par dage senere, da jeg havde fastet, kom jeg hjem fra kirke og lagde mig i min seng. Pludselig kom der til min overraskelse noget gennem væggen over mit hoved og gik ind på mit værelse. Tak Gud for Helligånden. Med det samme talte Helligånden gennem min mund: "Jeg binder dig i Jesu navn". Jeg vidste i ånden, at noget var bundet, og kraften blev brudt i Jesu navn.

Sandelig siger jeg jer: Alt, hvad I binder på jorden, skal være bundet i himlen, og alt, hvad I løser på jorden, skal være løst i himlen. (Matthæus 18:18)

Jeg vidste ikke, hvad det var, og senere, mens jeg arbejdede, begyndte Helligånden at afsløre, hvad der var sket. Så vidste jeg, at der var dæmoner, som kontrollerede mekanikeren og ikke lod ham sove. Jeg bad min veninde på arbejdet om at finde ud af, hvordan det stod til med hendes vens søvn. Senere kom hun tilbage til mit arbejdsområde med mekanikeren. Han fortalte mig, at han sov godt og ville takke mig. Jeg sagde: Vær"*sød at takke Jesus.*" "Det **er ham, der har udfriet dig**." Senere gav jeg ham en bibel og bad ham om at læse og bede hver dag.

Der var mange mennesker i deres familie, der vendte sig til Jesus på mit arbejde. Det var en fantastisk tid for mig at vidne for mange forskellige nationaliteter af mennesker.

Jeg vil takke dig i den store menighed: Jeg vil prise dig blandt mange mennesker. (Salme 35:18)

Jeg vil prise dig, min Gud, o konge, og jeg vil velsigne dit navn for evigt og altid. (Salme 145:1)

Kapitel 22
At lære hans veje ved at adlyde hans stemme

Fandt denne smukke sandhed i 1982. Et par år senere besluttede jeg mig for at besøge Indien. Mens jeg var der, besluttede min veninde Dinah og jeg at tage på sightseeing i byen Udaipur. Sidst på dagen gik vi tilbage til vores hotelværelse, som vi delte. På vores værelse var der et billede på væggen af en falsk gud, der blev tilbedt i Indien. Som du ved, har Indien mange guder. Bibelen taler om den eneste sande Gud, og hans navn er Jesus.

Jesus siger til ham: Jeg er vejen, sandheden og livet; ingen kommer til Faderen uden ved mig. (Johannes 14:6)

Pludselig hørte jeg en stemme sige til mig: *"Fjern billedet fra væggen."* Eftersom jeg har Helligånden, var min tanke: *"Jeg er ikke bange for noget, og intet kan skade mig."* Så jeg var ulydig mod denne stemme og tog ikke billedet ned.

Da vi lå og sov, fandt jeg pludselig mig selv siddende i sengen; jeg vidste, at en engel havde lokket mig i en fælde. Gud åbnede mine åndelige øjne, og jeg så en enorm sort edderkop komme ind gennem døren. Den kom kravlende hen over mig, min veninde og hendes søn.

Og den gik hen mod min kjole, som hang op ad væggen, og forsvandt lige for øjnene af mig. I det øjeblik mindede Herren mig om det skriftsted, der siger, at man aldrig skal give plads til Djævelen.

Giv heller ikke plads til djævelen. (Efeserne 4:27)

Med det samme rejste jeg mig og tog billedet ned og vendte det om. Fra den dag indså jeg, at Gud er en hellig Gud. Hans bud, som han har givet os, vil holde os beskyttede og velsignede, så længe vi altid adlyder og holder dem.

På det tidspunkt, hvor jeg arbejdede, kom jeg altid hjem og følte mig åndeligt drænet. En dag talte Jesus til mig og sagde: Tal i"*tunger i en halv time, lovpris og tilbed i en halv time, og læg hånden over hovedet og tal i tunger i en halv time.*" Det blev mit daglige bønsliv.

En dag kom jeg hjem fra arbejde efter midnat. Jeg begyndte at gå rundt i mit hus og bede. Jeg kom til et bestemt hjørne af mit hus og så en dæmon med mine åndelige øjne. Jeg tændte lyset og tog mine briller på for at se, hvorfor denne dæmon var her? Pludselig huskede jeg, at jeg tidligere på dagen havde dækket aftrykkene og gudernes navne, som var på en majsoliekasse. På en eller anden måde havde jeg overset aftrykket af denne falske gud. Jeg hentede straks den permanente tusch og dækkede det til.

I Bibelen står der, at Jesus har givet os myndighed til at binde og uddrive onde ånder. Den aften brugte jeg autoriteten, åbnede døren og sagde til dæmonen: "*I Jesu navn befaler jeg dig at gå ud af mit hus og aldrig vende tilbage!*" Dæmonen forsvandt med det samme.

Gud være lovet! Hvis vi ikke kender Guds ord, kan vi tillade dæmoner at komme ind i vores hus gennem blade, aviser, fjernsyn og endda gennem legetøj. Det er meget vigtigt at vide, hvad vi bringer ind i vores hjem.

Et andet eksempel er, at jeg var meget syg og ikke kunne gå, så jeg var afhængig af familie og venner for at kunne købe ind og sætte dem på plads. En morgen vågnede jeg og følte, at nogen holdt mig for munden, jeg var bundet.

Jeg spurgte Gud, hvorfor jeg følte sådan. Han viste mig symbolet på hagekorset. Jeg spekulerede på, hvor jeg skulle finde dette symbol. Jeg gik hen til køleskabet, og så snart jeg åbnede døren, så jeg hagekorssymbolet på en købmandsvarer, som min søster havde bragt dagen før. Jeg takkede Gud for hans vejledning og fjernede det med det samme.

Stol på Herren af hele dit hjerte, og læn dig ikke op ad din egen forstand. Anerkend ham på alle dine veje, så skal han lede dig på rette spor. (Ordsprogene 3:5-6)

Jeg vil gerne dele en anden oplevelse, jeg havde, da jeg besøgte min hjemby i Indien. Jeg tilbragte en nat med en af mine venner, som var idoldyrker.

I mange år havde jeg vidnet for hende om Jesus og kraften. Hun kendte også til bønnens kraft og de mange mirakler, der var sket i hendes hjem. Hun vidnede om mirakler, når jeg bad i Jesu navn.

Mens jeg sov, vågnede jeg ved en lyd. På den anden side af værelset så jeg en skikkelse, der lignede min ven. Skikkelsen pegede på mig med et ondt ansigt. Dens hånd begyndte at vokse mod mig og kom inden for en halv meter af mig, og så forsvandt den. Skikkelsen dukkede op igen, men denne gang var det hendes lille drengs ansigt. Igen begyndte dens arm at vokse og pege på mig. Den kom en halv meter væk fra mig og forsvandt. Jeg huskede, at Bibelen siger, at engle er omkring os.

Den, der bor i den Højestes skjul, skal blive i den Almægtiges skygge. Jeg vil sige om Herren: Han er min tilflugt og min borg, min Gud; på ham vil jeg sætte min lid. Han skal frelse dig fra fuglefængerens snare og fra den larmende pest. Han skal dække dig med sine fjer, og under hans vinger skal du sætte din lid; hans sandhed skal være dit skjold og din brynje. Du skal ikke være bange for nattens rædsel, ikke for pilen, der flyver om dagen, ikke for pesten, der vandrer i mørket, ikke for ødelæggelsen, der sker ved middagstid. Tusind skal falde ved din side og ti tusind ved din højre hånd; men det skal ikke komme dig nær. Kun med dine øjne skal du skue og se de ugudeliges løn. Fordi du har gjort HERREN, som er min tilflugt, den Højeste, til din bolig, skal intet ondt ramme dig, og ingen plage skal komme i nærheden af din bolig. For han giver sine engle befaling over dig, så de vogter dig på alle dine veje. (Salmernes Bog 91:1-11)

Da jeg vågnede om morgenen, så jeg min veninde og hendes søn bøje sig for afguderne. Og jeg huskede, hvad Gud havde vist mig i løbet af natten. Så jeg fortalte min veninde, at jeg havde haft et syn tidligere på natten. Hun fortalte mig, at hun også havde set og følt det i sit hus. Hun spurgte mig, hvordan den dæmon, jeg havde set, så ud. Jeg fortalte hende, at den ene form lignede hende, og den anden lignede hendes søn. Hun fortalte mig, at hun og hendes søn ikke kunne enes. Hun spurgte mig, hvad der skulle gøres for at slippe af med disse dæmoner, som plagede hende og hendes familie. Jeg forklarede hende dette skriftsted.

Tyven kommer ikke, men for at stjæle og dræbe og ødelægge: Jeg er kommet, for at de skal have liv, og for at de skal have det i overflod. (Johannes 10:10)

Jeg gav hende Bibelen og bad hende om at læse den højt hver dag i hendes hus, især Johannes 3:20 og 21.

For enhver, der gør det onde, hader lyset og kommer ikke til lyset, for at hans gerninger ikke skal blive afsløret. Men den, der gør sandheden, kommer til lyset, for at hans gerninger kan blive åbenbare, at de er gjort i Gud. (Johannes 3:20-21)

Jeg lærte hende også bønnen om åndelig krigsførelse, hvor du binder alle onde ånder og løsner Helligånden eller englene i Jesu navn. Jeg bad hende også om at tale Jesu navn og bede om Jesu blod i sit hus hele tiden.

Elizabeth Das

Et par måneder efter denne rejse modtog jeg et brev, der vidnede om, at dæmonerne havde forladt hendes hus, at hun og hendes søn kom godt ud af det med hinanden, og at de havde total fred i deres hjem.

Så kaldte han sine tolv disciple sammen og gav dem magt og myndighed over alle djævle og til at helbrede sygdomme. Og han sendte dem ud for at forkynde Guds rige og helbrede de syge (Lukas 9:1, 2).

Da hun vidnede for andre slægtninge, blev de meget interesserede i Bibelen og ønskede at lære mere om Herren Jesus.

Ved mit næste besøg i Indien mødtes jeg med hele familien og besvarede deres spørgsmål. Jeg lærte dem at bede og gav dem bibler. Jeg giver Gud al æren for disse resultater.

Mit ønske er, at folk vil lære at bruge Jesu navn og Guds ord som et sværd mod fjenden. Ved at blive en "født på ny kristen" får vi kraften.

Gud Herrens Ånd er over mig, for Herren har salvet mig til at forkynde godt budskab for de ydmyge, han har sendt mig for at binde de sønderknuste hjerter, for at forkynde frihed for de fængslede og åbning af fængslet for dem, der er bundet.

Kapitel 23

Medier i bevægelse

I 1999 kom jeg til skade på mit arbejde, og senere blev det værre. Skaden var så alvorlig, at jeg mistede hukommelsen på grund af smerterne. Jeg kunne ikke læse og huske, hvad jeg havde læst. Jeg kunne ikke sove i 48 timer. Hvis jeg sov, vågnede jeg efter et par timer på grund af følelsesløsheden i mine hænder og smerterne i min ryg, nakke og ben. Dette var min tros brændende prøvelse. Jeg havde ingen idé om, hvad jeg tænkte. Mange gange besvimede jeg og faldt i søvn. Det var den eneste måde, jeg sov på det meste af tiden. Jeg ville ikke spilde min tid, så jeg tænkte, hvad skulle jeg gøre? Jeg tænkte på at lave en cd med alle mine bøger, som allerede var oversat. Jeg tænkte, at hvis jeg lagde alle disse bøger på lyd, ville det være fantastisk for denne tid og alder.

For at prøvelsen af jeres tro, som er meget mere værdifuld end guld, der forgår, selv om det prøves med ild, kan findes til ros og ære og herlighed ved Jesu Kristi tilsynekomst: (1 Peter1: 7)

For at sprede denne sandhed var jeg villig til at gøre hvad som helst. Ingen pris er større end den, Jesus betalte. Gud hjalp mig i sin barmhjertighed med at nå mit mål.

Det tog uden tvivl over et år at gøre det. Jeg havde ikke penge nok til at købe alt udstyret, og jeg havde heller ikke viden nok til at vide, hvordan man optager. Jeg begyndte at bruge mit kreditkort til at købe det, jeg havde brug for til dette nye projekt. Jeg tænkte, at eftersom jeg ikke kan læse og huske, kan jeg bare læse bogen højt og lave en lyd-cd, på den måde behøver jeg ikke en hukommelse til at læse.

Da jeg gik i en engelsk kirke, glemte jeg næsten, hvordan man læser guajarati korrekt, og jeg ønskede ikke at opgive mit sprog. Som du ved, kunne jeg mange gange ikke sidde ned i dagevis eller endda ugevis på grund af mit helbred. Jeg glemte, hvordan jeg skulle optage og bruge mit optageudstyr. Jeg ville se mine noter og starte forfra, men jeg ville ikke give slip på det.

Én ting skal vi huske: Djævelen giver aldrig op! Det må vi lære af og aldrig give op!

Dagen kom, hvor jeg blev færdig med mit seks sider lange hæfte. Til min overraskelse tog det et år at blive færdig. Jeg var så glad, at jeg satte cd'en til at spille, og langsomt vendte jeg min kørestol for at høre min cd.

Pludselig kunne jeg ikke se noget med mine øjne. Jeg var så bange og sagde til mig selv: "Jeg har arbejdet så hårdt med mit dårlige helbred. Jeg ville ønske, at jeg havde passet bedre på mit helbred, nu kan jeg ikke se." Jeg kunne ikke se mit køkken, mit stereoanlæg, min væg eller mine møbler. Der var ikke andet end en tyk, hvid sky. Jeg sagde" :Jeg var hård ved mig selv, nu er jeg blind." Pludselig, i den tykke hvide sky i mit værelse, så jeg Herren Jesus stå i en hvid kappe og smile til mig. I løbet af kort tid forsvandt han, og jeg indså, at det var en vision. Jeg vidste, at hans shekinah-herlighed var kommet ned. Jeg var så glad og indså, at Herren Jesus var tilfreds med min indsats.

Jeg ønsker altid at søge Gud for at få hans vejledning og bruge min tid på den bedste måde til at give ham ære. Ingen situation kan stoppe os i at udføre hans tjeneste. Denne cd gav jeg frit til folk og uploadede også på min og https://waytoheavenministry.org

Hvem skal skille os fra Kristi kærlighed? skal trængsel eller nød eller forfølgelse eller hungersnød eller nøgenhed eller fare eller sværd? Som der står skrevet: "For din skyld bliver vi dræbt dagen lang; vi regnes som får til slagtning. Nej, i alle disse ting er vi mere end sejrherrer ved ham, der elskede os. For jeg er overbevist om, at hverken død eller liv eller engle eller fyrstedømmer eller magter eller nuværende eller kommende ting eller højde eller dybde eller nogen anden skabning skal kunne skille os fra Guds kærlighed, som er i Kristus Jesus, vor Herre". (Romerbrevet 8:35-39)

Kapitel 24

Undersøgelse, der udforsker

Nogle gange har jeg haft mulighed for at holde bibelstudier på andre sprog end engelsk. Mens jeg underviste dem i Guds ord, kunne de ikke finde det rigtige skriftsted. Jeg brugte altid King James Version. Men nogle af dem havde forskellige versioner og sprog af Bibelen.

En aften underviste jeg om Én Gud, monoteisme (Mono kommer af det græske ord Monos, og theos betyder Gud), og jeg læste 1. Johannesbrev 5:7. Da de ledte efter det skriftsted i deres bibel, kunne de ikke finde det. Klokken var over midnat, så jeg tænkte, at de ikke forstod, hvad de læste, og da vi oversatte fra engelsk til deres sprog, sagde de, at det ikke stod i vores Bible.

*For der er tre, der bærer regnskab i himlen, Faderen, Ordet og Helligånden, og disse **tre er ét**. (1. Johannesbrev 5:7)*

Jeg var chokeret. Så vi ledte efter et andet skriftsted.

*(KJV) 1. Timoteus 3:16, "**Gud** blev åbenbaret i kødet"*

I deres bibel står der: "*Han viste sig i et legeme*" (alle bibler oversat fra det korrupte manuskript fra Alexandria har denne løgn. Den romersk-katolske Vulgata, Guajarati-bibelen, NIV-bibelen, spanske og andre moderne versioner af Bibelen).

{ΘC=Gud} på græsk, men ved at fjerne den lille linje fra ΘC ændres "Gud" {OC = "hvem" eller "han"} til hvem, hvilket har en anden betydning på græsk. Det er to forskellige ord, for "han" kan betyde hvem som helst, men Gud taler om Jesus Kristus i kød og blod.

Hvor let er det ikke at fjerne Jesu Kristi guddom?!?!

Johannes' Åbenbaring 1:8

KJV: Jeg er Alfa og Omega, <u>begyndelsen og enden,</u> siger Herren, som er, og som var, og som skal komme, den Almægtige.

NIV-oversættelse: Åbenbaringen 1:8 "Jeg er Alfa og Omega," siger Gud Herren, "som er, og som var, og som skal komme, den Almægtige".

(Gujarati Bible, NIV og andre oversættelser har fjernet "<u>Begyndelse og slutning</u>")

Johannes' Åbenbaring 1:11

KJV: Og siger: <u>Jeg er Alfa og Omega, den første og den sidste,</u> og hvad du ser, skriv det i en bog og send det til de syv menigheder i Asien, til Efesus, Smyrna, Pergamon, Thyatira, Sardes, Filadelfia og Laodikea (Åbenbaringen 1:11).

NIV: Åbenbaringen 1:11 "Skriv på en skriftrulle, hvad du ser, og send det til de syv menigheder: til Efesos, Smyrna, Pergamon, Thyatira, Sardes, Filadelfia og Laodikea."

(Moderne versioner af Bibelen, Guajarati og NIV-bibelen har alle fjernet <u>Jeg er Alfa og Omega, den første og den sidste</u>).

Jeg kunne ikke bevise, at der er "én Gud" ud fra deres Bible.

Min undervisning tog lang tid, og til deres overraskelse kunne jeg ikke give dem bibelske beviser for, at der er én Gud ud fra deres bibel. Det fik mig til at studere i dybden.

Jeg husker, at Paulus sagde: *For jeg ved, at efter min bortgang vil der komme ulve ind blandt jer, som ikke skåner hjorden.*
(Apostlenes Gerninger 20:29)

Apostlen Johannes, som var den sidste overlevende discipel af Kristus, gav os en advarsel i et af sine breve:

Mine kære, tro ikke enhver ånd, men prøv ånderne, om de er af Gud; for mange falske profeter er gået ud i verden. Hermed kender I Guds Ånd: Enhver ånd, som bekender, at Jesus Kristus er kommet i kødet, er af Gud: Og enhver ånd, som ikke bekender, at Jesus Kristus er kommet i kødet, er ikke af Gud; og dette er antikrists ånd, som I har hørt, at den skulle komme; og allerede nu er den i verden.
(1. Johannesbrev 4:1-3)

Jeg vil gerne dele denne kendsgerning, som jeg fandt ved at søge efter sandheden om at ødelægge 'Guds ord'.

Det alexandrinske manuskript var en forvansket version af det oprindelige sande manuskript af Bibelen. De fjernede mange ord som Sodomite, hell, blood, created by Jesus Christ, Lord Jesus, Christ, Alleluia og Jehovah sammen med mange andre ord og vers fra det originale manuskript.

I Alexandria i Egypten havde de skriftkloge, som var antikrist, ikke åbenbaringen af den eneste sande Gud, fordi Bibelen blev ændret i forhold til det oprindelige manuskript. Denne korruption begyndte i det første århundrede.

Først blev græske og hebraiske bibler skrevet på papyrusruller, som var letfordærvelige. Så de håndskrev 50 kopier i forskellige lande hvert 200. år for at bevare dem i yderligere 200 år. Dette blev praktiseret af vores forfædre, som havde den ægte kopi af det originale manuskript.

Jeg gjorde det på "hans måde"

Det samme system blev anvendt af alexandrinerne for også at bevare det ødelagte manuskript.

I begyndelsen af e.Kr. indtog biskopperne positionen og bragte gradvist korruption med sig fra år 130 til 444 e.Kr. De tilføjede og trak fra den originale kopi af det græske og hebraiske manuskript. Alle de følgende biskopper hævdede, at de modtog budskaber direkte fra Jesus, og at de ikke skulle tage hensyn til apostlene, disciplene, profeterne og lærerne. Og alle biskopperne hævdede også, at de var de eneste oplyste.

Biskop Origenes af Alexandria (185-254 e.Kr.): Tertullian var en korrumperet biskop, som tilføjede mere mørke. Han døde omkring 216 e.v.t. Klemens tog over og var biskop af Alexandria. Kyrillos, biskop af Jerusalem, blev født i år 315 og døde i 386 e.Kr. Augustin, biskop af Hippo, grundlægger af katolicismen, blev født i 347 og døde i 430 e.Kr. Han fjernede de mennesker, der virkelig troede på Guds ord. Chrysostomos var en anden biskop i Konstantinopel, hvor den korrumperede version opstod. Han blev født i 354 og døde i 417 e.Kr. Cyril af Alexandria blev udnævnt til biskop i 412 og døde i 444 e.Kr.

Disse biskopper forvanskede det sande manuskript og blev afvist af vores forfædre, som kendte fakta om, hvor og hvordan det originale manuskript blev forvansket.

Denne korruption startede, mens Paulus og Johannes stadig var i live. Alexandrinerne ignorerede Guds ord, og i Nikæa i år 325 e.Kr. etablerede de læren om treenigheden. Nikæa ligger i det nuværende Tyrkiet, og i Bibelen er det kendt som Pergamum.

*Og skriv til englen for menigheden i **Pergamon**: Dette siger han, som har det skarpe sværd med to ægge: Jeg kender dine gerninger, og hvor du bor, **hvor Satans sæde er,** og du holder fast ved mit navn og har ikke fornægtet min tro, selv i de dage, hvor Antipas var min trofaste martyr, som blev slået ihjel iblandt jer, hvor Satan bor. (Åbenbaringen 2:12-13.)*

Nikæa

I år 325 e.Kr. blev Guds enhed fjernet af Satan, og treenigheden blev tilføjet, og Gud blev delt. De fjernede navnet "Jesus" fra dåbsformlen ved at tilføje Faderen, Sønnen og Helligånden.

Tyven kommer ikke, men for at stjæle og dræbe og ødelægge. Jeg er kommet, for at de skal have liv, og for at de skal have mere af det. rigeligt (Johannes 10:10.)

Pergamum (senere kaldet Nicaea og nu kaldet Tyrkiet) er en by, der er bygget 1000 meter over havets overflade. Fire forskellige guder blev tilbedt på dette sted. Den øverste gud var Asklepios, hvis symbol er en slange.

Åbenbaringen siger:

*Og den store **drage** blev kastet ud, den gamle **slange,** som kaldes Djævelen og Satan, og som forfører hele verden; han blev kastet ud på jorden, og hans engle blev kastet ud med ham (Åbenbaringen 12,9).*

*Og han greb dragen, den gamle **slange,** som er Djævelen og Satan, og bandt ham i tusind år, (Åbenbaringen 20:2).*

I dette tempel var der mange store slanger, og omkring området var der tusindvis af slanger. Folk kom til templet i Pergamum for at søge helbredelse. Asklepios blev kaldt guden for helbredelse og var den øverste gud blandt de fire guder. Da han blev kaldt guden for helbredelse, introducerede de på dette sted urter og medicin til helbredelse. Så han kan fjerne striberne og Jesus' navn til helbredelse. Hans plan er at tage Jesu plads og fjerne Kristus som frelser, for han hævdede også, at han var en frelser. Den moderne lægevidenskab tog slange-symbolet fra Asklepios (slangen).

Det siger Bibelen:

*I er mine vidner, siger Herren, og min tjener, som jeg har udvalgt, for at I skal kende og tro mig og forstå, at **jeg er ham**; før mig blev der ikke dannet nogen Gud, og der skal heller ikke komme nogen efter mig. Jeg, jeg er Herren, og ved siden af mig er der ingen **frelser**.*
(Esajas' Bog 43, 10-11)

Dette er stedet, hvor Satan etablerede treenigheden.

I dag har de fundet en original kopi af Alexandria-manuskriptet, hvor de har understreget de ord og skriftsteder, der skulle fjernes fra det originale sande hebraiske og græske manuskript. Det beviser, at det var dem, der ødelagde Guds sande ord.

Den mørke æra kom simpelthen ved at fjerne sandheden og ændre det sande dokument i Bibelen.

Guds ord er et sværd, lys og sandhed. Guds ord står fast for evigt og altid.

NIV-bibelen, den moderne bibel og mange andre bibelsprog blev oversat fra en forvansket gammel Alexandria-kopi. Nu kommer de fleste andre kopier af Bibelen fra NIV-versionen og er oversat til andre sprog. Satans Bibel og NIV-biblernes ophavsret ejes af en mand ved navn Rupert Murdoch.

Da kong James tog over efter den jomfruelige dronning Elizabeth i 1603, påtog han sig projektet med at oversætte Bibelen fra dens oprindelige hebraiske og græske manuskript. Dette projekt blev udført af mange hebraiske, græske og latinske teologer, lærde og folk, der var højt respekterede i andres øjne. Arkæologer har fundet de gamle originale hebraiske og græske manuskripter, som stemmer 99% overens med KJV-bibelen. En procent er mindre fejl såsom tegnsætning.

Gud være lovet! KJV er et offentligt domæne, og alle kan bruge KJV-bibelen til at oversætte den til deres modersmål. Mit forslag er, at vi skal oversætte fra KJV-bibelen, da den er offentligt tilgængelig og er den mest præcise Bible.

Ved at fjerne sandheden fra den oprindelige Bibel, forsvandt navnet "Jesus Kristus", som er den kraft, der sætter mennesker fri.

Det førte til, at mange kirkesamfund opstod. Nu vil du forstå, hvorfor Bibelen siger, at man ikke må lægge til eller trække fra.

Angrebet er på den inkarnerede ene Gud.

Det står der i Bibelen.

Og HERREN skal være konge over hele jorden; på den dag skal der være én HERRE, og hans navn skal være ét. (Zakarias 14:9)

Hans navn er JESUS!!!

Kapitel 25

Livsændrende personlige vidnesbyrd

Hilsen i Jesu navn:

Disse personlige "livsændrende" vidnesbyrd er medtaget som opmuntring om den almægtige Guds kraft. Det er mit oprigtige håb, at din tro vil blive styrket ved at læse disse inspirerende vidnesbyrd fra ydmyge troende og præster, der har et kald og en passion for Gud. "Kend ham i intimiteten af hans kærlighed, gennem tro, bøn og Guds ord." Videnskab og medicin kan ikke forklare disse mirakler, og de, der hævder at være kloge, kan heller ikke forstå Guds ting.

*Og jeg vil give dig mørkets **skatte** og skjulte rigdomme på hemmelige steder, så du kan vide, at jeg, HERREN, som kalder dig ved dit navn, er Israels Gud. (Esajas' Bog 45:3)*

"Det er en trosvandring, der ikke kan dissekeres, og som man ikke kan forestille sig."

"De kloge mænd skammer sig, de er forfærdede og forfærdede; se, de har forkastet Herrens ord, og hvilken visdom er der i dem?"
(Jeremias 8:9)

"Ve dem, der er vise i deres egne øjne og kloge i deres egne øjne!"
(Esajas' Bog 5:21)

"For I ser jeres kald, brødre, at ikke mange vise efter kødet, ikke mange mægtige, ikke mange ædle er kaldet: Men Gud har udvalgt de tåbelige i verden til at forvirre de kloge, og Gud har udvalgt de svage i verden til at forvirre de mægtige." (1. Korintherbrev 1:26-27)

Kald på mig, så vil jeg svare dig og vise dig store og mægtige ting, som du ikke kender. (Jeremias 33:3)

Min oprigtige tak går til dem, der har bidraget med deres personlige vidnesbyrd og tid til denne bog til Guds ære.

Må Gud velsigne dig
Elizabeth Das, Texas

Jeg gjorde det på "hans måde"

Vidnesbyrd fra folket

Alle vidnesbyrd gives frivilligt for at give Gud ære,
æren tilhører Gud alene

Terry Baughman, præst Gilbert, Arizona, U.S.A.

Elizabeth Das er en indflydelsesrig kvinde. Apostlen Paulus og hans missionærfælle Silas blev tiltrukket af en bønnegruppe for kvinder nær Thyatira langs floden. Det var ved dette bønnemøde, at Lydia hørte Paulus' og Silas' undervisning og derefter insisterede på, at de skulle komme og bo i hendes hus under deres tjeneste i området. (Se Apostlenes Gerninger 16:13-15.) Denne kvindes gæstfrihed og... tjeneste er nedskrevet i skrifterne for at blive husket til evig tid.

Elizabeth Das er sådan en Guds kvinde, ligesom den indflydelsesrige kvinde, Lydia, i Apostlenes Gerninger. Gennem sin arbejdsomhed og passion har hun ført andre til sandhedens erkendelse, koordineret bedegrupper og været redskab til at sende evangelister til sit hjemland Gujarat i Indien. Første gang jeg hørte om Elizabeth Das, var jeg underviser og akademisk dekan på Christian Life College i Stockton, Californien. Daryl Rash, vores missionsleder, fortalte mig om hendes gode arbejde med at få præster til at tage til Ahmadabad i Indien for at undervise og prædike på de konferencer, der blev sponsoreret af Pastor Jaiprakash Christian and Faith Church, en gruppe på mere end 60 kirker i staten Gujarat i Indien. Hun ringede til Christian Life College og bad om talere til en kommende konference for kirkerne i Indien. Vi sendte to af vores instruktører for at undervise og prædike til konferencen. Næste gang Elizabeth Das ringede, spurgte Daryl Rash mig, om jeg havde lyst til at undervise på en af konferencerne. Det ville jeg gerne, og jeg begyndte straks at forberede rejsen. En anden instruktør, Brian Henry, ledsagede mig og prædikede ved aftengudstjenesterne på konferencen. På det tidspunkt var jeg Executive Vice President for Christian Life College og instruktør på fuld tid, så vi arrangerede vikarer til vores klasser og andre ansvarsområder og fløj halvvejs rundt om jorden for at dele vores arbejde med de vidunderlige mennesker i Gujarat i det vestlige Indien. På min anden tur til Gujarat i 2008 var min søn med, og han oplevede en livsforvandlende begivenhed på Spirit and Truth-konferencen i Anand. Det er en bekostelig affære at flyve verden rundt og deltage i disse konferencer og tjenesterejser, men belønningen kan ikke måles i penge. Min søn forpligtede sig på ny over for Herren på denne tur til Indien, og det har ændret retningen i hans liv. Han leder nu lovsang og er musikleder i den kirke, hvor jeg nu tjener som præst i Gilbert, Arizona. Ikke alene bliver folk velsignet af arbejdet i Indien, men også de, der rejser dertil, bliver velsignet, nogle gange på overraskende måder.

Elizabeth Das' indflydelse mærkes bogstaveligt talt over hele verden. Ikke alene er hun medvirkende til at sende præster fra USA til Indien, hun har også en passion for at oversætte materialer til gujarati, som er sproget i hendes hjemland. Når jeg har talt med hende i telefonen, er hun konstant på udkig efter nye måder at dele evangeliets sandhed på. Hun er aktiv i en bønnetjeneste og leder aktivt efter måder at tjene på gennem bibeltimer på tryk og på internettet gennem sine YouTube-optagelser. Elizabeth Das er en levende demonstration af, hvad én person kan gøre for at forandre verden gennem passion, vedholdenhed og bøn.

Veneda Ing Milan, Tennesee, USA.

Jeg bor i en lille by i det vestlige Tennessee og tilhører en lokal pinsekirke. For et par år siden deltog jeg i en bønnekonference i St. Louis, MO, hvor jeg mødte en dame ved navn Tammy, og vi blev venner med det samme. Da vi lærte hinanden at kende, fortalte hun mig om en bønnegruppe, som hun var medlem af, og som blev ledet af søster Elizabeth Das fra hendes hjem i Texas. Den lille gruppe bestod af folk fra forskellige dele af USA, som deltog via telefonkonferencer.

Da jeg kom hjem, begyndte jeg at ringe til bedegruppen og blev øjeblikkeligt velsignet af Gud. Jeg havde været i kirke i cirka 13 år, da jeg kom med i gruppen, så bøn var ikke noget nyt, men kraften i "Agreed Prayer" var forbløffende! Jeg begyndte straks at få resultater på mine bønneanmodninger og lyttede til lovprisningsrapporter hver dag. Ikke alene voksede mit bønsliv, mit fængselsarbejde voksede også sammen med andre af Åndens gaver, som Gud har velsignet mig med. Jeg havde aldrig mødt søster Das på dette tidspunkt. Hendes store ønske om at bede og hjælpe andre med at udnytte de gaver, de har i sig, fik mig altid til at komme tilbage efter mere. Hun er meget opmuntrende og meget frimodig, ikke bange for at sætte spørgsmålstegn ved ting og bestemt ikke bange for at fortælle dig, hvis hun føler fra Gud, at noget er galt. Jesus er altid hendes svar. Da jeg fik mulighed for at komme til Texas for at deltage i et særligt bønnemøde i søster Das' hjem, var jeg meget ivrig efter at komme af sted.

Jeg gik ombord på flyet og var i Dallas-Ft. Worth Airport på bare et par timer, hvor vi mødtes for første gang i mere end et år, hvor vi havde bedt sammen.

En velkendt stemme, men det virkede, som om vi havde kendt hinanden i årevis. Andre kom også fra andre stater for at deltage i dette møde.

Bønnemødet i hjemmet var noget, jeg aldrig havde oplevet før. Jeg var så begejstret over, at Gud tillod mig at blive brugt til at gavne andre. Under dette møde så vi mange blive helbredt for ryg- og nakkeproblemer. Vi så og oplevede ben og arme vokse og var vidne til, at nogen blev helbredt for diabetes sammen med mange andre mirakler og livsforandrende begivenheder såsom uddrivelse af dæmoner. Det gav mig bare endnu mere lyst til Guds ting og til at lære ham at kende på et højere sted. Lad mig lige stoppe her og indskyde, at Gud udførte disse mirakler i Jesu navn og ham alene. Gud bruger søster Das, fordi hun er villig til at hjælpe og undervise andre, så de kan lære, hvordan Gud også kan bruge dem. Hun er en kær ven og en mentor, som har lært mig at være mere ansvarlig over for Gud. Jeg takker Gud for, at vores liv har krydset hinanden, og at vi er blevet bønnepartnere. Jeg har aldrig kendt til bønnens sande kraft i de 13 år, jeg har levet for Gud. Jeg opfordrer dig til at danne en fælles bønnegruppe og bare se, hvad Gud vil gøre. Han er en fantastisk Gud.

Diana Guevara Californien El Monte

Da jeg blev født, blev jeg opdraget i min families katolske religion. Jeg praktiserede ikke min religion, da jeg blev ældre. Mit navn er Diana Guevara, og som lille pige vidste jeg altid, at jeg burde føle noget, når jeg gik i kirke, men det gjorde jeg aldrig. Min rutine var at bede Fadervor og Hil dig Maria, som jeg havde lært at gøre som lille barn. Sandheden er, at jeg virkelig ikke kendte Gud. I februar 2007 fandt jeg ud af, at min kæreste gennem 15 år havde en affære, og at han var på forskellige datingsider på internettet. Jeg blev så såret og knust, at jeg gik ind i en depressiv tilstand, hvor jeg lå på sofaen og græd hele tiden. Jeg var så knust, at jeg tabte mig 25 kg på 21 dage, fordi jeg følte, at min verden var gået under. En dag modtog jeg et opkald fra søster Elizabeth Das, en dame, jeg aldrig havde mødt. Hun opmuntrede mig, bad for mig og citerede skriftsteder for mig fra Bibelen. I to måneder talte vi sammen, og hun fortsatte med at bede for mig, og hver gang mærkede jeg Guds fred og kærlighed. I april 2007 var der noget, der sagde mig, at jeg var nødt til at tage til Texas til søster Elizabeths hjem. Jeg reserverede og var på vej til Texas i fem dage. I løbet af denne tid bad sr. Elizabeth og jeg og bad og havde bibelstudier. Hun viste mig skriftsteder om at blive døbt i Jesu navn. Jeg stillede mange spørgsmål om Gud og vidste, at jeg var nødt til at blive døbt i Jesu navn så hurtigt som muligt. Da jeg var blevet døbt, vidste jeg, at det var grunden til, at jeg følte, at det hastede med at tage til Texas. Jeg havde endelig fundet det, jeg havde savnet som barn, den almægtige Guds nærvær! Da jeg vendte tilbage til Californien, begyndte jeg at komme i Life Church.

Det var her, jeg modtog Helligåndens gave med beviset på at tale i tunger. Jeg kan virkelig sige, at der er forskel på sandhed og religion. Det var gennem Guds kærlighed, at han brugte søster Elizabeth til at undervise mig i bibelstudier og vise mig frelsesplanen ifølge Guds ord. Jeg blev født ind i en religion, og det var alt, hvad jeg vidste, uden selv at udforske Bibelen. Efter at have lært bønner at gentage, er mine bønner nu aldrig rutineprægede eller kedelige. Jeg elsker at tale til Herren. Jeg har altid vidst, at der var en Gud, men dengang vidste jeg ikke, at jeg også kunne føle hans nærvær og kærlighed, som jeg gør nu. Ikke alene er han til stede i mit liv, han har også givet mig fred og repareret mit hjerte, da jeg troede, at min verden var gået under. Herren Jesus har givet mig den kærlighed, som jeg altid har manglet i mit liv. Jeg kan aldrig forestille mig mit liv uden Jesus, for uden ham er jeg ingenting. Fordi han har fyldt de tomme pladser i mit hjerte med sin kærlighed, lever jeg for ham og kun for ham. Jesus er alt, og han kan også helbrede dit hjerte. Jeg giver al ære og herlighed til vor Herre Jesus Kristus.

Jairo Pina Mit vidnesbyrd

Mit navn er Jairo Pina, og jeg er i øjeblikket 24 år gammel og bor i Dallas, TX. Da jeg voksede op, gik min familie og jeg kun i kirke cirka en gang om året og troede på den katolske tro. Jeg kendte til Gud, men jeg kendte ikke Gud. Da jeg var 16 år gammel, fik jeg konstateret en ondartet tumor på mit højre lægben, kendt som osteosarkom (knoglekræft). Jeg gik igennem et år med kemoterapi og operationer for at bekæmpe det. Det var i denne periode, at jeg har den tidligste erindring om, at Gud åbenbarede sig for mig. Det trak mig med til en lille bygning i Garland, Texas, sammen med en ven og hans mor. Min vens mor var venner med et kristent par, som tog os med hen til en præst, der var af afrikansk afstamning. Jeg skulle senere opdage, at denne pastor havde profetiens gave.

Præsten profeterede over de mennesker, der gik sammen med os i denne lille bygning, men det var det, han profeterede over mig, som for altid vil sidde fast i mig. Han sagde: "Whoa! Du kommer til at få et stort vidnesbyrd og bringe mange mennesker til Gud med det!". Jeg var skeptisk og trak bare på skuldrene uden at vide, hvad der ville ske senere i mit liv. To år efter at jeg var færdig med min første kamp mod kræften, fik jeg et tilbagefald på samme sted som tidligere nævnt. Det gjorde mig ekstremt ked af det, fordi jeg skulle have mere kemo og var nødt til at amputere mit højre ben. Jeg brugte meget tid på at være alene omkring dette tidspunkt i håb om at forberede mig mentalt. En dag parkerede jeg ved en sø og begyndte at bede til Gud fra mit hjerte. Jeg vidste ikke, hvad det egentlig betød at bede, så jeg begyndte bare at tale til ham ud fra, hvad der var i mit sind og hjerte. Jeg sagde: "Gud, hvis du virkelig er ægte, så vis mig det, og hvis du bekymrer dig om mig, så vis mig det".

Cirka 15 minutter senere gik jeg hen for at opsige et medlemskab i LA Fitness, hvor jeg så en af mine venner arbejde. Jeg forklarede ham, hvorfor jeg opsagde mit medlemskab, og han spurgte, hvorfor jeg ville opsige det. Så sagde han: "Mand, du skulle tage at komme i min kirke. Jeg har set mange mirakler der, og folk er blevet helbredt". Jeg havde intet at tabe, så jeg begyndte at gå derhen. Han begyndte at vise mig versene i Apostlenes Gerninger om at blive døbt og fyldt med Helligånden. Han fortalte mig om det at tale i tunger, hvilket jeg syntes var underligt, men han henviste mig til bibelske beviser. Pludselig var jeg i hans kirke, da de spurgte, hvem der ønskede at overgive deres liv til Kristus og blive døbt. Jeg nærmede mig prædikestolen, da en pastor lagde sin hånd over mit hoved. Han begyndte at bede for mig, og jeg begyndte at tale i tunger samme dag, som de døbte mig. Det blev startskuddet til min oplevelse af at være født på ny, uden at vide, at jeg nu var i den åndelige krig.

Selv efter denne oplevelse begyndte jeg at blive angrebet og trukket væk fra Gud. Jeg vil også gerne nævne, at selv før jeg blev døbt, blev jeg åndeligt angrebet af dæmoner, og jeg hørte endda et par af dem. Jeg hørte en grine med en barnestemme uden for mit vindue kl. 3 om natten, en grine, mens den rørte mig seksuelt, og en fortælle mig, at den ville føre mig til helvede. Der er et par angreb mere, jeg har oplevet, men det er dem, der skiller sig mest ud. Nu tilbage til, hvor jeg slap om at blive draget væk fra Gud. Jeg havde et forhold til en pige, som til sidst var mig utro og knuste mit hjerte i småstykker. Vi var sammen i omkring et år, og det endte tragisk. Da jeg forsøgte at håndtere tomheden, begyndte jeg at drikke og ryge. Så begyndte jeg at bede Gud om at hjælpe mig og bringe mig tæt på ham igen, mens jeg var i tårer. Jeg mente det virkelig og begyndte at opleve Guds barmhjertighed, uden rigtig at vide, hvad det egentlig var.

Jeg begyndte at gå i kirke igen med min ven og hans mor, hvor jeg blev døbt i Pinsekirken. Det var her, min viden om Bibelen begyndte at vokse enormt. Jeg gennemgik grundkurser og lærte så meget ved at læse Guds ord. Min veninde mor gav mig til sidst Elizabeth Das' bog "I did it His Way" og fortalte mig, at det var en indflydelsesrig bog om hendes vandring med Gud. Da jeg var færdig med bogen, lagde jeg mærke til, at hendes e-mail stod på den. Jeg kontaktede Elizabeth, og min vens mor fortalte hende også om mig. Jeg begyndte at tale med hende i telefonen og mødte hende til sidst personligt. Siden jeg mødte hende, har jeg bemærket, at hun virkelig elsker og anvender Guds ord i sit liv. Hun har lagt hænderne på syge og beder for mange mennesker i sin egen tid. Jeg betragter hende som min åndelige mentor, da hun har lært mig så meget om Gud og hans ord, hvilket jeg er meget taknemmelig for. Jeg vil endda sige, at vi er blevet venner og fortsat holder øje med hinanden den dag i dag.

I januar 2017 havde jeg en lejekontrakt på en lejlighed, der tilhørte det universitet, jeg studerede på. Jeg forsøgte faktisk at få nogen til at overtage min lejekontrakt på grund af økonomiske problemer. Jeg arbejdede ikke og havde ikke penge til at fortsætte med at betale husleje for lejligheden. Desværre kunne jeg ikke finde nogen, der kunne overtage min lejekontrakt, så jeg ville fortsat være ansvarlig for at betale huslejen. Jeg ringede til Elizabeth Das, som jeg ofte gør, for at få bøn om at bryde kontrakten. Samme januar fik jeg foretaget en CT-scanning af brystet, som afslørede, at jeg havde en plet i højre underlap af min lunge. Jeg måtte igennem en operation for at få fjernet den plet, som scanningen viste, og som viste sig at være ondartet. Selvom det var noget lort, kunne jeg slippe ud af lejekontrakten for lejligheden samme måned på grund af dette. Man siger, at Guds veje er uransagelige, så jeg stolede på ham. I denne periode var jeg i gang med mine forberedelseskurser i håb om at blive færdig og komme ind på sygeplejeskolen. Elizabeth bad for, at jeg ville få et godt job og komme ind på sygeplejeskolen i overensstemmelse med Guds vilje for mit liv.

Cirka tre måneder senere skulle jeg have foretaget endnu en CT-scanning af brystet for at se, om jeg havde det godt. Men scanningen viste endnu en plet på min lunge, tæt på den samme, som var der i januar 2017. Onkologen sagde, at han mente, at det var kræft, der kom tilbage igen, og at vi var nødt til at få den fjernet ved en operation. Jeg kunne ikke tro, at det fortsatte. Jeg troede, at det var slut for mig. Jeg fortalte Elizabeth om det, og så mange andre mennesker begyndte at bede for mig på dette tidspunkt. Selvom alt dette skete, havde jeg stadig en lille tro på, at alt ville blive godt, og at Gud ville tage sig af mig. Jeg husker, at jeg kørte en dag om natten og spurgte Gud: "Hvis du får mig ud af dette rod, lover jeg at dele det, du har gjort for mig, med andre".

Et par uger senere blev jeg opereret, og de fjernede en større diameter af min højre underlap. Elizabeth og hendes veninde kom endda til hospitalet for at lægge hænderne på mig og bede om, at Gud ville bringe mig helbredelse. Cirka to uger senere efter operationen tog jeg tilbage til hospitalet for at få mine resultater. For ikke at nævne, at jeg stadig ledte efter et job på et hospital for at forbedre mine chancer for at komme ind på sygeplejeskolen i denne periode. Da jeg nærmede mig check-in-skranken samme dag for at få mine resultater for operationen, spurgte jeg, om de ansatte nogen. En af lederne var der, da jeg tjekkede ind, og hun gav mig sine oplysninger, så jeg kunne give hende besked, når jeg sendte min ansøgning online. Før jeg vidste af det, sad jeg i et lokale og ventede på, at onkologen skulle komme med mine resultater. Jeg var ekstremt nervøs og bange for, hvad han ville fortælle mig.

Onkologen kom ind i lokalet, og det første, han sagde, var: "Er der nogen, der har fortalt dig dine resultater endnu?". Jeg sagde nej og ville bare have ham til at lægge mine muligheder på bordet for, hvad jeg nu skulle gøre. Så sagde han til mig: "Dine resultater viste, at det bare var kalkaflejringer, det er ikke kræft." Jeg var helt i chok, da jeg vidste, at det var Gud, der havde gjort dette for mig. Jeg gik ud til min bil og begyndte at græde glædestårer! Jeg ringede til Elizabeth og fortalte hende den gode nyhed. Vi fejrede det sammen. Et par dage senere var jeg til samtale om jobbet på hospitalet, og blot en uge senere tilbød de mig jobbet. Et par uger efter, at jeg havde fået jobbet, blev jeg optaget på sygeplejeskolen. Gud være lovet for at have sat alt dette i værk, for det gør mig stadig glad at tale om det.

I dette øjeblik er jeg i gang med mit sidste semester på sygeplejeskolen og dimitterer i maj 2019. Jeg har oplevet så meget og er taknemmelig for alle de døre, som Gud har åbnet og lukket for mig. Jeg har endda fundet mig selv i et forhold med en anden, og hun har været fantastisk for mig ved at være der, siden kræften metastaserede til min lunge i januar 2017 og frem til i dag. Elizabeth har lært mig så meget og har bedt for mig masser af gange, hvilket viser mig kraften i bøn og håndspålæggelse på de syge. Læser, jeg er ikke på nogen måde mere speciel end dig. Gud elsker dig lige højt, og Jesus Kristus er død for dine og mine synder. Hvis du søger ham af hele dit hjerte, vil du finde ham.

"For jeg kender de tanker, jeg tænker om jer, siger Herren, tanker om fred og ikke om ondt, for at give jer en forventet afslutning. Så skal I påkalde mig, og I skal gå hen og bede til mig, og jeg vil lytte til jer. Og I skal søge mig og finde mig, når I leder efter mig af hele jeres hjerte." Jeremias 29:11-13 KJV.

Madalyn Ascencio El Monte, Californien, U.S.A.

Jeg plejede at tro, at en mand ville fuldende mig. Da jeg blev forelsket i Jesus, fandt jeg ud af, at det er ham og ham alene, der fuldender mig. Jeg blev skabt til at tilbede og forgude ham! Mit navn er Madalyn Ascencio, og dette er mit vidnesbyrd.

I marts 2005 begyndte jeg at lide af angst og panikanfald i 3 år. Jeg tog på hospitalet flere gange, og det eneste, de tilbød, var antidepressiva og valium, men jeg nægtede at være afhængig af medicin for at føle mig normal. Jeg bad til Gud om at hjælpe mig. En lørdag morgen i midten af oktober 2008 fik jeg et meget slemt panikanfald, så jeg ringede til søster Elizabeth. Hun spurgte mig, hvad der skete, og bad for mig. Da jeg fik det bedre, gav hun mig nogle skriftsteder at læse. Jeg bad og bad Gud om at give mig visdom og forståelse. Mens jeg læste i skrifterne,

*Johannes 3:5-7: Jesus svarede: Sandelig, sandelig siger jeg dig: Hvis **et menneske ikke bliver født af vand og Ånd, kan han ikke komme ind i Guds rige**. Det, der er født af kød, er kød, og det, der er født af Ånd, er ånd. Forundr dig ikke over, at jeg sagde til dig: Du skal fødes på ny.*

Johannes 8:32: Og I skal kende sandheden, og sandheden skal gøre jer frie.

Johannes 10,10: Tyven kommer ikke, men for at stjæle og dræbe og ødelægge. Jeg er kommet, for at de skal have liv, og for at de skal have det i overflod.

Jeg vidste, at Gud talte til mig. Jo mere jeg bad og talte med søster Elizabeth, jo mere vidste jeg, at jeg havde brug for at blive døbt igen.

Jeg gjorde det på "hans måde"

Jeg havde bedt så meget om, at Gud ville drage mig nærmere. Jeg kom i en kristen, ikke-konfessionel kirke fra 2001 til 2008, og i april 2007 blev jeg døbt. Søster Elizabeth spurgte mig, hvad jeg følte, da jeg blev døbt, og jeg sagde" :Jeg følte mig godt tilpas". Hendes svar var er"det alt"? Hun spurgte, om jeg var døbt i Jesu navn, og jeg fortalte hende, at jeg var døbt i Faderens, Sønnens og Helligåndens navn. Hun bad mig om at læse og studere.

Apostlenes Gerninger 2:38: Da sagde Peter til dem: Omvend jer og lad jer hver især døbe i **<u>Jesu Kristi navn til syndernes forladelse,</u>** *så skal I få Helligånden som gave.*

Apostlenes Gerninger 8:12-17: Men da de troede på Filip, som prædikede om Guds rige og om Jesu Kristi navn, lod de sig døbe, både mænd og kvinder. Så troede Simon også selv, og da han var blevet døbt, fortsatte han med Filip og undrede sig og så de mirakler og tegn, der blev gjort. Da nu apostlene i Jerusalem hørte, at Samaria havde modtaget Guds ord, sendte de Peter og Johannes til dem; da de var kommet ned, bad de for dem, at de måtte modtage Helligånden (for endnu var den ikke faldet på nogen af dem; men de var blevet **<u>døbt i Herren Jesu navn</u>***). Så lagde de hænderne på dem, og de modtog Helligånden.*

Apostlenes Gerninger 10:43-48: Om ham vidner alle profeterne, at enhver, som tror på ham, skal få syndernes forladelse ved hans navn. Mens Peter endnu talte disse ord, faldt Helligånden over alle dem, der hørte ordet. Og de af de omskårne, som troede, blev forbavsede, så mange som var kommet sammen med Peter, fordi Helligåndens gave også var udgydt over hedningerne. For de hørte dem tale i tunger og lovprise Gud. Da svarede Peter: Kan nogen forbyde vand, så disse ikke bliver døbt, de som har fået Helligånden lige så vel som vi? Og han **<u>befalede dem at blive døbt i Herrens navn.</u>**

Apostlenes Gerninger 19,1-6: Og det skete, at mens Apollos var i Korinth, kom Paulus til Efesus efter at have passeret de øvre kyster; og da han fandt nogle disciple, sagde han til dem: Har I modtaget Helligånden, siden I troede? Og de sagde til ham: Vi har ikke engang hørt, om der findes nogen Helligånd. Og han sagde til dem: Til hvad blev I så døbt? Og de sagde: Til Johannes' dåb. Da sagde Paulus: Johannes døbte sandelig med omvendelsens dåb, idet han sagde til folket, at de skulle tro på ham, der skulle komme efter ham, det vil sige på Kristus Jesus. Da de hørte dette, **blev de døbt i Herren Jesu navn**. *Og da Paulus havde lagt sine hænder på dem, kom Helligånden over dem, og de talte i tunger og profeterede.*

Apostlenes Gerninger 22:16 Og hvorfor venter du nu? Stå op og bliv **døbt, og vask dine synder af, idet du påkalder Herrens navn.**

Herren åbenbarede for mig, at Helligånden også var tilgængelig for mig, og hvis jeg blev **døbt i Jesu navn,** ville jeg blive helbredt og befriet fra denne forfærdelige lidelse. På de dage, hvor det var rigtig slemt, ringede jeg til søster Elizabeth, og hun bad for mig. Jeg indså, at jeg blev angrebet af fjenden, for hans mission er jo at stjæle, dræbe og ødelægge, som der står i Johannes 10:10. For mange år siden læste jeg Efeserbrevet 6:10-18 og indså, at jeg var nødt til at bære hele Guds rustning hver dag. Hver gang jeg begyndte at føle angsten overmande mig, begyndte jeg at kæmpe i stedet for at frygte. Den 2. november 2008 blev jeg døbt i Jesu navn i Life Church i Pasadena, Californien. Jeg følte den mest fantastiske fred, som jeg aldrig har kendt før, og det var endda før, jeg kom i vandet for at blive døbt. Da jeg kom op af vandet, følte jeg mig let som en fjer, som om jeg gik på skyer, og jeg kunne ikke holde op med at smile. Jeg følte Guds nærvær, fred og kærlighed som aldrig før. Den 16. november 2008 modtog jeg Helligåndens gave ved at tale i andre tunger. Det tomrum, jeg altid havde følt, siden jeg var barn, blev nu fyldt. Jeg vidste, at Gud elskede mig og havde et stort formål med mit liv, og jo mere jeg søger ham og beder, jo mere åbenbarer han sig for mig. Gud har vist mig, at jeg skal dele min tro, give håb og kærlighed. Siden min nye apostoliske fødsel og befrielse fra angst har Jesus bragt mange mennesker ind i mit liv, som også lider af angst. Jeg har nu en tjeneste i mit vidnesbyrd, som jeg kan dele med dem.

Jeg er Jesus så taknemmelig for søster Elizabeth Das. Det var gennem hendes bønner og undervisning, at jeg nu også arbejder for Jesus. Hun førte også min mor, datter, tante og nogle venner til Herren gennem sine bønner og sin tjeneste. Jeg blev skabt til at give Jesus al æren! Velsignet være hans hellige navn.

Martin Razo Santa Ana, Californien, U.S.A.

Som barn levede jeg i sorg. Selvom jeg var omgivet af mennesker, havde jeg en følelse af dyb ensomhed. Mit navn er Martin Razo, og sådan var min barndom, da jeg voksede op. I gymnasiet vidste alle, hvem jeg var, selv om de ikke var i kredsen af det, jeg betragtede som de seje"mennesker". Jeg havde et par kærester, tog stoffer og levede livet, som om det var noget normalt, fordi næsten alle andre gjorde det. Fredag og lørdag aften røg jeg mig skæv sammen med mine venner og tog på klubber for at score piger. Min far var altid på nakken af mig og holdt øje med, hvad jeg gjorde og hvor.

En ven af familien, søster Elizabeth, delte sit vidnesbyrd med mig. Det var ikke kedeligt, faktisk var det meget interessant, hvad hun sagde. Jeg plejede at tro, at hun faktisk troede på det, hun sagde. Så gik alt pludselig galt derhjemme. Det virkede, som om Herren advarede mig og kaldte på mig gennem frygt. Jeg havde tre meget skræmmende oplevelser, som fik mig til at tro på det. Først blev jeg taget med stoffer og løb hjemmefra, men ikke ret længe. Min tante fik mig til at ringe til min mor, og efter at have hørt, at min mor havde diabetes, vendte jeg hjem. For det andet kom jeg fra en natklub kl. 2 om natten og kom ud for en bilulykke, hvor bilen eksploderede og fløj op i luften. Jeg var til bibelstudie med søster Das på det tidspunkt. Jeg bad en ven om et lift, og da vi begyndte at tale sammen, fortalte han mig, at han havde solgt sin sjæl til djævlen, og at han havde magt til at tænde og slukke lys. Han demonstrerede det for mig ved at blinke med øjnene for at tænde og slukke gadelygterne. Jeg så hans ansigt, som om det var ved at forvandle sig til en dæmon. Jeg sprang ud af bilen og løb hjem, så hurtigt jeg kunne. Timer senere kom jeg til at tænke på, hvad søster Elizabeth havde sagt, og tænkte, at det også måtte være virkeligt. Søster Das gav mig et bibelstudie over telefonen om dåben i Jesu navn, som den omtales i Apostlenes Gerninger og i den tidlige kirke. Hun kendte ikke til min selvmordstendens på det tidspunkt, men noget sagde hende, at jeg havde brug for at høre det med det samme, for hun ville måske ikke se mig igen. Jeg blev døbt, mens jeg gik i en kirke, der troede på, at Gud er en hellig treenighed bestående af tre personer. Jeg var ved at skifte fra den kirke til apostlenes lære. Gud er én! Gud er Ånd, Jesus var Gud, der kom i kødet for at bo blandt mennesker, og Helligånden er Gud i os. Det var og er apostlenes lære. Jeg havde kun accepteret det, jeg blev undervist i, som sandheden. Jeg vidste ikke, hvor og hvornår denne tro kom fra.

En uge senere bad søster Elizabeth mig om at tage hen til min onkels hus til et bibelstudie. Broder James Min, som har gaven til at helbrede og udfri, kom med hende. Der skete mirakler den aften, og efter bibelstudiet spurgte de os, om vi ønskede at modtage Helligånden. De fleste af os sagde ja. Jeg tænkte stadig, at det var vanvittigt og ikke muligt, men jeg trådte alligevel frem.

Da broder James og søster Elizabeth bad for mig, kom der en kraft over mig. Jeg vidste ikke, hvordan jeg skulle reagere på denne stærke følelse af glæde. Først undertrykte jeg følelsen af denne kraft. Anden gang kom den kraftigere end første gang, og den blev stærkere, da jeg forsøgte at undertrykke den igen.

Tredje gang kunne jeg ikke undertrykke Ånden, og jeg begyndte at tale på et andet sprog, som jeg ikke kendte. Jeg troede, at tungetale var en løgn, så da glæden ved Helligånden først kom over mig, prøvede jeg at tale, men prøvede at stoppe det, fordi jeg var bange. Jesus helbredte mig fra alle depressioner og selvmordstanker den dag.

Jeg er 28 år gammel nu, og Herren har virkelig forandret mit liv til det bedre. Jeg har afsluttet bibelskolen, og Herren har velsignet mig med en smuk kone. Vi har et ungdomsarbejde i vores kirke, og jeg er også i gang med en tjeneste som Guds tjener. Søster Das gav aldrig op over for Razo-familien eller mig. På grund af hendes mange bønner og hendes vidnesbyrd om Guds kraft er der kommet godt til hele Razo-familien. Mange af vores slægtninge og naboer har også vendt sig til Herren Jesus Kristus. Nu har jeg et vidnesbyrd. Lad mig sige, at du aldrig nogensinde må opgive at bede for dine kære og mennesker i almindelighed. Du kan aldrig vide, hvad Gud gør, og hvordan han lægger strategier for at opnå det på sin måde!!!

Tammy Alford Mount. Herman, Louisiana, U.S.A.

Jeg har stort set været i kirke hele mit liv. Min byrde er for de mennesker, der har ondt, og jeg ønsker at nå dem med sandhedens ord, så de ved, at Jesus er deres håb. Da Herren gav mig denne byrde, skrev jeg "The People" på et bedetæppe og delte det med min kirke. Vi begyndte at bede og gå i forbøn, og det resulterede i, at alle fik et bedetæppe med hjem, som de kunne bede over.

 Det var gennem vores tidligere præst og hans familie (som nu er blevet kaldt til Indien som missionærer), at jeg første gang mødte Sis. Elizabeth Das. Vores Country Church i Franklinton, Louisiana, bød hende velkommen, da hun delte sit stærke vidnesbyrd. Alle var velsignede. Et par måneder senere blev søster Elizabeth og jeg bønnepartnere. En strålende dame, som ikke bare elsker at bede, men også lever det! Hun lever utroligt sandt: "I sæsonen og uden for sæsonen." Vi bad sammen tidligt om morgenen via telefon, hvor Texas havde forbindelse til Louisiana. Vi blev velsignet af Herren. Han gav forøgelsen, og snart havde vi en bedegruppe fra forskellige stater.

Gennem en fælleslinje på konferencen begyndte vi at bede og faste, og så begyndte lovprisningsrapporterne at komme ind. Vores Gud er så fantastisk! Søster Elizabeth er den strålende kvinde, der har sådan et brændende ønske om at se sjæle frelst. Hendes brændende flamme har tændt og antændt mange andre til at bede og have visioner. Der er ingen sygdom, smerte eller djævel i helvede, der kan stoppe hende. I mange år nu har hun nået og bedt for de fortabte og døende; kun evigheden vil vise det. Jeg takker Gud for hendes bulldog-beslutsomhed og hendes kærlighed til "folket". Jeg har set Gud gøre fantastiske gerninger, mirakler og besvare bønner gennem hende. Mine venner her og folk, jeg kender, kan alle bevidne, at når vi kalder på Sis. Elizabeth, bliver troens bøn bedt. Så sker der ting! For eksempel skulle en dame, som kommer i vores kirke fra tid til anden, have en større operation. Selvom hun boede uden for byen, sagde jeg til hende, at jeg ville ringe til søster

Elizabeth, og så ville vi bede for hendes sygdom over telefonen. Vi bad, og hendes smerter var væk. Søster Elizabeth sagde til hende: "Du behøver ikke at blive opereret, du er helbredt." Hun blev ved med at være indstillet til operation, indtil hospitalet ringede og aflyste operationen, og hun gik ud og fik en ny tid. Hospitalet foretog ikke flere forundersøgelser og gennemførte operationen. Efter operationen blev hun informeret om, at de ikke havde fundet noget galt med hende, ikke engang et spor af den alvorlige sygdom.

Et andet mirakel var i forbindelse med min ven, som har en lille dreng. Han var syg med feber og var faldet i søvn. Vi ringede til Sis. Elizabeth og bad over højttaleren. Den lille dreng vågnede pludselig, stod op, løb normalt rundt og blev helbredt. Mange gange har vi bedt over hjem med dæmoniske ånder, og vi kunne faktisk mærke, at der var sket noget. Vi glædede os over, at de fortalte os, at de pludselig følte fred, eller at de kunne få en god nats søvn uden at blive plaget.

Jeg ved, at min tro er vokset, siden jeg blev en del af denne bedegruppe. Søster Elizabeth har været en lærer for mig på så mange måder. Hun har givet mig åndelig vejledning gennem Guds ord. Hendes liv er det smukke eksempel, der viser metaforerne i Bibelen, hvor der tales om "lyset på bakken, som ikke kan skjules" og også "træet plantet ved floderne af vand." Hendes rødder er dybt forankret i Jesus, og hun er i stand til at give andre den styrke og visdom, de har brug for. Gennem de mørke prøvelser, jeg har gennemgået, ved jeg, at Sis. Elizabeth har bedt mig igennem, og jeg er taknemmelig for hendes tjeneste. Hun er i sandhed den blændende juvel, der er udvalgt i Kristus, og som bliver brugt mægtigt for hans rige. Tidligt hver morgen bringer hun de tomme kar frem for Jesus, og han fylder dem igen. Min tak til søster Elizabeth for virkelig, men rent, at give sig selv til Jesus og hans rige. Til Gud være æren!

Rhonda Callahan Fort Worth, Texas

20. maj 2011

Engang i 2007 kørte jeg gennem byen Dallas langs en motorvej, og jeg lagde mærke til et par hjemløse mænd, der sov under en bro. Jeg blev rørt af medfølelse og sagde til Herren: „Herre"hvis du var på denne jord i dag, ville du røre ved disse mænd og helbrede deres sind og gøre dem hele! De ville blive produktive mænd i samfundet og leve normale liv."…. I det samme talte Jesus til mit hjerte og sagde: "I er mine hænder, og I er mine fødder." I det øjeblik vidste jeg, hvad Gud talte til mig om. Jeg begyndte at græde og lovprise ham. Jeg besad kraften til at røre ved disse mænd og gøre dem hele. Ikke af min egen kraft, men af hans kraft.

I Apostlenes Gerninger 1,8 står der: "Men I skal få kraft, efter at Helligånden er kommet over jer, og I skal være mine vidner både i Jerusalem og i hele Judæa og Samaria og indtil jordens yderste grænse.

Desuden fortæller Efeserbrevet 1:13-14 os det;

"På hvem I også stolede, efter at I hørte sandhedens ord, evangeliet om jeres frelse; på hvem I også, efter at I troede, blev beseglet med den forjættede hellige Ånd, som er vor arves forjættelse indtil forløsningen af den købte ejendom, til lovprisning af hans herlighed."

Jeg havde modtaget kraften og var blevet beseglet i 1986, da Gud herligt døbte mig med Helligånden. Så mange gange har vi den tankegang, at hvis Gud var her i dag, ville der ske mirakler blandt os. Vi må forstå, at når han fylder dig med sin Helligånd. Han har givet dig kraft til at gøre mirakler. Vi bliver hans hænder og fødder, vi er kaldet til at forkynde dette vidunderlige budskab til alle, der er i nød.

Lukas 4:18

"Herrens Ånd er over mig, fordi han har salvet mig til at forkynde evangeliet for de fattige; han har sendt mig for at helbrede dem, der har et knust hjerte, for at forkynde fanger udfrielse og blinde synet tilbage, for at befri dem, der er knuste, for at forkynde Herrens velbehagelige år".

Selv om jeg havde været fyldt med Helligånden siden 1986, havde jeg fået nogle hårde slag i løbet af de sidste par år. Jeg kom trofast i kirken, jeg var søndagsskolelærer og havde lige afsluttet 4 års bibelskole. Jeg meldte mig frivilligt til at gøre alt, hvad der blev bedt om i kirken.

Alligevel var jeg blevet ekstremt undertrykt. Jeg troede stadig på, at Gud var i stand til at gøre alt det, han havde lovet, men jeg var et brudt kar. Der var engang, hvor jeg arbejdede for Herren i bøn og forbøn, læste min Bibel hver dag og vidnede, hver gang jeg fik chancen, men nu bad jeg slet ikke så meget. Jeg var modløs og deprimeret og blev overmandet af konstant mental pine. Min datter havde for nylig forladt sin mand og søgt om skilsmisse. Mit barnebarn var 4 år på det tidspunkt, og jeg så den smerte, han led under et brudt hjem. Jeg blev mere og mere plaget af tankerne om det liv, han ville leve, når han voksede op i et brudt hjem. Jeg var bekymret for, om han ville blive misbrugt af en stedforælder, som ikke elskede ham, eller om han ville vokse op uden at føle sig elsket af sin far eller mor på grund af skilsmissen. Mit sind kørte rundt med forfærdelige tanker, og jeg græd dagligt. Jeg gav udtryk for disse tanker over for et par nære venner. De svarede altid det samme... Stol på Gud! Jeg vidste, at Gud var i stand til det, men jeg havde mistet troen på mig selv. Når jeg bad, tog jeg mig selv i at tigge, græde og ønske, at Gud ville beskytte ham. Jeg vidste, at han kunne, men ville han gøre det for mig?

Jeg kæmpede med at spise og havde hele tiden brug for at mætte mig selv. Mit kød var blevet hersker i mit liv. Jeg vandrede ikke længere i ånden, men vandrede mere i kødet og opfyldte hele tiden kødets lyster, eller sådan følte jeg det i hvert fald.

Jeg gjorde det på "hans måde"

Den 27. marts 2011 havde vi en Ladies Fellowship-frokost efter kirken. Jeg blev bedt om at tale. Husk, at jeg stadig arbejdede i kirken som normalt, men jeg var knust, og få, om nogen, forstod dybden af min knusthed. Efter frokosten kom søster Elizabeth Das hen til mig med et sødt smil og gav mig sit telefonnummer. Hun sagde" :Ring til mig, hvis du har brug for et sted at tage hen efter kirken, du kan bo hos mig." Grunden til, at hun sagde, at jeg kunne bo hos hende, var, at jeg har 65 km til kirken den ene vej, og det er meget svært at køre hjem og tilbage igen til aftengudstjenesten, så jeg prøvede bare at blive hængende til aftengudstjenesten i stedet for at køre hjem mellem gudstjenesterne.

Der var gået omkring to uger, og jeg følte, at jeg var mere deprimeret. En morgen på vej til arbejde gravede jeg i min taske og fandt søster Elizabeths nummer. Jeg ringede til hende og bad hende om at bede for mig.

Jeg forventede, at hun ville sige ok og afslutte telefonsamtalen. Men til min overraskelse sagde hun, at jeg vil bede for dig nu. Jeg kørte min bil ind til siden, og hun bad for mig.

Den følgende uge tog jeg med hende hjem efter kirken. Efter at have talt et stykke tid bad hun om at bede for mig. Hun lagde sine hænder på mit hoved og begyndte at bede. Med kraft og autoritet i stemmen bad hun Gud om at udfri mig. Hun irettesatte det mørke, der omgav mig; overspisning, mentale pinsler, depression og undertrykkelse.

Jeg ved, at Gud den dag brugte disse hænder til at befri mig fra den forfærdelige undertrykkelse, jeg led under. I det øjeblik søster Elizabeth overgav sig til Gud, satte han mig fri!

Markus 16,17-18 fortæller os: "Og disse tegn skal følge dem, der tror: I mit navn skal de uddrive djævle, de skal tale med nye tunger, de skal optage slanger, og hvis de drikker noget dødbringende, skal det ikke skade dem, de skal lægge hænderne på de syge, og de skal blive raske."

Elizabeth Das

Esajas 61,1 "Gud Herrens Ånd er over mig, for Herren har salvet mig til at forkynde godt budskab for de sagtmodige, han har sendt mig for at forbinde dem, der har knust hjerte, for at forkynde frihed for fanger og åbning af fængslet for dem, der er bundet."

Jesus har brug for, at vi er hans hænder og fødder. Søs. Elizabeth er en sand Guds tjener. Hun er fyldt med hans kraft og lydig mod hans stemme. Jeg er så taknemmelig for, at der er kvinder som Sis.

Elizabeth, som stadig tror på den udfriende kraft i Jesu dyrebare blod, som er blevet salvet af Hans Ånd og opfylder det vidunderlige kald, Han har kaldet hende til at gøre. Den dag forvandlede Gud min smerte til skønhed og fjernede tyngdens ånd og erstattede den med glædens olie.

Esajas 61,3: "At give dem, der sørger i Zion, skønhed for aske, glædens olie for sorg, lovprisningens klædning for tungheds ånd, så de kan kaldes retfærdighedens træer, Herrens plantning, så han kan blive herliggjort."

Jeg udfordrer dig i dag: Søg Gud af hele dit hjerte, så du kan vandre i Hans krafts fylde. Han har brug for, at du deler Jesus med andre og er hans hænder og fødder. Amen!

Vicky Franzen Josephine Texas

Mit navn er Vicki Franzen, jeg har gået i den katolske kirke det meste af mit voksne liv; men jeg har altid følt, at der manglede noget. For et par år siden begyndte jeg at lytte til et radioprogram, der underviste om endetiden. Mange spørgsmål, som jeg havde haft hele mit liv, blev besvaret. Det førte mig til en apostolisk kirke for at fortsætte min søgen efter sandheden. Der blev jeg døbt i Jesu navn og modtog Helligåndens dåb med tegn på tungetale, som beskrevet i Apostlenes Gerninger.

De næste fire år virkede det, som om evnen til at tale i tunger ikke længere var tilgængelig for mig, selv om jeg gik regelmæssigt i kirke, bad, studerede og var involveret i forskellige tjenester. Jeg følte mig meget "tør" og tom for Helligånden. Et andet medlem af min kirke fortalte mig, at da søster Liz havde lagt hænderne på hende og bedt, kom der "noget" ud af hende, som fik hende til at føle sig helt fri for undertrykkelse, depression og så videre.

Flere damer fra vores kirke mødtes til frokost, hvilket gav mig mulighed for at møde søster Elizabeth. En samtale begyndte om dæmoner og den åndelige verden. Jeg havde altid været meget nysgerrig omkring dette emne, men havde aldrig hørt en lære om det. Vi udvekslede telefonnumre og begyndte et bibelstudie i hendes hjem. Jeg spurgte, hvordan en person, der var blevet døbt i Jesu navn og døbt med Helligånden, kunne have en dæmon. Hun fortalte mig, at man er nødt til at leve et retfærdigt og helligt liv ved at bede, faste, læse Guds ord og være fuld af Helligånden ved at tale i tunger hver dag. På det tidspunkt delte jeg min oplevelse af at føle mig tør og ikke være i stand til at tale i tunger. Hun lagde hænderne på mig og bad. Jeg havde det godt, men var meget træt. Liz forklarede, at når en ond ånd kommer ud af kroppen, føler man sig træt og udmattet. Hun fortsatte med at bede over mig, og jeg begyndte at tale i tunger. Jeg var så begejstret og fuld af glæde. At kunne tale i tunger viste mig, at jeg stadig havde Helligånden.

Liz og jeg blev gode venner og bad sammen. Søster Elizabeth har sådan en sød og blid ånd over sig, men når hun beder, salver Gud hende med guddommelig frimodighed til at helbrede de syge og uddrive dæmoner. Hun beder med autoritet og ser næsten altid svaret med det samme. Gud har givet hende et talent for at undervise i skrifterne, som gør meningen meget klar for mig.

Jeg fortalte Liz om min veninde Valeries datter, Mary. Hun blev diagnosticeret med ADD og KOL. Hun havde også diskusprolaps, som de forsøgte at behandle uden operation. Hun var konstant på hospitalet med forskellige fysiske problemer. Hun fik en masse forskellig medicin uden nogen gode resultater. Mary var så handicappet, at hun ikke kunne arbejde, og hun havde fire børn at tage sig af uden nogen form for støtte fra sin eksmand.

Søster Liz begyndte at fortælle mig, at nogle af disse ting er dæmoner og kan uddrives i Jesu navn. Det var jeg lidt i tvivl om, simpelthen fordi jeg aldrig havde hørt om en bestemt sygdom, der blev omtalt som værende forårsaget af dæmoner. Da min veninde, hendes svigermor og jeg sad og drak kaffe for nylig, begyndte de at fortælle mig, hvor voldsomt Mary talte til dem. Hun skreg, råbte og bandede ad dem. De vidste, at hun havde oplevet mange smerter med sine rygproblemer og svære hovedpiner, som medicinen ikke så ud til at lindre, men dette var anderledes. De talte om, hvor hadefulde hendes øjne til tider var, og hvor meget det skræmte dem.

Et par dage senere ringede min veninde og sagde, at hun ikke kunne holde det ud længere! Beskrivelserne af, hvordan hendes datter opførte sig, begyndte at bekræfte de ting, som Sis. Liz havde fortalt mig om dæmoner. Alt, hvad hun fortalte mig, bekræftede Gud gennem andre. Marys tilstand blev værre, og hun begyndte at tale om at gøre en ende på sit liv. Vi begyndte at bede sammen om uddrivelse af dæmoner i Mary og hendes hjem. Gud vækkede søster Liz to nætter i træk for at gå i forbøn for Mary. Liz bad specifikt Gud om at vise Mary, hvad der foregik der.

Da Maria bad om natten, fik hun et syn om, at hendes mand (som havde forladt hende og boede sammen med en anden kvinde) var i hendes hus. Hun troede, at synet var Guds svar på hendes bøn om, at han ville komme hjem til dem til jul. Søster Liz fortalte mig, at hun havde mistanke om, at der blev brugt heksekunst mod Mary. Sandsynligvis af hendes eksmand eller den kvinde, han boede sammen med. Jeg forstod virkelig ikke, hvordan hun kunne vide det. Jeg delte ikke noget af det, Liz fortalte mig, med nogen. Inden for et par dage fortalte Valerie mig, at hendes datter, Mary, modtog mærkelige, grimme sms'er fra den kvinde, der bor sammen med hendes eksmand. Mary vidste, at sproget helt sikkert blev brugt til heksekunst. Det var en bekræftelse af, hvad søster Liz havde fortalt mig.

I løbet af de sidste par måneder, hvor vi har kendt til Marys tilstand, har vi forsøgt at gå hen og bede for hende. Det fungerede bare aldrig.

Søster Liz sagde: "Selv om vi ikke kan komme hjem til hende, vil Gud tage sig af situationen."

Da Jesus var kommet ind i Kapernaum, kom der en centurion hen til ham og bad ham og sagde: Herre, min tjener ligger derhjemme og er lam og meget forpint. Og Jesus siger til ham: Jeg vil komme og helbrede ham. Centurionen svarede og sagde: Herre, jeg er ikke værdig til, at du kommer ind under mit tag; men sig blot et ord, så skal min tjener blive helbredt. For jeg er en mand med myndighed og har soldater under mig; og jeg siger til denne mand: Gå, og han går; og til en anden: Kom, og han kommer; og til min tjener: Gør dette, og han gør det. Da Jesus hørte det, undrede han sig og sagde til dem, der fulgte efter: Sandelig siger jeg jer: Jeg har ikke fundet så stor tro, nej, ikke i Israel. (Matthæus 8: 5-10)

Inden for to dage efter at vi havde bedt om at uddrive dæmoner fra Mary og hendes hjem, fortalte hun sin mor, at hun sov bedre og ikke havde flere drømme. Det er en af de mange ting, Sis. Liz fortalte mig, at når man har mange drømme og mareridt om natten, kan det være et tegn på, at der er onde ånder i ens hus. Den følgende dag fortalte en af Valeries kolleger hende om en drøm, hun havde haft natten før. En flad, sort slange kravlede væk fra Marys hus. Den dag ringede Mary til sin mor og sagde, at hun følte sig så lykkelig og glad. Hun var ude at shoppe med sine 15 måneder gamle tvillinger, hvilket hun ikke havde gjort i lang tid. Dette var endnu en bekræftelse på, at ADD, ADHD, bipolaritet og skizofreni er fjendens angreb. Vi har magt over skorpioner og slanger (disse er alle onde ånder, der er nævnt i Bibelen.), som vi kun kan uddrive i Jesu navn.

Se, jeg giver jer magt til at træde på slanger og skorpioner og over al fjendens magt, og intet skal på nogen måde skade jer. Lukas 10:19

Søster Liz fortalte mig også, at vi dagligt skal salve vores familie, vores hjem og os selv med velsignet olivenolie mod fjendens angreb. Vi skal også lade Guds ord gennemtrænge vores hjem.

Denne oplevelse har hjulpet mig til at se nogle situationer, der helt sikkert er kontrolleret af dæmoner, som der tales om i Bibelen.

For vi kæmper ikke mod kød og blod, men mod fyrstedømmer, mod magter, mod herskerne i denne verdens mørke, mod åndelig ondskab i det høje. (Efeserne 6:12)

Jeg kan kun tale for mig selv. Jeg voksede op i den tro, at mirakler, tungetale, helbredelse af syge og uddrivelse af dæmoner kun fandtes i Bibelen, da Jesus og hans apostle var på jorden. Jeg har aldrig tænkt meget over dæmonbesættelse i vores nutid. Nu ved og forstår jeg, at vi stadig befinder os i Bibelens tid! Hans ord har altid været for nutiden. "Nutiden" var i går, "nutiden" er nu, og "nutiden" vil være i morgen!

Jesus Kristus, den samme i går, i dag og til evig tid. (Hebræerbrevet 13:8)

Satan har formået at bedrage og lede os væk fra den kraft, Gud gav sin kirke. Guds kirke er dem, der omvender sig, bliver døbt i Jesu navn og modtager Helligåndens gave, med det bevis at tale i tunger. De vil derefter modtage kraft fra det høje.

Men I skal få kraft, efter at Helligånden er kommet over jer, og I skal være mine vidner både i Jerusalem og i hele Judæa og i Samaria og indtil jordens yderste grænser. (Apostlenes Gerninger 1:8)

Og min tale og min forkyndelse var ikke med lokkende ord af menneskelig visdom, men i demonstration af Ånden og af kraft (1. Korintherbrev 2:4)

For vort evangelium kom ikke kun til jer med ord, men også med kraft og med Helligånden og med megen vished; I ved jo, hvad slags mennesker vi har været iblandt jer for jeres skyld. (1. Thessalonikerbrev 1:5)

Guds ord er til os NU!

Afsnit II

Elizabeth Das

Jeg havde aldrig tænkt på at skrive denne anden del i min bog. Men jeg tog mig tid og tilføjede denne del, fordi så mange mennesker efterspurgte informationen. Lige siden jeg begyndte at give bibelstudier til forskellige nationaliteter, stødte vi på ændringer i de moderne bibler. Jeg begyndte at grave dybt i historien og fandt nogle meget chokerende oplysninger. Med disse oplysninger mener jeg, at det er mit ansvar at lade mine medbrødre og søstre kende denne sandhed og at stoppe fjenden i hans spor, så han ikke længere vil vildlede folk.

A.

De sprog, Gud brugte

I løbet århundredernes løb har Bibelen taget mange forskellige former og især forskellige sprog. Gennem historien ser vi fire hovedsprog, som Bibelen er blevet oversat til: først hebraisk, så græsk, efterfulgt af latin og til sidst engelsk. De efterfølgende afsnit viser kort disse forskellige stadier.

Fra omkring 2000 f.v.t., Abrahams tid, til ca. 70 e.v.t., hvor det andet tempel i Jerusalem blev ødelagt, valgte Gud at tale til sit folk gennem de semitiske sprog, hovedsageligt hebraisk. Det var gennem dette sprog, at hans udvalgte folk blev vist vejen, og også at de virkelig havde brug for en frelser til at rette dem, når de syndede.

Efterhånden som verden udviklede sig, opstod der en supermagt, hvis primære kommunikation foregik via det græske sprog. Græsk var et fremtrædende sprog i tre århundreder og var et logisk valg fra Guds side. Det var gennem græsk, at Gud valgte at kommunikere Det Nye Testamente; og som historien viser, spredte det sig som en steppebrand. Da Satan indså, hvilken trussel en tekst skrevet på massernes sprog ville udgøre, satte han sig for at ødelægge Bibelens troværdighed. Denne "falske" Bibel var skrevet på græsk, men stammede fra Alexandria i Egypten; Det Gamle Testamente blev kaldt "Septuaginta", og Det Nye Testamente blev kaldt Den"Alexandrinske Tekst". Oplysningerne blev perverteret af menneskets ideer og slettede mange af Guds ord. Det er også tydeligt, at disse apokryfer (græsk for 'skjult', blev aldrig betragtet som Guds ord) i dag er sivet ind i vores moderne Bible.

I 120 e.Kr. var latin blevet et almindeligt sprog, og Bibelen blev oversat igen i 1500-tallet. Fordi latin var et så udbredt sprog på det tidspunkt, var det nemt at læse Bibelen i hele Europa. Latin blev på det tidspunkt betragtet som et "internationalt" sprog. Det gjorde det muligt for Bibelen at rejse gennem landene og blive yderligere oversat til regionale dialekter. Denne tidlige version blev kaldt Vulgata, som betyder den"almindelige bibel". Djævelen reagerede på denne trussel ved at skabe en søsterbog i Rom. Romerne hævdede, at deres bibel, som var fyldt med de kasserede"bøger" i apokryferne og tekster, der skulle ligne den rigtige bibel, faktisk var den sande bibel. På dette tidspunkt havde vi to bibler, som var dramatisk forskellige fra hinanden, og for at beskytte sin falske bibel måtte Djævelen gå ud og ødelægge de sande tekster. De romerske katolikker sendte lejesoldater ud for at udslette og gøre dem til martyrer, der var i besiddelse af den sande latinske Vulgata. Lejesoldaterne havde succes for det meste, men til sidst var de ikke i stand til at udrydde den fuldstændigt, og Guds ord blev bevaret.

Mellem år 600-700 e.Kr. udvikledes et nyt verdenssprog, engelsk. Gud begyndte at lægge grunden, som derefter udløste en massiv missionsbevægelse. Først begyndte William Tyndale i 1500-tallet at oversætte de originale hebraiske og græske tekster til det nye sprog. Mange efter ham forsøgte at gøre det samme og gjorde deres bedste for at matche de tidligere hebraiske og græske tekster. Blandt disse mennesker var kong James VI, som i 1604 gav et råd til opgave at producere den mest nøjagtige engelske version af teksterne. I 1611 var der en autoriseret version i omløb, almindeligvis kendt som King James Bible. Missionærer begyndte at oversætte fra denne bibel over hele verden.

Satans konstante angreb på Guds ord:

Nu står vi over for endnu et angreb fra djævelen. Den bibel, der blev udgivet i 2011, og som hævder, at den er KJV fra 1611, har indsat apokryferne, som aldrig blev betragtet som Guds ord. Apokryferne blev fjernet fra KJV af de autoriserede lærde, der vidste, at de ikke var Guds ord.

Satan giver aldrig op!

B.

Hvordan Gud bevarede sit ord?

Gud lægger den største vægt på sit skrevne ord, hvilket er helt tydeligt.

Herrens ord er rene ord, som sølv, der prøves i en ovn af jord og renses syv gange. Du skal bevare dem, HERRE, du skal bevare dem fra denne slægt til evig tid (Sl 12,6-7).

Guds ord er over alle navne:

*"Jeg vil tilbede i dit hellige tempel og prise dit navn for din godhed og din sandhed, <u>**for du har ophøjet dit ord over alle dine navne**</u>."*
(Salmernes Bog 138:2)

Herren advarede os også om sit syn på sit ord. Han gav alvorlige advarsler til dem, der ville ødelægge skrifterne. Gud advarede mod at tilføje noget til sit ord:

<u>**Hvert ord fra Gud er rent**</u>*, han er et skjold for dem, der sætter deres lid til ham. Læg ikke noget til hans ord, så han ikke irettesætter dig, og du bliver afsløret som en løgner. (Ordsprog 30:5-6)*

Gud har bevaret sine ord til alle generationer, uden at fejle!

Mange fromme mænd forsøgte heltemodigt at holde den stigende bølge af frafald og vantro tilbage; til dels på grund af udvandingen af Guds ords autoritet. I den mørke middelalder kontrollerede den katolske kirke folket ved kun at lade Bibelen skrive på latin. Almindelige mennesker kunne ikke læse eller tale latin.

I 400 e.Kr. var Bibelen oversat til 500 sprog fra de originale manuskripter, som var sande. For at kontrollere folk lavede den katolske kirke en streng lov om, at Bibelen kun måtte skrives og læses på latin. Denne latinske version var ikke oversat fra de originale manuskripter.

John Wycliffe:

John Wycliffe var velkendt som præst, lærd, Oxford-professor og teolog. I 1371 begyndte J.W. at håndskrive manuskripterne til engelsk med hjælp fra mange trofaste skrivere og tilhængere. Wycliffes første håndskrevne engelsksprogede bibelmanuskript blev oversat fra den latinske Vulgata. Det skulle være med til at sætte en stopper for den romersk-katolske kirkes falske lære. Det ville tage 10 måneder og koste 40 pund at skrive og distribuere bare ét eksemplar af Bibelen. Guds hånd var på Wycliffe. Den romersk-katolske kirke rasede af vrede mod Wycliffe. Hans mange betydningsfulde venner hjalp ham fra at blive skadet. Selvom den katolske kirke gjorde alt, hvad der stod i dens magt for at indsamle og brænde alle eksemplarer, stoppede det ikke Wycliffe. Han gav aldrig op, fordi han vidste, at hans arbejde ikke var forgæves. Det lykkedes ikke den katolske kirke at få fat i alle kopierne. Der blev 170 eksemplarer tilbage. Til Gud være æren!

Den romersk-katolske kirke fortsatte sin vrede. Fireogfyrre år efter John Wycliffes død beordrede paven, at hans knogler skulle graves op, knuses og smides i floden. Omkring hundrede år efter J. Wycliffes død begyndte Europa at lære græsk.

John Hus:

En af John Wycliffes tilhængere, John Hus, fortsatte det arbejde, som

Wycliffe havde påbegyndt; også han modsatte sig falske læresætninger. Den katolske kirke var fast besluttet på at stoppe alle andre ændringer end deres egne ved at true med henrettelse for enhver, der læste en ikke-latinsk bibel. Wycliffes idé om, at Bibelen skulle oversættes til ens eget sprog, ville hjælpe. John Hus blev brændt på bålet i 1415 sammen med Wycliffes manuskript, som blev brugt til at antænde bålet. Hans sidste ord var: "Om 100 år vil Gud oprejse en mand, hvis opfordringer til reform ikke kan undertrykkes!". I 1517 gik hans profeti i opfyldelse, da Martin Luther offentliggjorde sin berømte stridsskrift om den katolske kirke i Wittenberg. Samme år fortæller Fox' bog om martyrer, at den romersk-katolske kirke brændte syv mennesker på bålet for den forbrydelse at "lære deres børn at bede Herrens bøn på engelsk i stedet for latin."

Johannes Guttenberg:

Den første bog, der blev trykt i trykpressen, var Bibelen på latin og blev opfundet af Johannes Guttenberg i 1440.

Denne opfindelse gjorde det muligt at trykke et stort antal bøger på meget kort tid. Det skulle vise sig at være et vigtigt instrument til at skubbe den protestantiske reformation fremad.

Dr. Thomas Linacre:

Dr. Thomas Linacre, en Oxford-professor, besluttede sig for at lære græsk i 1490'erne. Han læste og færdiggjorde Bibelen på det græske originalsprog. Da han var færdig med sine studier, sagde han: "Enten er dette ikke evangeliet, eller også er vi ikke kristne".

De romersk-katolske latinske Vulgata-versioner var blevet så forvanskede, at sandheden blev skjult. Den katolske kirke fortsatte med at forsøge at håndhæve deres strenge lov, der krævede, at folk kun læste Bibelen på latin.

John Colet:

I 1496 begyndte John Colet, en anden Oxford-professor, at oversætte Bibelen fra græsk til engelsk for sine studerende og senere for offentligheden i St Paul's Cathedral i London. Inden for seks måneder udbrød der vækkelse, og over 40.000 mennesker deltog i hans gudstjeneste. Han opmuntrede folk til at kæmpe for Kristus og ikke være involveret i religionskrige. Han havde mange højtstående venner og undslap henrettelse.

Desiderius Erasmus, 1466-1536:

Desiderius Erasmus, en stor lærd, observerede Colets og Linacres begivenheder. Han blev imponeret over at konvertere den latinske Vulgata tilbage til sandheden. Det blev gjort med hjælp fra J. Froben, som trykte og udgav manuskriptet i 1516.

Erasmus ønskede, at alle skulle vide, hvor fordærvet den latinske Vulgata var blevet. Han opfordrede dem til at rette fokus mod sandheden. Han understregede, at ved at bruge de originale manuskripter, som var på græsk og hebraisk, ville det holde en på den rette vej til at fortsætte i trofasthed og frihed.

Et af de mest berømte og morsomme citater fra den kendte lærde og oversætter Erasmus var,

"Når jeg får lidt penge, køber jeg bøger, og hvis der er nogen tilbage, køber jeg mad og tøj."

Den katolske kirke fortsatte med at angribe alle, der deltog i en anden oversættelse af Bibelen end den latinske.

William Tyndale (1494-1536):

William Tyndale blev født i 1494 og døde i en alder af 42 år. Tyndale var ikke kun kaptajn for reformatorernes hær, han var også kendt som deres åndelige leder. Han var en stor mand med integritet og respekt.

Tyndale gik på Oxford University, hvor han studerede og voksede op. Efter at have modtaget sin kandidatgrad i en alder af 21, rejste han til London.

Han var dygtig til at tale mange sprog: Hebraisk, græsk, spansk, tysk, latin, fransk, italiensk og engelsk. En af Tyndales medarbejdere sagde, at når nogen hørte ham tale et af disse sprog, ville de tro, at han talte på sit modersmål. Han brugte disse sprog til at velsigne andre. Han oversatte det græske Nye Testamente til engelsk. Utroligt nok var han den første mand, der trykte Bibelen på engelsk. Denne gave gjorde det uden tvivl muligt for ham at flygte fra myndighederne i de år, hvor han var i eksil fra England. Til sidst blev Tyndale fanget og arresteret for kætteri og forræderi. I oktober 1536, efter en uretfærdig retssag og fem hundrede dage i et fængsel med kummerlige forhold, blev Tyndale brændt på bålet. Det er dokumenteret, at Tyndale House Publishers er en moderne virksomhed, der er opkaldt efter denne fantastiske helt.

Martin Luther:

Den romersk-katolske kirke havde regeret alt for længe, og Martin Luther havde ingen tolerance over for korruptionen i kirken. Han var træt af den falske lære, som blev påtvunget folket. På Halloween i 1517 havde han ingen betænkeligheder, da han slog sine 95 stridsskrifter op på kirken i Wittenberg. Rigsrådet i Worms, der var nedsat af kirken, planlagde at gøre Martin Luther til martyr. Den katolske kirke frygtede et eventuelt tab af magt og indtægter. De ville ikke længere være i stand til at sælge aflad for synder eller befri deres kære fra "skærsilden", som er en doktrin opfundet af den katolske kirke.

Martin Luther havde et forspring i forhold til Tyndale, og i september 1522 udgav han sin første oversættelse af Erasmus' græsk-latinske Nye Testamente til tysk. Tyndale ønskede at bruge den samme originaltekst. Han begyndte processen og blev terroriseret af myndighederne. I 1525 forlod han England og rejste til Tyskland, hvor han arbejdede ved Martin Luthers side. I slutningen af året var Det Nye Testamente oversat til engelsk. I 1526 blev Tyndales Nye Testamente den første udgave af skrifterne, der blev trykt på det engelske sprog. Det var godt!

Hvis folk kunne få adgang til at læse Bibelen på deres eget sprog, ville den katolske kirke ikke længere have et greb eller herredømme over dem. Frygtens mørke, som kontrollerede folket, var ikke længere en trussel. Offentligheden ville kunne udfordre kirkens autoritet for enhver afsløret løgn.

Friheden var endelig kommet; frelsen var gratis for alle gennem tro og ikke gerninger. Det vil altid være Guds ord, der er sandt, ikke menneskets. Guds ord er sandt, og sandheden skal gøre dig fri.

Kong James VI:

I 1603, da James VI blev konge, var der et udkast på vej til en ny oversættelse af Bibelen. Årsagen til den nye oversættelse var, at The Great Bible, Mathew's Bible, Bishop's Bible, Geneva Bible og Coverdale Bible, som var i brug, var korrupte. På Hampton Court-konferencen godkendte King James oversættelsen af Bibelen. Syvogfyrre bibelforskere, teologer og lingvister blev omhyggeligt udvalgt til dette store oversættelsesarbejde. Oversætterne blev delt op i seks grupper og arbejdede på universiteterne i Westminster, Cambridge og Oxford. De forskellige bøger i Bibelen blev tildelt disse hebraiske, græske, latinske og engelske lærde. Der var visse retningslinjer, der skulle følges, for at denne oversættelse kunne finde sted. Oversættelsen af Bibelen fra de oprindelige sprog var færdig i 1611 og blev spredt over hele verden.

Elizabeth Das

Derfor findes der mange sekter.

Jeg gjorde det på "hans måde"

Elizabeth Das

C.

Bibeloversættelser af vores tid:

Sandheden om forskellige versioner af Bibelen: Guds ord er den endelige autoritet for vores liv.

På nuværende tidspunkt findes der mange forskellige oversættelser af Bibelen ud over King James Version (KJV). Kristi sande tilhængere vil gerne vide, om alle bibelversionerne er korrekte eller ej. Lad os lede efter sandheden i alle disse forskellige versioner af Bibelen. Vi har NIV, NKJV, Catholic Bible, Latin Bible, American Standard Version, Revised Standard Version, English Standard Version, New American Standard Version, International Standard Version, Greek, and Hebrew Bible, og New World Translation (Jehovas Vidners) Bibel osv. Der er også mange andre bibler, der er oversat på forskellige tidspunkter og af mange forskellige lærde. Hvordan kan vi vide, at alle disse forskellige versioner er korrekte eller er blevet forvansket? Hvis de er blevet ødelagt, hvordan og hvornår er det så sket?

Lad os begynde vores rejse gennem disse mange variationer for at finde sandheden:

Det, vi har brug for at vide, er, hvilken der er den sande version:

Jeg gjorde det på "hans måde"

Den nylige opdagelse af Alexandria Original Script har en linje, linjer eller streger over ord og skriftsteder. Det betød, at man udelod netop disse ord og vers fra oversættelsen. De fandt disse linjer over ord som f.eks: Hellig, Kristus og Ånd, sammen med mange andre ord og vers. De skriftkloge, som havde til opgave at redigere disse manuskripter, troede ikke på Herren Jesus Kristus som Messias (Frelseren). Den, der redigerede, fjernede og ændrede mange ord og skriftsteder. Dette manuskript er for nylig blevet opdaget i Alexandria, Egypten.

Dette er et vidunderligt bevis på, at Bibelen blev ændret og ødelagt i Alexandria af deres korrupte religiøse og politiske ledere.

King James Version af Bibelen siger:

Hele Skriften er givet ved Guds inspiration og er nyttig til lærdom, til irettesættelse, til korrektion og til opdragelse i retfærdighed:
(2 Tim 3:16 KJV)

For det første skal I vide, at ingen af Skriftens profetier kan fortolkes privat. For profetien kom ikke i gamle dage ved menneskets vilje, men hellige Guds mænd talte, som de blev bevæget af Helligånden.
(2 Peter 1: 20-21)

Dette sande Guds ord skrevet af den eneste ene Gud.

<u>Guds ord er evigt:</u>

For sandelig siger jeg jer: Indtil himmel og jord forgår, skal der på ingen måde forgå en eneste tøddel af loven, før alt er opfyldt.
(Matthæus 5:18)

Og det er lettere for himmel og jord at forgå, end at en tøddel af loven mislykkes. (Lukas 16:17)

<u>Du må ikke tilføje eller trække noget fra Guds ord:</u>

Guds ord kan ikke trækkes fra, lægges til eller fordrejes:

For jeg vidner for enhver, der hører ordene i profetien i denne bog: Hvis nogen tilføjer noget til dette, skal Gud tilføje ham de plager, der er skrevet i denne bog: Og hvis nogen tager noget bort fra ordene i denne profetis bog, skal Gud tage hans del bort fra livets bog og fra den hellige by og fra de ting, der er skrevet i denne bog. (Johannes' Åbenbaring 22:18-19)

I skal ikke lægge noget til det ord, jeg befaler jer, og I skal ikke tage noget fra det, for at I kan holde de bud fra Herren jeres Gud, som jeg befaler jer. (Fjerde Mosebog 4:2)

Guds ord er levende og skarpere end et tveægget sværd:

Alle Guds ord er <u>rene</u>, han er et skjold for dem, der sætter deres lid til ham. (Ordsprog 30:5)

Salme 119 fortæller os, at Guds ord hjælper os med at forblive rene og vokse i troen. Guds ord er den eneste guide til at leve et rent liv.

*Dit ord er en **<u>lygte</u>** for mine fødder og et **<u>lys på</u>** min sti. (Salmernes Bog 119:105)*

*At blive født på ny, ikke af forgængelig sæd, men af uforgængelig, ved **<u>Guds ord,</u>** som lever og bliver til evig tid. (1 Peter 1:23)*

Af de mange engelske versioner, der findes i dag, er det kun King James Version (1611), der uden fejl følger den overlegne traditionelle masoretiske hebraiske tekst. Denne omhyggelige metode blev brugt af masoritterne til at lave kopier af Det Gamle Testamente. Et troværdigt bevis på Guds løfte om at bevare sit ord, som aldrig har svigtet.

Gud vil bevare sit ord:

*Herrens ord er **<u>rene ord</u>**, som sølv, der er prøvet i en ovn af jord og renset syv gange. Du skal bevare dem, HERRE, du **skal bevare dem fra denne slægt til evig tid**. (Salmernes Bog 12:6, 7)*

Jeg gjorde det på "hans måde"

Nutidens teknologi har bevist, hvor præcis og sand King James Version Bible er.

Tidsskriftet Royal Statistical Society og Statistical Science er et nyt forskningsagentur:

Hebraiske forskere, to matematikere fra Harvard og to fra Yale, tog disse to statistiske videnskabelige teknikker og blev forbløffede over nøjagtigheden af KJV-bibelen. De lavede et computerstudie, hvor de brugte den ækvidistante bogstavrækkefølge. De indtastede et navn fra de første fem bøger (Torah) i KJV-bibelen, og da de indtastede det navn, kunne den ækvidistante bogstavsekvenseringstest automatisk udfylde personens fødselsdato, dødsdato og den by, hvor de blev født og døde. De fandt, at dette var den mest nøjagtige rapport. Den noterede personer, der levede i det tidlige århundrede, med lethed og præcise resultater. Det var simple tests, men resultaterne var meget nøjagtige.

Den samme teknik slog fejl, da de satte de navne, der bruges i NIV, New American Standard Version, The Living Bible og andre sprog og oversættelser fra disse versioner. Denne metode beviser unøjagtigheden af korrupte kopier af Bibelen.

De prøvede den samme matematiske analyse for den samaritanske Mosebog og Alexandria-versionen, og den virkede heller ikke.

Åbenbaringens Bog fortæller os det:

Og hvis nogen tager noget bort fra ordene i denne profetis bog, skal Gud tage hans del bort fra livets bog og fra den hellige by og fra de ting, der er skrevet i denne bog. (Johannes' Åbenbaring 22:19)

Med dette studie kom de til den konklusion, at KJV-bibelen er den mest sandfærdige bibel, vi har i dag.

En græsk tekst baseret på den masoretiske tekst og Textus Receptus: (betyder simpelthen tekster, der er modtaget af alle), som oprindeligt blev skrevet, ligger til grund for KJV-bibelen. Over fem tusind manuskripter er 99% enige med KJV Bible.

KJV-bibelen er et offentligt domæne og behøver ingen tilladelse til at blive brugt til oversættelse.

De moderne bibelversioner bruger ikke den hebraiske masoretiske tekst. De har brugt Leningrad Manuskriptet, redigeret af Septuaginta, en korrupt græsk version af Det Gamle Testamente. Begge disse falske Biblia Hebraica hebraiske tekster tilbyder i deres egne fodnoter foreslåede ændringer. Falske hebraiske tekster, BHK eller BHS, bruges til Det Gamle Testamente i alle de moderne oversættelsesversioner.

Den traditionelle masoretiske hebraiske tekst, der ligger til grund for KJV, er nøjagtig den samme som det originale manuskript. I dag har arkæologer fundet alle Bibelens bøger, hvilket beviser, at KJV-bibelen er den nøjagtige oversættelse af den originale bog.

<u>Guds ord har ændret sig:</u>

Bibelen siger, at Guds ord er vores sværd og bruges som det eneste angrebsvåben mod fjenden; men i moderne oversættelser kan Guds ord ikke bruges som et angreb eller sværd mod fjenden. Der er sket så mange ændringer i Guds ord, at når vi ser personer, der bruger de moderne oversættelser, er de ustabile, deprimerede, ængstelige og har følelsesmæssige problemer.

Det er grunden til, at psykologi og medicin er kommet ind i kirken; nye oversættelser er ansvarlige for denne årsag.

<u>Lad os se på et par ændringer og den subtile årsag bag:</u>

Vi vil se ændringer i de følgende versioner af Bibelen. Jeg nævner nogle få af versionerne, men der findes mange andre versioner og oversættelser af denne bibel, som du også selv kan undersøge. New Living Translation, English Standard Version, New American Standard Bible, International Standard Version, American Standard Version, Jehovas Vidners Bibel og NIV Bible og andre oversættelser.

KJV: Lukas 4:18 Herrens Ånd [er] over mig, fordi han har salvet mig til at forkynde evangeliet for de fattige; han har sendt mig for at **helbrede de knuste hjerter***, for at forkynde udfrielse for de fangne og genvinde synet for de blinde, for at sætte dem i frihed, der er knuste,*

Dette skriftsted siger, at han helbreder de knuste hjerter.

NIV læser Lukas 4:18 "Herrens Ånd er over mig, fordi han har salvet mig til at forkynde godt nyt for de fattige. Han har sendt mig for at forkynde frihed for fangerne og genvinde synet for de blinde, for at løslade de undertrykte.

(Heal the brokenhearted er udeladt i NIV og også i andre versioner. Moderne oversættelser kan ikke helbrede det knuste hjerte).

KJV: Mark 3:15: Og at have **magt til at helbrede sygdomme og uddrive** *djævle:*

NIV: Markus 3:15: Og at have myndighed til at uddrive dæmoner.

("**Og at have magt til at helbrede sygdomme**" er udeladt i NIV og andre oversættelser. Du er magtesløs til at helbrede de syge).

KJV: Apostlenes Gerninger 3:11 Og da den **lamme mand, der var blevet helbredt,** *holdt Peter og Johannes, løb hele folket sammen til dem i våbenhuset, der kaldes Salomons, og undrede sig meget.*

NIV: Apostlenes Gerninger 3:11: Mens tiggeren holdt fast i Peter og Johannes, blev alle folk forbløffede og kom løbende hen til dem på det sted, der kaldes Salomons søjlegang.

NIV-bibelen har fjernet: Den"**lamme mand, som blev helbredt**", som er nøgleverset.

Ud over dette har NIV fjernet "Nådestolen" treoghalvtreds gange. Guds barmhjertighed er udeladt. Ordet blod er udeladt enogfyrre gange.

Efeserne 6:4 taler om at opdrage kirken... Ordet opdragelse stammer fra ordet pleje. Ligesom han holder og tager sig af en baby, nærer Gud os og ydmyger os, men nogle moderne versioner siger "disciplin" og "tugtelse".

KJV Daniel 3:25b siger: og den fjerdes skikkelse er som **Guds Søn**.

NIV Daniel 3:25b: har ændret ordene; og den fjerde ligner en **søn af guderne**.*"*

Guds søn er ikke gudernes søn ... det vil støtte polyteisme.

Ved at ændre "The" til "A" vil man støtte andre religioner. Eksempel: Et evangelium, en søn, en frelser ....JESUS ER IKKE DEN ENESTE FRELSER?!?!?

Det siger Bibelen:

Jesus siger til ham: Jeg er vejen, sandheden og livet; ingen kommer til Faderen uden ved mig. (KJV Johannes 14:6)

KJV: Mathew 25:31: Når Menneskesønnen kommer i sin herlighed, og alle de **hellige engle** *med ham, da skal han sidde på sin herligheds trone.*

NIV: Matthæus 25:31: Når Menneskesønnen kommer i sin herlighed og alle **englene** *med ham, vil han sidde på sin trone i himmelsk herlighed*

(NIV har fjernet ordet "hellig". Vi ved, at Bibelen også taler om onde og uhellige engle).

Gud er hellig:

NIV har også fjernet Helligånden eller Holy Ghost fra nogle steder. Dette er blot nogle få eksempler på de mange ændringer i NIV, NKJV, Catholic Bible, Latin Bible, American Standard Version, Revised Standard Version, Greek and Hebrew Bible og også andre versioner af

Bibelen, som blev oversat fra den gamle, korrupte Alexandrian Script og NIV.

Det følgende beviser, at NIV-bibelen er antikrist:

Mange ord som Jesus Kristus eller Kristus, Messias, Herre osv. er blevet fjernet fra NIV og andre oversættelser af Bibelen. Bibelen siger, hvem Antikrist er.

Antikrist:

Hvem er en løgner, hvis ikke den, der benægter, at Jesus er Kristus? Han er antikrist, som fornægter Faderen og Sønnen.
(KJV 1 Johannes 2:22)

*Vor Herre **Jesu Kristi** nåde [være] med jer alle. Amen.*
(KJV: Åbenbaringen 22:21)

Herren Jesu nåde være med Guds folk. Amen.
*(NIV: Åbenbaringen 22:21 har fjernet **Kristus**.)*

KJV John 4:29: Kom, se et menneske, som har fortalt mig alt, hvad jeg nogensinde har gjort: Er dette ikke Kristus?

NIV siger Johannes 4:29 "Kom og se en mand, som har fortalt mig alt, hvad jeg nogensinde har gjort. Kan det være Kristus?"

(Der sættes spørgsmålstegn ved Kristi guddommelighed) Ved at fjerne ord ændres betydningen.

Antikrist fornægter Faderen og Sønnen...

*KJV: Johannes 9:35 "du tror på **Guds søn**".*

*NIV: Ændret til "Tror du på **Menneskesønnen**".*

Elizabeth Das

KJV Apostlenes Gerninger 8:37 "Og Filip sagde: Hvis du tror af hele dit hjerte, må du. Og han svarede og sagde: Jeg tror, at Jesus Kristus er Guds Søn."

Apostlenes Gerninger 8:37; hele verset er fjernet fra NIV

KJV: Galaterne 4:7 derfor er du ikke mere en tjener, men en søn; og hvis en søn, så en arving til **_Gud gennem Kristus_**

NIV: Galaterne 4:7 så du er ikke længere en slave, men en søn; og da du er en søn, har Gud også gjort dig til en arving.

NIV udeladt arving til Gud gennem Kristus.

KJV: Efeserne 3: 9 Og for at få alle [mænd] til at se, hvad [er] fællesskabet i mysteriet, som fra verdens begyndelse har været skjult i Gud, som skabte alle ting **_ved Jesus Kristus_**:

NIV: Efeserne 3:9 og for at gøre det klart for alle, hvordan dette mysterium, som i umindelige tider har været skjult for Gud, som har skabt alt, skal forvaltes.

NIV har fjernet **"af Jesus Kristus"**. Jesus er skaberen af alle ting.

Jesus Kristus kommer i kød og blod:

1 Johannes 4:3 KJV ... Og enhver ånd, som ikke bekender, at **_Jesus Kristus er kommet i kødet,_** *er ikke af Gud.*

NIV siger: Men enhver ånd, som ikke vedkender sig Jesus, er ikke fra Gud.

("Jesus Kristus er kommet i kødet" er blevet fjernet)

Apostlenes Gerninger 3:13, 26 KJV siger, at han er Guds søn. NKJV fjernede Guds søn og sagde Guds tjener.

Nye bibelversioner ønsker ikke, at Jesus skal være "Guds søn". Guds søn betyder Gud i kød og blod.

*John 5:17-18 KJV men Jesus svarede dem: **Min far har arbejdet** indtil nu, og jeg arbejder. Derfor søgte jøderne endnu mere at dræbe ham, fordi han ikke alene havde brudt sabbatten, men også sagt, at **Gud var hans far,** og gjorde sig selv **lig med Gud***

KJV-bibelen definerer Jesus eller Jesus Kristus eller Herren Jesus. Men nye moderne oversættelser siger "han eller ham" i stedet.

*KJV: Og de synger Guds tjener Moses' sang og Lammets sang og siger: Store og forunderlige er dine gerninger, Herre Gud, den Almægtige; retfærdige og sande er dine veje, **du de helliges konge**. (Johannes' Åbenbaring 15:3)*

*NIV: og sang Guds tjener Moses' sang og Lammets sang: "Store og forunderlige er dine gerninger, Herre Gud, den Almægtige. Retfærdig og sand er din vej, tidernes **konge**. (Johannes' Åbenbaring 15,3)*

(Han er de helliges konge, som er født på ny. Som er døbt i Jesu navn og har modtaget Hans Ånd).

*KJV: Og **Gud** skal tørre alle tårer væk fra deres øjne; (Åbenbaringen 21:4)*

*NIV: **Han vil** tørre enhver tåre af deres øjne. (Johannes' Åbenbaring 21:4)*

"**Gud**" er ændret til "Han". Hvem er "han"? (Dette vil støtte andre religioner).

*KJV: Og jeg så, og se, et lam stod på Zions bjerg, og med ham hundrede fyrre [og] fire tusind, der havde sin **Faders navn** skrevet i deres pande. (Åbenbaringen 14:1)*

*NIV: Så så jeg, og der foran mig var Lammet, der stod på Zions bjerg, og med ham 144.000, der havde **hans navn og hans fars navn** skrevet på deres pande. (Åbenbaringen14: 1)*

NIV har tilføjet "His name" med "His Father's name", nu to navne.

Johannes 5:43b: Jeg er kommet i min Faders navn.

Så Faderens navn er Jesus. Jesus betyder på hebraisk
Jehova Frelser

*Zakarias 14:9 Og HERREN skal være konge over hele jorden; på den dag skal der være én HERRE og hans **navn én***

*KJV Isaiah 44:5 En skal sige: Jeg er Herrens; og en anden skal kalde sig ved navnet Jakob; og en anden skal underskrive sig med sin hånd til Herren og **efternavngive** sig ved navnet Israel.*

NIV: Esajas 44:5 Én vil sige: "Jeg tilhører Herren," en anden vil kalde sig Jakob, en tredje vil skrive på sin hånd: "Herren tilhører mig," og tage navnet Israel.

(NIV fjernede ordet **efternavn**)

Nu hører vi, at bogen "Hyrden fra Hermas" vil blive introduceret i den moderne version af Bibelen. I Hermas' Bog står der: "Tag navnet, overgiv dig til dyret, dann en verdensregering, og dræb dem, der ikke modtager navnet. (Jesus er ikke det navn, de henviser til her).

KJV Revelation 13:17: Og at ingen måtte købe eller sælge, undtagen den, der havde mærket eller dyrets navn eller tallet på dets navn.

Og bliv ikke overrasket, hvis Johannes' Åbenbaring forsvinder fra Bibelen. Nu er Johannes' Åbenbaring det sted, hvor fortiden, nutiden og de kommende ting er nedskrevet. Hermas Hyrde findes i Sinaiticus-manuskriptet, som ligger til grund for NIV-bibelen.

Symboler:

Hvad betyder symbolet, og hvem bruger det?
Et **symbol** er f.eks. et bestemt mærke, der repræsenterer noget information; en rød ottekant kan f.eks. være et symbol for "STOP". På et kort kan et billede af et telt repræsentere en campingplads.

666 =

Profetiens bog siger:

Her er visdom. Lad den, der har forstand, tælle dyrets tal; for det er et menneskes tal, og dets tal er seks hundrede og tresindstyve og seks. (Johannes' Åbenbaring 13:18)

Dette symbol eller logo af en sammenvævet 666 (gammelt treenighedssymbol) bruges af de mennesker, der tror på treenighedslæren.

Gud er ikke treenigheden eller tre forskellige personer. Én Gud, Jehova, kom i kødet, og nu virker hans Ånd i kirken. Gud er én og vil altid være én.

Men Apostlenes Gerninger 17:29 siger: Eftersom vi er Guds afkom, bør vi ikke tro, at Guddommen er som guld eller sølv eller sten, der er udhugget med kunst og menneskeskabt.

(At lave et symbol, der repræsenterer Guddommen, er imod Guds ord) New Agers indrømmer, at tre sammenvævede seksere eller "666" er Dyrets mærke.

Bibelen advarer os om, at Satan er en forfalskning:

"Og det er ikke underligt, for Satan selv er forvandlet til en lysets engel. Derfor er det ingen stor ting, hvis hans ministre også bliver forvandlet til retfærdighedens ministre;" (2 Corinthians 11: 14-15)

Satan er i sidste ende en forfalskning:

Jeg vil stige op over skyernes højder, jeg vil være som den Højeste. (Esajas 14:14)

Jeg vil være som den højeste Gud. Det er tydeligt, at Satan har forsøgt at fjerne Jesu Kristi identitet ved at ændre Guds ord. Husk, at Satan er subtil, og at hans angreb er på "Guds ord".

Ny King James Version:

Lad os se på den version af Bibelen, der hedder NKJV. New King James Version er **ikke** en King James Version. King James Version Bible blev oversat af 54 hebraiske, græske og latinske teologer i 1611.

Den nye King James Version blev først udgivet i 1979. Ved at studere den nye KJV vil vi finde ud af, at denne version ikke bare er den mest dødbringende, men også meget bedragerisk for Kristi legeme.

Hvorfor??????

NKJV-udgiveren siger:

.... At det er en King James Bible, hvilket ikke er sandt. KJV har ingen ophavsret; du kan oversætte den til et hvilket som helst sprog uden at få tilladelse. NKJV har en kopirettighed, der ejes af Thomas Nelson Publishers.

.... At den er baseret på Textus Receptus, som kun er en delvis sandhed. Dette er endnu et subtilt angreb. Vær forsigtig med denne New KJV. Du vil finde ud af hvorfor om et øjeblik.

New King James Bible hævder at være King James Bible, bare bedre. "NKJV" har udeladt og ændret mange vers.

Toogtyve gange ændres "Helvede" til "Hades" og "Sheol". Den sataniske New Age-bevægelse siger, at "Hades" er en midtvejstilstand af renselse!

Grækerne tror, at "Hades" og "Sheol" er en underjordisk bolig for de døde.

Der er mange sletninger af følgende ord: omvendelse, Gud, Herre, himmel og blod. Ordene Jehova, djævle og fordømmelse og Det Nye Testamente er fjernet fra NKJV.

Misforståelser om frelse:

KJV	NKJV
1. Korintherbrev 1:18	
"Er reddet"	At blive reddet.
Hebræerbrevet 10:14	
"Er helliget"	Er ved at blive
2. Korintherbrev 10:5	helliggjort.
"At nedbryde fantasien"	At nedkæmpe argumenter.
Matthæus 7:14	
"Den smalle vej" II	Vanskelig vej
Korintherne 2:15	
"Er frelst"	At blive reddet

"Sodomitter" er ændret til "perverterede personer". NKJV er en antikristelig misrepræsenteret version.

<u>Satans største angreb er på Jesus som Gud.</u>

NIV: Esajas 14:12 er et subtilt angreb på Herren Jesus, som er kendt som **Morgenstjernen.**

Hvor er du faldet ned fra himlen, morgenstjerne, morgenrødens søn!
Du er blevet kastet ned på jorden, du, som engang lagde nationerne ned!

(NIV har fodnoter til dette skriftsted *2 Peter 1:19* "*Og vi har fået profeternes ord gjort mere sikkert, og I vil gøre klogt i at være opmærksomme på det, som på et lys, der skinner på et mørkt sted, indtil dagen gryr, og morgenstjernen går op i jeres hjerter.*"

Ved at tilføje **_Morgenstjernen_** og give en anden reference i Åbenbaringen 2:28 vildleder man læseren til at tro, at Jesus er Morgenstjernen, som er faldet).

Men KJV Isaiah 14 :12 lyder: "Hvor er du faldet ned fra himlen, Lucifer, morgenens søn! [Du, som svækkede nationerne, er blevet hugget ned til jorden!"

(NIV-bibelen har fjernet Lucifers navn og erstattet "morgenens søn" med "**Morgenstjernen**". I Johannes' Åbenbaring omtales Jesus som "Morgenstjernen".

Jeg, Jesus, har sendt min engel for at vidne for jer om disse ting i menighederne. Jeg er Davids rod og afkom og den klare morgenstjerne (KJV 22:16).

Derfor misforstår NIV-versionen af Esajas 14,12 den bibelske betydning ved at sige, at Jesus er faldet ned fra himlen og har lagt nationerne ned). KJV-bibelen siger, at Jesus er den lyse morgenstjerne.

*"Jeg, Jesus, har sendt min engel for at vidne for jer om disse ting i menighederne. Jeg er Davids rod og afkom og den **klare morgenstjerne**." (Johannes' Åbenbaring 22:16 KJV)*

KJV:

Vi har også et mere sikkert profetisk ord, som I gør klogt i at tage jer i agt for, som for et lys, der skinner på et mørkt sted, indtil dagen gryr, og dagstjernen går op i jeres hjerter (KJV 2 Peter 1:19).

*Og han skal herske over dem med en jernstang; som en pottemagers kar skal de slås i stykker; ligesom jeg modtog af min Fader. Og jeg vil give ham **morgenstjernen**. (KJV Rev. 2:27-28)*

Moderne oversættelser imødekommer alle religioner ved at bruge 'han' eller 'ham' i stedet for Jesus, Kristus eller Messias, og ved at fjerne mange ord og vers om Jesus. Disse oversættelser beviser, at Herren Jesus ikke er Skaberen, Frelseren eller Gud i kød og blod; de gør ham bare til endnu en myte.

Disse frafaldne mænd producerede et manuskript til en bibel, der passede bedre til dem selv. De angreb Jesu Kristi guddommelighed og andre doktriner i Bibelen. Vejen var banet for en New Age-bibel, der skulle føde én verdensreligion. Sammenslutningen af alle kirker og alle religioner vil skabe "én verdensreligion".

Nu forstår du, hvilken snedig og underfundig plan Satan har udtænkt. Han vovede endda at ændre Guds ord. Satan udviklede en bedragerisk plan for at forvirre folk!

<u>Husk, hvad Satan sagde:</u>

Jeg vil stige op over skyernes højder, jeg vil være som den Højeste. (Esajas 14:14)

D.

KJV mod moderne bibel: Ændringer, der er blevet tilføjet eller fjernet.

NIV OVERSÆTTELSE:

Westcott & Horts græske tekst kommer fra Sinaiticus- og Vaticanus-manuskripterne. Den tidlige kirke fandt, at det var et subtilt angreb på Guds ord ved at udelade og ændre Bibelens sandhed. Sinaiticus (Aleph) og Vaticanus (Codex-B) er begge blevet afvist af den tidlige kirke og beundret af falske lærere. Kilden til NIV-bibelen er baseret på Westcott & Horts korrumperede versioner, som du finder i NIV's fodnoter. Vi har ingen mulighed for at vide, hvordan og hvor denne græske tekst af Westcott & Hort stammer fra, uden omfattende forskning. Når vi ser referencer fra Westcott og Hort, tror vi normalt på dem uden at stille spørgsmål, simpelthen fordi de er trykt i en Bible.

NIV-bibelen er beundret, fordi folk mener, at den er lettere at forstå, da det gamle engelske er blevet ændret til moderne ord. Faktisk har KJV-bibelen det nemmeste sprog, der kan forstås af alle aldre. KJV's ordforråd er enklere end NIV's ordforråd. Bare ved at ændre ord som dig, din, du og din, tror folk, at det er lettere at læse. Som du ved, bliver Guds ord kun forklaret af Helligånden, som er skrevet af Gud. Guds

Ånd er i KJV, som hjælper os med at forstå hans forståelse. Der er ikke brug for ændringer i Guds ord, men det sande ord har brug for at ændre vores tankegang.

Så mange kirker accepterer nu NIV-versionen i stedet for KJV. Små ændringer over tid påvirker vores tankegang, og det bliver en subtil måde at hjernevaske på. De ændringer, som NIV Bible har foretaget i deres version, er en subtil udvanding af evangeliet. Disse ændringer er for det meste imod Herren Jesu Kristi herredømme. Når det først er sket, finder mange religioner det lettere at acceptere NIV-bibelen, fordi den så understøtter deres doktriner. Dette bliver igen til "interreligiøsitet", målet for den ene verdensreligion, der tales om i Johannes' Åbenbaring.

KJV var baseret på den byzantinske familie af manuskripter, som almindeligvis blev kaldt Textus Receptus-manuskripterne. NKJV (New King James Version) er den værste oversættelse. Den adskiller sig fra KJV 1200 gange. Den nye King James-version er bestemt ikke den samme som King James-versionen. MKJV er heller ikke KJV. De fleste bibeloversættelser er ikke en anden version, men en perversion, og de afviger fra sandheden.

De følgende vers findes ikke i **NIV** og **andre moderne oversættelser**. Det følgende er en liste over "udeladelser" i NIV.

Esajas' Bog 14:12

*KJV: Es.14:12: Hvor er du faldet fra himlen, **o Lucifer**, **morgenens søn**! Hvor er du blevet hugget ned til jorden, du som svækkede nationerne!*

*NIV Isa.14:12 Hvor er du faldet ned fra himlen, **morgenstjerne**, **morgenrødens** søn! Du er blevet kastet ned på jorden, du, som engang lagde folkeslagene ned!*

(NIV-bibelen har taget Lucifer ud og erstattet "morgenstjernens søn" med "morgenstjernen". Dette vildleder dig til at tro, at "JESUS", som er "MORGENSTJERNEN", er faldet ned fra himlen.

> *Jeg, Jesus, har sendt min engel for at vidne for jer om disse ting i menighederne. Jeg er Davids rod og afkom og den lysende og* **morgenstjernen**. *(KJV Åbenbaring 22: 16)*

(Jesus er morgenstjernen)

Esajas 14:12 (NIV) er et meget forvirrende skriftsted. Folk tror, at Jesus er faldet ned fra himlen og hugget ned.

NIV gør Lucifer (Satan) lig med Jesus Kristus; det er blasfemi af højeste karat. Det er derfor, nogle mennesker ikke tror på Jesus Kristus, fordi de ser ham som lig med Satan.

Daniel 3:25

> *KJV: Dan.3:25 Han svarede og sagde: Se, jeg ser fire mænd løse, der går midt i ilden, og de har ingen skade; og den fjerdes form er som* **Guds Søn**.

> *NIV: Dan. 3:25 Han sagde: "Se, jeg ser fire mænd gå rundt i ilden, ubundne og uskadte, og den fjerde ligner en* **søn af guderne**."

(At ændre Guds søn til **gudernes søn** vil imødekomme troen på polyteisme, og det vil støtte andre religioner).

Matthæus 5:22

> *KJV Mt.5:22 Men jeg siger jer, at enhver, der bliver* **vred på sin bror uden grund,** *skal være i fare for dommen; og enhver, der siger til sin bror: Raca, skal være i fare for rådet; men enhver, der siger: Du fjols, skal være i fare for helvedes ild.*

> *NIV Mt.5:22 Men jeg siger jer, at enhver, der er* **vred på** *sin bror, skal dømmes. Igen, enhver, der siger til sin bror: "Raca," er* **ansvarlig**

over for Sanhedrin. Men den, der siger: "Dit fjols!", vil være i fare for helvedes ild.

(KJV Bible siger, **vred uden grund,** NIV siger bare vred. Sandheden i Ordet er, at vi kan blive **vrede**, hvis der er grund til det, men vi vil ikke lade solen gå ned over det).

Matthæus 5:44

*KJV Mt.5:44 Men jeg siger jer: Elsk jeres fjender, **velsign dem, der forbander jer,** gør godt mod dem, der hader jer, og bed **for dem, der udnytter jer på det groveste** og forfølger jer;*

NIV Mt.5:44 Men jeg siger jer: Elsk jeres fjender, og bed for dem, der forfølger jer,

(Fremhævet i KJV er fjernet fra NIV-bibelen)

Matthæus 6:13

*KJV Mt. 6:13 Og led os ikke ind i fristelse, men fri os fra det onde: **Thi dit er riget og magten og æren i evighed. Amen.***

*NIV Mt. 6:13 Og led os ikke ind i fristelse, men fri os fra den **Den onde**.*

(**Ondskab,** ikke den onde. **Thi dit er riget og magten og æren i evighed. Amen**: fjernet fra NIV)

Matthæus 6:33

*KJV Mt 6:33 Men søg først **Guds rige** og hans retfærdighed, så skal alle disse ting blive føjet til jer.*

*NIV Mt 6:33 Men søg først hans rige og **hans** retfærdighed, så vil alt dette også blive givet jer.*

(**Guds rige** er erstattet af "hans" rige ... NIV erstattede Gud med hans. Hvem er "hans"?)

Matthæus 8:29

*KJV Mt.8:29 Og se, de råbte og sagde: Hvad har vi med dig at gøre, **Jesus,** du Guds søn? Er du kommet her for at pine os før tiden? (Specifik)*

*NIV Mt.8:29 "Hvad vil du med os, **Guds søn**?" råbte de. "Er du kommet for at torturere os før den fastsatte tid?"*

(**Jesus er taget** ud af NIV-bibelen, og de har kun beholdt Guds søn... *Jesus* er Guds søn. Guds søn betyder den almægtige Gud, der går i kød).

Matthæus 9:13b

*KJV Mt.9:13b for jeg er ikke kommet for at kalde retfærdige, men syndere til **omvendelse**.*

NIV Mt.9:13b for jeg er ikke kommet for at kalde retfærdige, men syndere.

(**At omvende sig** er ude. Omvendelse er det første skridt; du vender dig fra synd og en syndig livsstil ved at indse og indrømme, at du tog fejl).

Matthæus 9:18

*KJV: Mt 9:18 Mens han talte sådan til dem, kom der en vis hersker og **tilbad ham og** sagde: Min datter er død nu, men kom og læg din hånd på hende, så skal hun leve.*

(Tilbedte Jesus)

*NIV Mt 9:18 Mens han sagde dette, kom en hersker og **knælede foran ham** og sagde: "Min datter er lige død. Men kom og læg din hånd på hende, så bliver hun levende."*

(Tilbedelse **ændres til knælen**. Tilbedelse gør Jesus til Gud).

Matthæus 13:51

*KJV Mt 13:51 Jesus siger til dem: Har I forstået alt dette? De siger til ham: **Ja, Herre**.*

NIV Mt 13:51 "Har I forstået alt dette?" spurgte Jesus.

(JESUS ER HERREN. NIV tog **Yea Lord ud**; udelod Jesus Kristus' herredømme)

Matthæus 16:20

*KJV Mt 16:20 Så pålagde han sine disciple, at de ikke skulle fortælle nogen, at han var **Jesus** Kristus.*

(Navnet "JESUS" er fjernet fra flere vers i NIV-bibelen).

NIV Mt 16:20 Så advarede han sine disciple mod at fortælle nogen, at han var Kristus.

(Hvem er "han"? Hvorfor ikke Jesus, Kristus? "Kristus" betyder Messias, denne verdens frelser: Johannes 4:42.)

Matthæus 17:21

KJV: Mt 17:21: Men denne slags går ikke ud, men ved bøn og faste.

(Bøn og faste vil rive Djævelens stærke greb ned. Faste dræber vores kød).

NIV fjernede skriftstedet fuldstændigt. Det er også slettet fra Jehovas Vidners "Bibel". Nutidens faste er ændret til Daniels diæt. Dette er endnu en løgn. (Faste er ingen mad og intet vand. At spise er ikke at faste, og at faste er ikke at spise eller drikke).

Nogle få eksempler på bibelsk faste i KJV-bibelen

Ester 4:16 KJV:

*Gå hen og saml alle de jøder, der er i Sushan, og **fast** for mig, og **spis eller drik ikke i tre** dage, **hverken** nat eller dag: Jeg og mine piger vil også **faste**, og jeg vil gå ind til kongen, hvilket ikke er i overensstemmelse med loven; og hvis jeg går til grunde, går jeg til grunde.*

*Jonas 3:5, 7 KJV Så troede folket i Nineve Gud og **udråbte en faste og tog** sækkelærred på, fra den største af dem til den mindste af dem. Og han lod det proklamere og offentliggøre i Nineve ved kongens og hans adelsmænds dekret og sagde: "Hverken mennesker eller dyr, flokke eller hjorde må **smage noget; de må ikke spise eller drikke vand**.*

Matthæus 18:11

KJV Mt 18:11: **For Menneskesønnen er kommet for at frelse det, som var fortabt**.

(Dette vers er slettet fra NIV og mange andre versioner af Bibelen. Jesus skal ikke være den eneste frelser. Mason lærer, at vi kan frelse os selv, og at man ikke behøver Jesus).

Matthæus 19:9

KJV: Mt 19:9: Og jeg siger jer: Den, der skiller sig af med sin hustru, medmindre det er for utugt, og gifter sig med en anden, begår ægteskabsbrud; **og den, der således gifter sig med hende, der er skilt fra, begår ægteskabsbrud.**

NIV: Mt 19:9 Jeg siger jer, at enhver, der skiller sig fra sin kone, undtagen for ægteskabelig utroskab, og gifter sig med en anden kvinde, begår ægteskabsbrud."

("den, der således gifter sig med den bortstødte, begår ægteskabsbrud;" er udeladt)

Matthæus 19:16,17

KJV Mt 19:16 Og se, der kom en og sagde til ham: **Gode Mester**, *hvad godt skal jeg gøre, for at jeg kan få evigt liv?*

17 Og han sagde til ham: Hvorfor kalder du mig god? Der er kun én, der er god, nemlig Gud; men hvis du vil leve, så hold budene.

NIV Mt 19:16 En mand kom hen til Jesus og spurgte: "Mester, hvad godt skal jeg gøre for at få evigt liv?

17 "Hvorfor spørger du mig om, hvad der er godt?" Jesus svarede. "Der er kun én, der er god. Hvis du vil ind i livet, skal du holde budene.

(Jesus sagde: "Hvorfor kalder I mig god?"). Kun Gud er god, og hvis Jesus er god, så må han være Gud. God mester er ændret til "lærer" i NIV, og meningen er gået tabt. Nogle religioner støtter også troen på, at man kan frelse sig selv).

Matthæus 20:16

KJV Mt 20:16: Således skal de sidste være de første, og de første de sidste; **for mange er kaldede, men få udvalgte**.

(Det er vigtigt, hvad vi vælger. Du kan fare vild, hvis du ikke vælger rigtigt)

NIV OG RSV

NIV Mt. 20:16: "Så de sidste skal blive de første, og de første skal blive de sidste."

(er ikke interesseret i at vælge)

Matthæus 20:20

*KJV Mt 20:20: Da kom Zebedæus' børns mor med sine sønner hen til ham, **tilbad ham** og ønskede en bestemt ting af ham.*

*NIV Mt 20:20: Da kom moren til Zebedæus' sønner hen til Jesus med sine sønner, og da hun **knælede,** bad hun ham om en tjeneste.*

(**Tilbedelse eller knæfald...**?.) Hvis man udelader Jesu Kristi herredømme, tilbeder jøder kun én Gud)

Matthæus 20:22, 23

*KJV Mt 20:22, 23: Men Jesus svarede og sagde: I ved ikke, hvad I beder om. Kan I drikke af det bæger, som jeg skal drikke af, og blive **døbt med den dåb, som jeg bliver døbt med**? De siger til ham, vi er i stand til.*

*Og han siger til dem: I skal drikke af mit bæger og blive **døbt med den dåb, som jeg er døbt med**; men at sidde på min højre og venstre side er ikke mit at give, men det skal gives dem, for hvem det er beredt af min Fader.*

(Kunne du gå igennem den lidelse, som jeg gik igennem?)

NIV Mt 20:22, 23: "I ved ikke, hvad I beder om," sagde Jesus til dem. "Kan I drikke det bæger, jeg skal drikke?" "Det kan vi," svarede de. Jesus sagde til dem: "I skal sandelig drikke af mit bæger, men at sidde ved min højre eller venstre side er ikke noget, jeg giver jer. Disse pladser tilhører dem, som min Fader har beredt dem til."

(Alle fremhævede og understregede sætninger i KJV er blevet fjernet fra NIV)

Matthæus 21:44

*KJV Mt 21:44: Og enhver, der falder på denne sten, skal knuses, men enhver, den falder på, skal den **male til pulver**.*

*NIV Mt 21:44: "Den, der falder på denne sten, vil blive slået i
stykker, men den, den falder på, vil blive knust."*

(Grind him to powder er blevet fjernet)

Matthæus 23:10

*KJV Mt 23:10: I skal heller ikke lade jer kalde **herrer,** for én er jeres
herre, **Kristus**.*

*NIV Mt 23:10: I skal heller ikke kaldes 'lærer', for I har én lærer,
Kristus.*

(Man er nødt til at bringe Gud ned på mystikernes niveau, så Jesus bliver endnu en mystiker. Sandheden er, at Kristus tilfredsstiller alle).

Matthæus 23:14

KJV: Mt 23:14: Ve jer, skriftkloge og farisæere, hyklere! For I fortærer enkers huse og beder lange bønner for at foregive det; derfor skal I få den største fordømmelse.

(NIV, New L T, English Standard Version New American Standard Bible og New world translations har slettet dette vers. Tjek det selv i din Bible).

Matthæus 24:36

KJV: Mt 24:36: Men den dag og den time kender ingen, heller ikke himlens engle, men kun min Fader.

*NIV: Mt 24:36: "Ingen kender den dag eller time, ikke engang englene i himlen eller **Sønnen,** men kun Faderen.*

("heller ikke sønnen" er tilføjet i NIV-bibelen. Johannes 10: 30 **Jeg og min Fader er ét**. Så Jesus kender sin kommende tid. Dette indebærer, at Jesus ikke er i Guddommen. Men i de dage, efter den trængsel, skal solen formørkes, og månen skal ikke give sit lys, Markus 13:24. Det vil være svært at se, hvad klokken er).

Matthæus 25:13

*KJV: Mt 25:13 Våg derfor, for I kender hverken den dag eller den time, **hvor Menneskesønnen kommer**.*

NIV: Mt 25:13 "Hold derfor vagt, for I kender hverken dagen eller timen."

("**Hvor Menneskesønnen kommer**"). Hvem er det, der kommer tilbage? Hvilket ur af?)

Matthæus 25:31

*KJV: Mt 25:31Når Menneskesønnen kommer i sin herlighed, og alle de **hellige engle** med ham, da skal han sidde på sin herligheds trone*

*NIV: Mt 25:31 "Når Menneskesønnen kommer i sin herlighed, og alle **englene** med ham, skal han sidde på sin trone i himmelsk herlighed."*

(KJV siger alle de "hellige" engle. NIV siger bare "englene". Det betyder, at de faldne eller uhellige engle kommer sammen med Jesus. Gø rdet ikke det? Der går et kætteri rundt om, at det ikke betyder noget, hvad du gør godt eller dårligt, du kommer stadig i himlen. Ånder fra vores døde kære, som aldrig troede på Jesus, skulle komme tilbage for at fortælle deres kære, at de er okay i himlen, og at man ikke behøver at gøre noget for at komme i himlen. Dette er en djævelsk doktrin).

Matthæus 27:35

*KJV MT 27:35: Og de korsfæstede ham og delte hans klæder og kastede lod om **dem, for at det skulle opfyldes, som var sagt ved profeten: De delte mine klæder imellem sig, og de kastede lod om min klædning.***

Jeg gjorde det på "hans måde"

NIV MT 27:35: Da de havde korsfæstet ham, delte de hans klæder ved lodtrækning.

("For at det skulle opfyldes, som var sagt ved profeten, delte de mine klæder imellem sig, og de kastede lod om min klædning." Fuldstændig taget ud af NIV Bible)

Markus 1:14

*KJV MARK 1:14: Men efter at Johannes var blevet sat i fængsel, kom Jesus til Galilæa og **prædikede evangeliet om Guds rige.***

*NIV MARK 1:14: Efter at Johannes var blevet sat i fængsel, drog Jesus til Galilæa og **forkyndte de gode nyheder om Gud.***

(Evangeliet om Guds rige er udeladt fra NIV)

Markus 2:17

*KJV Mark 2:17: Da Jesus hørte det, sagde han til dem: De, der er raske, har ikke brug for en læge, men de, der er syge: Jeg er ikke kommet for at kalde retfærdige, men syndere til **omvendelse**.*

NIV Mark 2:17: Da Jesus hørte det, sagde han til dem: "Det er ikke de raske, der har brug for en læge, men de syge. Jeg er ikke kommet for at kalde de retfærdige, men syndere."

(Så længe du tror, at det er ok, kan du gøre hvad som helst, og det er ok. Ved at ændre lidt på skriftstedet er synd velkommen).

Markus 5:6

*KJV Markus 5:6: Men da han så Jesus langt borte, løb han hen og **tilbad ham**,*

(Han anerkender, at Jesus er Herren Gud).

NIV Markus 5:6: Da han så Jesus på afstand, løb han hen og __faldt på knæ foran ham__.

(Han viser respekt som mand, men anerkender ham ikke som Herren Gud).

Markus 6:11

KJV: Mark 6:11 "Og enhver, som ikke vil modtage jer eller høre jer, når I går derfra, skal ryste støvet af under jeres fødder til et vidnesbyrd mod dem. __Sandelig siger jeg jer: Det skal være mere tåleligt for Sodoma og Gomorra på dommens dag end for den by__.

NIV Mark 6:11 "Og hvis nogen ikke vil tage imod jer eller lytte til jer, så ryst støvet af jeres fødder, når I går, som et vidnesbyrd imod dem."

(NIV har fjernet: "Sandelig siger jeg jer: Det skal være mere tåleligt for Sodoma og Gomorra på dommens dag end for den by." Dommen er fjernet, da de ikke tror på den, og det er ligegyldigt, hvilket valg du træffer. Alle forkerte ord og handlinger vil blive korrigeret i skærsilden eller reinkarnationen).

Markus 7:16

KJV Mark 7:16: Hvis nogen har ører at høre med, så lad ham høre.

(NIV, Jehovas Vidners Bibel og moderne oversættelser har fjernet dette skriftsted. WOW!)

Markus 9:24

KJV Mark 9:24: Og straks råbte barnets far og sagde med tårer: __Herre__, jeg tror; hjælp min vantro.

NIV Mark 9:24: Straks udbrød drengens far: "Jeg tror; hjælp mig med at overvinde min vantro!"

(Lord mangler i NIV. Jesu Kristi herredømme er udeladt)

Markus 9:29

*KJV Mark 9:29: Og han sagde til dem: Denne slags kan ikke komme frem ved noget, men ved bøn og **faste**.*

NIV Mark 9: 29: Han svarede: "Den slags kan kun komme ud ved bøn."

(**Faste** er fjernet. Ved at faste river vi Satans stærke greb ned. At søge Guds ansigt ved bibelsk faste og bøn bringer den særlige salvelse og kraft).

Markus 9:44

KJV Mark 9:44: Hvor deres orm ikke dør, og ilden ikke slukkes.

(Skriftstedet er fjernet fra NIV, moderne overgangsbibel og Jehovas Vidners Bibel. De tror ikke på straf i helvede).

Markus 9:46

KJV: Mark 9:46: Hvor deres orm ikke dør, og ilden ikke slukkes.

(Skriftstedet er fjernet fra NIV, moderne oversættelse og Jehovas Vidners Bibel. Igen, de tror ikke på dommen).

Markus 10:21

*KJV Mark 10:21: Da Jesus så ham, elskede han ham og sagde til ham: Én ting mangler du: Gå din vej, sælg alt, hvad du har, og giv det til de fattige, så skal du have en skat i himlen; og kom, **tag dit kors op og** følg mig.*

(Christian har et kors at bære. Der sker en forandring i dit liv).

NIV Mark 10:21: Jesus så på ham og elskede ham. "Én ting mangler du," sagde han. "Gå hen og sælg alt, hvad du ejer, og giv det til de fattige, så skal du få en skat i himlen. Så kom og følg mig."

(NIV har fjernet "tage korset op", ingen grund til at lide for sandheden. Lev på den måde, du ønsker at leve. Korset er meget vigtigt for den kristne vandring).

Markus 10:24

KJV Mark 10:24: Og disciplene blev forbløffede over hans ord. Men Jesus svarer igen og siger til dem: Børn, hvor er det svært for dem, __der stoler på__ rigdom, at komme ind i Guds rige!

NIV Mark 10:24: Disciplene var forbløffede over hans ord. Men Jesus sagde igen: "Børn, hvor er det svært at komme ind i Guds rige!

("**som stoler på rigdom**" er fjernet; **der er** ikke brug for disse ord i NIV-bibelen, da de ønsker almisser. Det får dig også til at føle, at det er svært at komme ind i Guds rige og tager modet fra dig).

Markus 11:10

KJV Mark 11:10: Velsignet være vor fader Davids rige, __som kommer i Herrens navn__: Hosianna i det højeste.

NIV Mark 11:10: "Velsignet være vor fader Davids __kommende rige__!" "Hosianna i det højeste!"

(NIV: "der kommer i Herrens navn" er fjernet)

Markus 11:26

KJV: Mark 11:26 Men hvis I ikke tilgiver, vil jeres far i himlen heller ikke tilgive jeres overtrædelser.

(Dette skriftsted er helt fjernet fra NIV, Jehovas Vidners Bibel (kaldet New World Translation) og mange andre moderne oversættelser. Tilgivelse er meget vigtigt, hvis du ønsker at blive tilgivet).

Markus 13:14

*KJV Mark 13:14: Men når I ser ødelæggelsens vederstyggelighed, som **profeten Daniel har talt om,** stå, hvor den ikke skal stå, (lad den, der læser, forstå det), så lad dem, der er i Judæa, flygte til bjergene:*

NIV Mark 13:14: "Når I ser 'vederstyggeligheden, der forårsager ødelæggelse' stå, hvor den ikke hører hjemme - lad læseren forstå - så lad dem, der er i Judæa, flygte til bjergene.

(Oplysninger om Daniels Bog er fjernet fra NIV. Vi studerer endetiden i Daniels Bog og Johannes' Åbenbaring. SALIGE ER DE, SOM LÆSER ORDENE I DENNE BOG. Salig er den, som læser, og de, som hører denne **profetis** ord og holder fast ved det, som er skrevet deri; for tiden er nær. (Åbenbaringen 1:3) Ved at fjerne navnet Daniel, efterlader det dig forvirret)

Markus 15:28

KJV: Mark 15:28: Og skriften blev opfyldt, som siger, og han blev talt med overtræderne.

(Fjernet fra NIV, Jehovas Vidners Bibel og moderne oversættelser)

Lukas 2:14

*KJV: Lukas 2:14 Ære være Gud i det højeste, og fred på jorden, **god vilje mod mennesker.***

NIV Lukas 2:14: Ære være Gud i det højeste, og fred på jorden for de mennesker, som hans gunst hviler på."

(Subtil ændring. I stedet for "god vilje over for mennesker" siger NIV-bibelen kun fred for visse mennesker, som Gud favoriserer. Dette er også imod Guds princip).

Lukas 2:33

*KJV Luke 2:33: Og **Josef** og hans mor*

NIV Lukas 2:33: Barnets *far og mor.*

(**Joseph** er fjernet)

Lukas 4:4

*KJV Luke 4:4 Og Jesus svarede ham og sagde: Der står skrevet, at mennesket ikke skal leve af brød alene, **men af ethvert ord fra Gud**.*

NIV Lukas 4:4 Jesus svarede: "Det står skrevet: 'Mennesket skal ikke leve af brød alene'.

Satans angreb er på **GUDS ORD** I 1. Mosebog 3: Satan angreb GUDS ORD. Han har et subtilt angreb "**Men ved hvert Guds ord**" er fjernet fra NIV

NIV og den moderne oversættelse af Bibelen til foramtor bryder sig ikke om Guds ord. De ændrer ordlyden, så den passer til deres doktrin, ud fra deres forudindtagethed om, hvad de synes, der skal stå. Guds ord er levende og bringer overbevisning til é nselv. Når Gud overbeviser dig om synd, fører det til omvendelse. Hvis Guds ord er blevet ændret, kan det ikke bringe sand overbevisning, og derfor vil man ikke søge omvendelse. Ved at gøre dette indikerer NIV, at al religion er ok, hvilket vi ved ikke er sandt.

Lukas 4:8

Jeg gjorde det på "hans måde"

KJV Luke 4:8 Og Jesus svarede og sagde til ham: **<u>Gå bag mig,
Satan;</u>** *for der står skrevet: Du skal tilbede Herren din Gud, og ham
alene skal du tjene.*

(Jesus irettesatte Satan. Du og jeg kan irettesætte Satan i Jesu navn).

*NIV Lukas 4:8 Jesus svarede: "Det står skrevet: 'Tilbed Herren din
Gud, og tjen kun ham'.*

("**<u>Kom bag mig, Satan</u>**" er taget ud af NIV.)

Lukas 4:18

*KJV Lukas 4:18: Herrens Ånd er over mig, fordi han har salvet mig
til at forkynde evangeliet for de fattige; han har sendt mig for at*
helbrede dem, der har et *knust* **hjerte,** *for at forkynde fanger udfrielse
og blinde synet tilbage, for at sætte dem, der er knuste, i frihed,*

*NIV Lukas 4:18 "Herrens Ånd er over mig, fordi han har salvet mig
til at forkynde godt nyt for de fattige. Han har sendt mig for at
forkynde frihed for fangerne og synet tilbage for de blinde, for at
befri de undertrykte."*

("**at helbrede de knuste hjerter**" er fjernet fra NIV: Folk, der bruger denne korrupte version, er generelt ængstelige, følelsesmæssigt ustabile og deprimerede. At ændre Guds ord fjerner ordets kraft. Sandheden vil gøre dig fri, så de fjernede sandheden fra den moderne Bibel).

Lukas 4:41

KJV Luke 4:41: Og djævle kom også ud af mange og råbte og sagde:
<u>Du er Kristus, Guds søn</u>. *Og han irettesatte dem og lod dem ikke
tale, for de vidste, at han var Kristus.*

(Bekender mennesker "Du er Kristus, Guds Søn?" Nej, medmindre det er åbenbaret af Hans Ånd).

*NIV Lukas 4:41: Desuden kom der dæmoner ud af mange mennesker og råbte: "**Du er Guds søn**!" Men han irettesatte dem og lod dem ikke tale, for de vidste, at han var Kristus.*

(Ved at fjerne "**Kristus**" bekendte dæmonen ikke Kristus som Guds Søn. Satan ønsker ikke, at folk skal acceptere Jesus som Jehovas Frelser, så de ændrer Guds ord med en dybere hensigt. Dæmonen vidste, at Jesus er Gud i kødet).

Lukas 8:48

*KJV Lukas 8:48: Og han sagde til hende: Datter, **vær trøstet,** din tro har gjort dig rask; gå med fred.*

NIV Lukas 8:48: Så sagde han til hende: "Datter, din tro har helbredt dig. Gå med fred."

("Vær til god trøst," er udeladt fra NIV. Så trøst er væk, du kan ikke blive trøstet ved at læse NIV-bibelen)

Lukas 9:55

*KJV Luke 9:55: Men han vendte sig om og irettesatte dem og sagde: **I ved ikke, hvad slags ånd I er af**.*

NIV Lukas 9:55: Men Jesus vendte sig om og irettesatte dem.

(NIV har fjernet disse ord: "**I ved ikke, hvilken slags ånd I er af**.")

Lukas 9:56

*KJV: Lukas 9:56: For **Menneskesønnen er ikke kommet for at ødelægge** menneskers **liv, men for at frelse dem**. Og de gik til en anden landsby.*

NIV Lukas 9:56 og de gik til en anden landsby.

Jeg gjorde det på "hans måde"

(NIV FJERNET: **Menneskesønnen er ikke kommet for at ødelægge menneskers liv, men for at frelse dem**. Årsagen til, at Jesus skal komme, ødelægges ved at fjerne denne del af skriftstedet).

Lukas 11:2-4

*KJV Lukas 11:2-4: Og han sagde til dem**: Når I beder, så sig: Fader vor, du som er i himlene**, helliget vorde dit navn. Komme dit rige. Ske **din vilje, som i himlen således også på jorden**. Giv os dag for dag vort daglige brød. Og forlad os vore synder, for vi forlader også enhver, som står i gæld til os. Og led os ikke ind i fristelse, **men fri os fra det onde**.*

NIV Lukas 11,2-4: Han sagde til dem: "Når I beder, skal I sige: "Fader, helliget vorde dit navn, komme dit rige. Giv os hver dag vort daglige brød. Tilgiv os vore synder, for vi tilgiver også enhver, som synder imod os. Og led os ikke ind i fristelse."

(NIV er ikke specifik. Alt fremhævet fra KJV er udeladt fra NIV og andre moderne versioner af Bibelen)

Lukas 17:36

KJV Luke 17:36 To mænd skal være på marken; den ene bliver taget, og den anden bliver tilbage.

(NIV, Modern version og Jehovas Vidners Bibel har fjernet hele skriftstedet)

Lukas 23:17

Lukas 23:17: (For af nødvendighed må han frigive en til dem ved festen.)

(NIV, Jehovas Vidners Bibel og mange moderne bibelversioner har fjernet skriftstedet helt).

Lukas 23:38

*KJV Lukas 23:38: Og der var også skrevet en overskrift over ham med **<u>græske, latinske og hebraiske bogstaver</u>**: DETTE ER Jødernes Konge.*

NIV Lukas 23:38: Der var et skilt over ham, hvor der stod: DETTE ER JØDERNES KONGE.

(NIV og andre moderne oversættelser har fjernet: "**med græske, latinske og hebraiske bogstaver**." Fjerner beviset på de sprog, der blev talt på den tid).

Lukas 23:42

*KJV Lukas 23:42: Og han sagde til Jesus: **<u>Herre</u>**, husk mig, når du kommer til dit rige.*

(Tyven indså, at Jesus er Herre)

NIV Lukas 23:42: Så sagde han: "Jesus, husk mig, når du kommer ind i dit rige."

(Ønsker ikke at anerkende Jesu herredømme)

Lukas 24:42

*KJV Lukas 24:42: Og de gav ham et stykke af en stegt fisk og af en **<u>honningkage</u>**.*

NIV Lukas 24:42: De gav ham et stykke af en stegt fisk.

(Moderne bibler giver kun halvdelen af informationen. "Honeycomb" mangler i NIV og andre versioner af Bibelen)

Johannes 5:3

*KJV John 5:3: I disse lå en stor skare af impotente mennesker, af blinde, halte, visne, der **ventede på, at vandet skulle bevæge sig.***

NIV John 5:3: Her plejede et stort antal handicappede at ligge - blinde, lamme, lammede.

(De fjernede informationen om, at der skete et mirakel på det sted, hvor man "ventede på, at vandet skulle bevæge sig.")

Johannes 5:4

KJV: Johannes 5:4: For en engel gik på et bestemt tidspunkt ned i dammen og rørte vandet; den, der først trådte i, efter at vandet var blevet rørt, blev helbredt for den sygdom, han havde.

(NIV og moderne oversættelser sammen med Jehovas Vidners Bibel har fjernet skriftstedet fuldstændigt).

Johannes 6:47

*KJV: Johannes 6:47: Sandelig, sandelig siger jeg jer: Den, der **tror på mig,** har evigt liv.*

NIV: Johannes 6:47: Jeg siger jer sandheden: Den, der tror, har evigt liv.

(**Tro på mig** er blevet ændret til **Tror**. Tro på hvem? Ordet Believeth har "eth" i slutningen, hvilket betyder, at ordet er kontinuerligt. Ethvert ord, der har eth"" i enden, betyder, at det er kontinuerligt, ikke kun én gang).

Johannes 8:9a

*KJV John 8:9a: Og de, der hørte det, **blev dømt af deres egen samvittighed og** gik ud.*

NIV John 8:9a: De, der hørte det, begyndte at gå deres vej.

(NIV har fjernet at"**blive dømt af deres egen samvittighed**", de tror ikke på at have en samvittighed).

Johannes 9:4a

*KJV John 9:4a: **Jeg** skal gøre det, som han, der har sendt mig, gør.*

*NIV John 9:4a: **Vi** skal gøre det arbejde, som han, der sendte mig, har gjort.*

(Jesus sagde "**jeg**", NIV og et par andre versioner, ændrede "**jeg**" til "**vi**")

Johannes 10:30

*KJV: Johannes 10:30: Jeg og **min** Fader er ét.*

NIV: Johannes 10:30: "Jeg og Faderen er ét."

(Jeg og min far er **én,** ikke to. "Min far" gør Jesus til Guds søn. Det betyder Gud i kød og blod. NIV har fjernet "min" og ændret hele betydningen af skriftstedet).

Johannes 16:16

*KJV: John 16:16: En lille stund, og I skal ikke se mig; og igen, en lille stund, og I skal se mig, **<u>fordi jeg går til Faderen</u>**.*

Jeg gjorde det på "hans måde"

NIV: Johannes 16,16: "Om lidt skal I ikke se mig mere, og om lidt skal I se mig igen."

(NIV fjernede "fordi jeg går til Faderen. Mange religioner mener, at Jesus tog til Himalaya eller et andet sted og ikke døde).

Apostlenes Gerninger 2:30

KJV: *Apostlenes Gerninger 2:30: Derfor var han en profet og vidste, at Gud havde svoret med en ed til ham, at af frugten af hans lænder, ifølge kødet, **ville han oprejse Kristus til at sidde på sin trone***

NIV: *Apostlenes Gerninger 2:30: Men han var profet og vidste, at Gud havde lovet ham under ed, at han ville sætte en af hans efterkommere på sin trone.*

(**NIV har fjernet "han ville oprejse Kristus til at sidde på sin trone**", profetien om Jesus, der kommer i kødet, er udslettet).

Apostlenes Gerninger 3:11

KJV: *Apostlenes Gerninger 3:11: Og da den **lamme mand, som var blevet helbredt,** holdt Peter og Johannes, løb hele folket sammen til dem i våbenhuset, der kaldes Salomons, og undrede sig meget.*

NIV: *Apostlenes Gerninger 3:11: Mens tiggeren holdt fast i Peter og Johannes, blev alle mennesker forbløffede og kom løbende hen til dem på det sted, der kaldes Salomons søjlegang.*

(den"**lamme mand, som blev helbredt**" er den centrale del af dette skriftsted, NIV har fjernet dette)

Apostlenes Gerninger 4:24

KJV: *Apostlenes Gerninger 4:24: Og da de hørte det, opløftede de deres røst til Gud med én stemme og sagde: Herre, **du er Gud,** som har skabt himlen og jorden og havet og alt, hvad der er i dem:*

NIV: Apostlenes Gerninger 4:24: Da de hørte det, hævede de deres stemmer i bøn til Gud. "Suveræne Herre," sagde de, "du har skabt himlen og jorden og havet og alt, hvad der er i dem.

(NIV og moderne oversættelser fjernede "du er Gud". Ikke at bekende sig til den eneste sande Gud, der gjorde et mirakel).

Apostlenes Gerninger 8:37

KJV: Apostlenes Gerninger 8:37: Og Filip sagde: Hvis du tror af hele dit hjerte, må du. Og han svarede og sagde: Jeg tror, at Jesus Kristus er Guds Søn.

(NIV og moderne versioner af bibler har taget skriftstedet helt ud)

Ordet "mester" fra KJV er blevet fjernet i de moderne versioner af Bibelen og ændret til "lærer", hvilket sætter Jesus i samme klasse som alle andre lærere fra forskellige religioner. Årsagen til denne ændring skyldes hovedsageligt den økumeniske bevægelse, som siger, at man ikke kan sætte Jesus som den eneste vej til frelse, fordi det nedvurderer alle andre trosretninger, som ikke tror på, at Jesus er vores eneste sande frelser. Det gælder for eksempel hinduer og de fleste andre østlige religioner.

Apostlenes Gerninger 9:5

*KJV Apostlenes Gerninger 9:5: Og han sagde: Hvem er du, Herre? Og Herren sagde: Jeg er Jesus, som du forfølger; **det er svært for dig at sparke mod stikkende**.*

NIV: Apostlenes Gerninger 9:5: Hvem er du, Herre?" spurgte Saulus. "Jeg er Jesus, som du forfølger," svarede han.

(NIV og moderne oversættelser har fjernet "**det er svært for dig at sparke mod stikkende**". Det betyder, at ved at fjerne hele dette skriftsted vil de ikke sejre).

Apostlenes Gerninger 15:34

KJV: Apostlenes Gerninger 15:34: Ikke desto mindre behagede det Silas at blive der endnu.

(NIV-bibelen og andre moderne bibeloversættelser har fjernet dette skriftsted).

Apostlenes Gerninger 18:7

*KJV Apostlenes Gerninger 18:7: Og han gik derfra og gik ind i en vis mands hus ved navn Justus, som tilbad Gud, og <u>**hvis hus var tæt forbundet med synagogen**</u>.*

NIV: Apostlenes Gerninger 18:7: Så forlod Paulus synagogen og gik ind ved siden af til Titius Justus' hus, som tilbad Gud.

("<u>**hvis hus var tæt forbundet med synagogen**</u>" er fjernet)

Apostlenes Gerninger 23:9b

*KJV...<u>**Lad os ikke kæmpe mod Gud**</u>*

(NIV, moderne bibel og Jehovas Vidners bibel har fjernet "<u>**Lad os ikke kæmpe mod Gud**</u>" Årsagen er indlysende, der er mennesker, der vover at kæmpe mod Gud).

Apostlenes Gerninger 24:7

KJV: Apostlenes Gerninger 24:7: Men den øverste kaptajn Lysias kom over os og tog ham med stor vold ud af vores hænder,

(NIV og moderne bibler har helt fjernet dette skriftsted).

Apostlenes Gerninger 28:29

KJV: ACTS: 28:29: Og da han havde sagt disse ord, gik jøderne bort og havde stor ræsonnement blandt dem selv

(NIV og andre versioner af Bibelen har fjernet skriftstedet helt. Se, der var en konflikt der. Ræsonnementet handlede om, hvem Jesus var? Så det er et must at fjerne dette skriftsted).

Romerne 1:16

*KJV: Romerne 1:16: For jeg skammer mig ikke over **Kristi** evangelium; for det er Guds kraft til frelse for enhver, der tror; for jøden først og også for grækeren.*

NIV: Romerne 1:16: Jeg skammer mig ikke over evangeliet, for det er Guds kraft til frelse for enhver, der tror: først for jøden, så for hedningen.

(NIV har fjernet evangeliet fra "Kristus" og kun beholdt "evangeliet". De fleste angreb er på Jesus som Kristus. Evangeliet er Jesu Kristi død, begravelse og opstandelse. Der er ikke brug for dette skriftsted).

Romerne 8:1

*KJV: Romerne 8:1: Derfor er der nu ingen fordømmelse for dem, **som** er i Kristus Jesus, **som ikke vandrer efter kødet, men efter Ånden**.*

NIV: Romerne 8:1: Derfor er der nu ingen fordømmelse for dem, der er i Kristus Jesus

("**som ikke vandrer efter kødet, men efter Ånden**." er fjernet fra NIV, så du kan leve, som du vil).

Romerne 11:6

*KJV: Roman 11:6 Og hvis det er af nåde, så er det ikke mere af værker; ellers er nåde ikke mere nåde. **Men hvis det er af værker, så er det ikke mere nåde; ellers er arbejde ikke mere arbejde.***

NIV: Roman 11:6 Og hvis det er af nåde, så er det ikke længere af gerninger; hvis det var, ville nåden ikke længere være nåde.

("Men hvis det er af gerninger, så er det ikke mere nåde; ellers er arbejde ikke mere arbejde." En del af skriftstedet er fjernet fra NIV og andre versioner).

Romerne13:9b

KJV: Romerne13:9b: **<u>Du skal ikke bære falsk vidnesbyrd</u>**

(NIV har fjernet disse ord fra Skriften. Bibelen siger, tilføj ikke, træk ikke fra)

Romerne 16:24

KJV: Romerne 16:24: Vor Herre Jesu Kristi nåde være med jer alle. Amen.

NIV: Romerne 16:24: (NIV og andre moderne bibler har fjernet skriftstedet helt).

1 Korintherbrev 6:20

KJV:1 Korintherne 6:20: For I er købt for en pris; derfor skal I ære Gud i jeres legeme **<u>og i jeres ånd, som er Guds</u>**.

NIV:1Korintherne 6:20: I blev købt for en pris. Ær derfor Gud med jeres kroppe.

(Modern Bible og NIV har fjernet "og i jeres ånd, som er Guds." Vores krop og ånd tilhører Herren).

1 Korintherbrevet 7:5

*KJV:1 Korintherne 7:5: Bedrager I ikke hinanden, undtagen [det er] med samtykke for en tid, så I kan give jer selv til **faste og bøn**; og kom sammen igen, så Satan ikke frister dig til din inkontinens.*

*NIV:1 Korintherne 7:5: I må ikke tage fra hinanden, medmindre I er enige om det, og kun for en tid, så I kan hellige jer **bøn**. Kom så sammen igen, så Satan ikke kan friste jer på grund af jeres mangel på selvkontrol.*

(NIV og moderne versioner af Bibelen har fjernet "faste", da det er for at nedbryde Satans stærke greb. Faste dræber også kødet).

3. Korintherbrev 6:5

*KJV:2 Corinthians 6:5: I striber, i fængsler, i tumulter, i arbejde, i vagter, i **faste**;*

*NIV:2 Corinthians 6:5: i prygl, fængslinger og optøjer; i hårdt arbejde, søvnløse nætter og **sult**;*

(**Faste er ikke sult**, det er at ændre sandhedens ord. Djævelen ønsker ikke, at du skal have et tættere, stærkere og dybere forhold til Gud. Husk, at dronning Ester og jøderne fastede, og Gud vendte Satans plan tilbage til fjenden).

4. Korintherbrev 11:27

*KJV: 2Corinthians 11:27: I træthed og smerte, i vagter ofte, i sult og tørst, **i faste ofte, i** kulde og nøgenhed.*

NIV:2Kor 11:27: Jeg har slidt og slæbt og ofte været uden søvn; jeg har kendt sult og tørst og ofte været uden mad; jeg har været kold og nøgen.

(Igen er faste udeladt af NIV og moderne versioner af Bibelen).

Efeserne 3:9

*KJV Efeserne 3:9: Og for at få alle mennesker til at se, hvad der er fællesskabet i mysteriet, som fra verdens begyndelse har været skjult i Gud, som skabte **<u>alle ting ved Jesus Kristus</u>**:*

NIV Efeserne 3:9:og for at gøre det klart for enhver, hvordan dette mysterium, som i umindelige tider har været skjult for Gud, der har skabt alt, skal forvaltes.

(NIV og andre versioner af Bibelen har fjernet "**alle ting ved Jesus Kristus**". Jesus er Gud, og han er skaberen af alt)

Efeserne 3:14

*KJV: Efeserne 3:14: Af denne grund bøjer jeg mine knæ for **<u>vor Herre Jesu Kristi</u>** Fader,*

NIV:Efeserne 3:14: Af denne grund knæler jeg for Faderen,

("**<u>af vor Herre Jesus Kristus</u>**," er fjernet fra NIV og andre versioner. Dette er beviset på, at Jesus er Guds søn. "Guds søn" er en mægtig Gud i kød og blod, som kom for at udgyde blod for dig og mig. Husk, at Satan tror, at der er én Gud, og han skælver. Jakob 2:19)

Efeserne 5:30

*KJV:Ephesians 5:30:For vi er medlemmer af hans legeme, af hans kød og **<u>af hans knogler</u>**.*

NIV:Ephesians 5:30:for vi er medlemmer af hans legeme.

("**<u>Af kød og af hans knogler</u>**." En del af skriftstedet er fjernet fra NIV og mange andre versioner af Bibelen).

Kolossenserne 1:14

*KJV:Kolossenserne 1:14: I ham har vi forløsning **<u>ved hans blod</u>**, ja,* *syndernes forladelse:*

NIV:Kolossenserne 1:14: i hvem vi har forløsningen, syndernes forladelse.

("**gennem sit blod**", Jesus kaldes Guds lam, der kom for at borttage denne verdens synder. Forløsning sker **kun** gennem blodet. Uden udgydelse af blod er der ingen syndsforladelse Hebræerbrevet 9:22. Det er derfor, vi døber i Jesu navn for at udgyde hans blod over vores synder).

1 Timoteus 3:16b

KJV:1 Timothy 3:16b: **Gud blev** *åbenbaret i kødet*

NIV:1 Timoteus 3:16b: **Han** *viste sig i et legeme.*

(Fremtræder vi ikke alle i en krop? NIV og de fleste moderne versioner siger alle, at "han" viste sig i en krop. Tja, jeg har også en krop. "Han" hvem? I det ovenstående vers ændrer de igen ordlyden, så "han" er en anden gud. Men i KJV kan vi tydeligt se "Og uden kontrovers er gudfrygtighedens mysterium stort: "**Gud** blev åbenbaret i kødet." Der er kun én Gud. Det er derfor, Jesus sagde, at hvis I har set mig, har I set Faderen. Faderen er en ånd, man kan ikke se ånd. Men da ånden klædte sig i kød, kunne man se den).

Apostlenes Gerninger 20:28b siger: For at brødføde **Guds kirke**, *som han har købt med sit* **eget blod**.

Gud er en ånd, og for at udgyde blod har han brug for en krop af kød og blod. **En Gud,** der tog kød på.

Et simpelt eksempel: Is, vand og damp, samme ting, men forskellige manifestationer.

KJV 1 John 5: 7: "For der er tre, der fører regnskab i himlen, Faderen, Ordet og Helligånden, og disse **tre er én**."

Gud, Jesus (Ordet blev kød) og Helligånden er én, ikke tre. (1 Joh 5,7 er helt fjernet fra NIV og andre aktuelle oversættelser).

2 Timoteus 3:16

KJV: 2 Timoteus 3:16: **Alle** skrifter er givet ved Guds inspiration og er nyttige til lærdom, til irettesættelse, til rettelse, til oplæring i retfærdighed:

ASV: 2 Timoteus 3:16: **Ethvert** skriftsted, der er inspireret af Gud, er også nyttigt til undervisning.

(Her vil de afgøre, hvem der er, og hvem der ikke er. Kætteri vil blive slået ihjel).

1 Thessaloniker 1:1

KJV: 1 Thess 1:1: Paulus og Silvanus og Timotheus til thessalonikernes kirke, som er i Gud Faderen og i Herren Jesus Kristus: Nåde være med jer og fred **fra Gud, vor Fader, og Herren Jesus Kristus**.

NIV:1 Thess 1:1: Paulus, Silas og Timotheus, Til menigheden i Thessaloniki i Gud Faderen og Herren Jesus Kristus: Nåde og fred være med jer.

("fra Gud, vor Fader, og Herren Jesus Kristus." er fjernet fra moderne oversættelser og NIV).

Hebræerbrevet 7:21

KJV: Hebræerne 7:21: (**For disse præster blev gjort uden en ed**; men dette med en ed af ham, der sagde til ham: Herren svor og vil ikke omvende sig: Du er en præst for evigt **efter Melkisedeks orden**):

NIV: Hebræerne 7:21: men han blev præst **med en ed,** da Gud sagde til ham: 'Herren har svoret og vil ikke skifte mening: '

Du er præst for evigt."

(NIV har fjernet "For disse præster blev gjort uden en ed" og "efter Melkisedeks orden").

Jakob 5:16

KJV: Jakob 5:16: Bekend jeres __fejl over__ for hinanden, og bed for hinanden, så I kan blive helbredt. En retfærdig mands virkningsfulde inderlige bøn udretter meget.

NIV: Jakob 5,16: Bekend derfor jeres __synder__ for hinanden og bed for hinanden, så I kan blive helbredt. En retfærdig mands bøn er kraftfuld og effektiv.

(__Fejl vs. synder__: Synder, man bekender til Gud, da han alene kan tilgive. At ændre ordet fejl"" til "synder" er med til at understøtte det katolske syn på at bekende "synder" til en præst).

1 Peter 1:22

KJV: 1 Peter 1:22: Da I har renset jeres sjæle ved at adlyde sandheden __gennem Ånden til__ uopfyldt kærlighed til brødrene, så se, at I elsker hinanden med et __rent hjerte inderligt__:

NIV: 1 Peter 1:22: Nu, hvor I har renset jer selv ved at adlyde sandheden, så I har oprigtig kærlighed til jeres brødre, skal I elske hinanden dybt, fra hjertet.

("__gennem Ånden til__" og "__rent hjerte inderligt__" er fjernet fra NIV og andre moderne versioner).

1 Peter 4:14

KJV:1 Peter 4:14: Hvis I bliver bebrejdet Kristi navn, er I lykkelige; for herlighedens og Guds ånd hviler over jer: __Fra deres side bliver han talt ondt om, men fra jeres side bliver han forherliget__.

Jeg gjorde det på "hans måde"

NIV:1 Peter 4:14: *Hvis I bliver fornærmet på grund af Kristi navn, er I velsignede, for herlighedens og Guds ånd hviler over jer.*

("**På deres side bliver han talt ondt om, men på jeres side bliver han forherliget**." er fjernet fra NIV og andre moderne versioner).

1 Johannes 4:3a

KJV:*1 John 4:3a: Og enhver ånd, som ikke bekender, at Jesus **Kristus er kommet i kødet,** er ikke af Gud.*

NIV:*1 John 4:3a: Men enhver ånd, der ikke anerkender Jesus, er ikke fra Gud.*

("**Kristus er kommet i kødet**" Ved at fjerne disse ord beviser NIV og andre versioner, at de er antikrist).

1 Johannes 5:7-8

KJV: *1 Johannes 5:7:* ***For der er tre, der bærer regnskab i himlen, Faderen, Ordet og Helligånden; og disse tre er en.***

(Fjernet fra NIV)

KJV: *1 Johannes 5:8: Og der er tre, der vidner på jorden, Ånden og vandet og blodet; og disse tre er enige i en.*

NIV: *1 Johannes 5:7, 8:* ***For der er tre, der vidner****: 8 Ånden, vandet og blodet; og de tre er i overensstemmelse*

(Dette er et af de STØRSTE vers, der vidner om Guddommen. Én Gud, ikke tre guder. **Treenigheden** er ikke bibelsk. Ordet **treenighed** findes ikke i Bibelen. Det er derfor, NIV, moderne versioner af Bibelen og Jehovas Vidner har udeladt det fra dette vers. De tror ikke på Guddommen, og de tror ikke på, at hele Guddommens fylde bor legemligt i Jesus. Der er ikke noget som helst grundlag eller bevis i Bibelen for at acceptere **treenigheden**. Hvorfor udelader NIV det...?

Der er skrevet hele bøger om de manuskriptbeviser, der understøtter inkluderingen af dette vers i Bibelen. Tror du på Guddommen? Hvis ja, så bør denne fjernelse støde dig. Treenigheden blev aldrig undervist af Jesus og blev aldrig nævnt af ham. Satan splittede én Gud, så han kunne splitte mennesker og herske).

1 Johannes 5:13

*KJV:1Johannes 5:13: Dette har jeg skrevet til jer, som tror på Guds Søns navn, for at I skal vide, at I har evigt liv, **og for at I skal tro på Guds Søns navn**.*

NIV:1Johannes 5:13: Dette skriver jeg til jer, som tror på Guds Søns navn, for at I skal vide, at I har evigt liv.

("**og for at I kan tro på Guds Søns navn**"). Er fjernet fra NIV og andre moderne oversættelser)

Johannes' Åbenbaring 1:8

*KJV: Johannes' Åbenbaring 1:8: Jeg er Alfa og Omega, **begyndelsen og slutningen,** siger Herren, som er, og som var, og som skal komme, den Almægtige*

NIV: Johannes' Åbenbaring 1:8: "Jeg er Alfa og Omega," siger Gud Herren, "han, som er, og som var, og som skal komme, den Almægtige."

(NIV fjernede **begyndelsen og slutningen**)

Johannes' Åbenbaring 1:11

*KJV: Åbenbaringen 1:11: **Og siger: Jeg er Alfa og Omega, den første og den sidste; og hvad du ser, skriv i en bog og send den til de syv kirker, der er i Asien;** til Efesus og til Smyrna og til Pergamos og Thyatira og Sardes og Filadelfia og Laodikea*

NIV: Johannes' Åbenbaring 1:11: hvor der står: "Skriv på en bogrulle, hvad du ser, og send den til de syv menigheder: til Efesos, Smyrna, Pergamon, Thyatira, Sardes, Filadelfia og Laodikea."

(Alfa og Omega, begyndelsen og enden og den første og den sidste; disse titler er givet til Jehova Gud i Det Gamle Testamente, og i Johannes' Åbenbaring er de også givet til Jesus. Men NIV og andre moderne versioner har fjernet dette fra Johannes' Åbenbaring for at bevise, at Jesus ikke er Jehova Gud).

Åbenbaringen 5:14

*KJV:Åbenbaringen 5:14: Og de **fire dyr** sagde: Amen. Og de **fire og tyve** ældste faldt ned og tilbad ham, **som lever til evig tid**.*

NIV: Åbenbaringen 5:14: De fire levende væsener sagde: "Amen," og de ældste faldt ned og tilbad.

(NIV og andre versioner giver kun halvdelen af informationen. "**fire dyr**", ændret til fire skabninger, "**fire og tyve**", "**som lever til evig tid**" er fjernet).

Åbenbaringen 20:9b

*KJV: Åbenbaringen 20:9b: Ild kom ned **fra Gud fra** himlen.*

NIV: Åbenbaringen 20:9b: Ild kom ned fra himlen

(NIV og andre versioner har fjernet "**fra Gud**").

Åbenbaringen 21:24a

*KJV: Åbenbaringen 21:24a: Og nationerne **af dem, der er frelst,** skal vandre i lyset af det.*

NIV: Åbenbaringen 21:24a: Folkeslagene skal vandre i dens lys.

("**af dem, der er frelst**" er fjernet fra NIV og moderne versioner af Bibelen. Alle kommer ikke i himlen, kun de, der er frelst).

2 Samuel 21:19

KJV: 2 Samuel 21:19: Og der var igen en kamp i Gob med de Filistrene, hvor Elhanan, søn af Jaareoregim, en betlehemit, dræbte **Goliats bror,** *gititten, hvis spydstav var som en vævebjælke.*

NIV:2 Samuel 21:19: I et andet slag mod filistrene ved Gob **dræbte** *betlehemitten Elhanan, søn af Jaare-Oregim, gititten* **Goliat,** *som havde et spyd med et skaft som en væverstang.*

(Goliat's bror blev dræbt her, ikke Goliat. "David dræbte Goliat." NIV gengiver informationen forkert).

Hoseas 11:12

KJV: Hosea 11:12: Efraim omringer mig med løgn og Israels hus med bedrag; **men Juda regerer endnu med Gud og er trofast med de hellige.**

NIV: Hoseas 11,12: Efraim har omgivet mig med løgn, Israels hus med svig. Og Juda er **uregerlig mod** *Gud, ja,* **mod** *den trofaste Hellige.*

(NIV gengiver dette skriftsted forkert ved at fordreje ordets betydning.) Ordet "Jehova" er nævnt fire gange i KJV-bibelen. NIV har fjernet dem alle. Med de subtile ÆNDRINGER, der er foretaget i NIV-bibelen, bliver Satans mission tydelig. Fra ovenstående skriftsteder kan du se, at angrebet er på Jesus. Titlerne Gud, Messias, Guds Søn og Skaberen gør Jesus til Gud. Ved at fjerne disse titler skaber man forvirring, så an mister interessen og ikke stoler på Guds ord. (1. Korintherbrev 13 For Gud er ikke forvirringens, men fredens ophavsmand).

Vidners Bibel (New World Translation) har de samme er, som NIV har. Den eneste forskel mellem NIV og New

World Translation er, at Jehovas Vidners Bibel ikke har nogen fodnoter! Disse metoder gør dig ufølsom over for de subtile ændringer, der gradvist og kontinuerligt bliver foretaget i Guds ord.

Nutidens travle og dovne generation har påvirket mange bekendende kristne, som har taget den dovne ånds veje. Det er hårdt arbejde at tage sig tid til at studere og sikre sig, at de oplysninger, vi får, er sande. Vi har fået for travlt med hverdagen, som er fuld af uvigtige begivenheder og ting. Vores prioriteter for, hvad der virkelig er vigtigt for det evige liv, er blevet udvandede og forvirrede. Vi accepterer de fleste af de oplysninger, vi får, uden at stille spørgsmål; uanset om det er fra regeringen, lægevidenskaben, videnskaben, indholdet i vores mad, og listen fortsætter.

Mange af vores moderne bibelversioner er skrevet af mænd, der fortæller dig deres fortolkning og deres doktrin i stedet for, hvad manuskripterne virkelig siger. For eksempel var "kønsinklusivitet" ikke med i de oprindelige manuskripter. Det er et moderne feministisk koncept, der er født af REBELLION. Jeg opfordrer dig til at anskaffe dig en King James Version Bible. Hvis du læser en moderne bibel, skal du tage dig tid til at sammenligne skrifterne; ønske om at træffe den rigtige beslutning. Vi vil blive holdt ansvarlige for vores beslutninger. Forskellen på at komme i himlen eller helvede er grund nok til at sikre, at du vælger Hans Ord! Husk, at New International Version sletter mange ord som f.eks: Guddom, genfødsel, forladelse, uforanderlig, Jehova, Golgata, nådestolen, Helligånden, Talsmanden, Messias, levendegjort, almægtig, ufejlbarlig osv. De fleste moderne bibler lægger sig tæt op ad NIV; sammen med New World Translation Bible (Jehovas Vidners Bible).

Dette er Antikrists værk ....(Følgende skriftsteder er taget fra KJV)

*Små børn, det er den sidste tid; og som I har hørt, at **antikrist** skal komme, er der nu mange **antikrister**; derfor ved vi, at det er den sidste tid. (1. Johannesbrev 2:18)*

*Hvem er en løgner, hvis ikke den, der benægter, at Jesus er Kristus? Han er **antikrist**, som fornægter Faderen og Sønnen.*
(1. Johannesbrev 2:22)

*Og enhver ånd, der ikke bekender, at Jesus Kristus er kommet i kødet, er ikke af Gud; og dette er **antikrists** ånd, som I har hørt, at den skulle komme; og selv nu er den allerede i verden.*
(1. Johannes 4:3)

*For der er kommet mange bedragere til verden, som ikke bekender, at Jesus Kristus er kommet i kødet. Dette er en bedrager og en **antikrist**.*
(2. Johannesbrev 1:7)

Dette minder os om "Lignelsen om frøet", som er den "GUDS ORD" i Bibelen

Han sagde til dem: Himmeriget er som en mand, der såede god sæd på sin mark: Men mens menneskene sov, kom hans fjende og såede ukrudt blandt hveden og gik sin vej. Men da hveden var sprunget op og havde båret frugt, da kom også ukrudtet frem. Da kom husbondens tjenere og sagde til ham: "Herre, har du ikke sået god sæd på din mark? Hvorfra har det så revet sig? Han sagde til dem: Det er en fjende, der har gjort det. Tjenerne sagde til ham: Vil du så, at vi skal gå hen og samle dem op? Men han sagde: Nej, for når I samler ukrudtet op, roder I også hveden op med det. Lad begge dele vokse sammen indtil høsten, og i høsttiden vil jeg sige til høstfolkene: Saml først ukrudtet sammen og bind det i bundter for at brænde det; men saml hveden i min lade. Amen!
(Matthæus 13:24-30)

AMEN!